ANDREAS SALCHER
Meine letzte Stunde

Buch

War das mein Leben? Wann ist die rechte Zeit, sich diese Frage zu stellen? Mit zwanzig, mit dreißig, mit vierzig, in der Lebensmitte, später? Wir wissen, dass es zu spät sein kann. Ein Abendessen mit Freunden, anschließend auf dem Nachhauseweg ein Unfall ... Bei manchen Menschen hört das Herz unvorbereitet auf zu schlagen und das rastlose Dasein ist plötzlich vorbei. Für eine Zwischenbilanz nehmen wir uns selten die Zeit. Es gibt zu oft Wichtigeres oder Dringenderes. Es ist wie in einer auf Gewohnheit basierenden Beziehung, in der wir die kleinen Signale der Unzufriedenheit des Partners erst überhaupt nicht wahrnehmen und sie selbst dann, wenn sie unübersehbar geworden sind, standhaft ignorieren. Wenn der Partner uns schließlich mitteilt, dass es aus ist, überkommt uns Panik, wir sind womöglich bereit, alles zu tun, nur ist es dafür zu spät. Eine Chance ist vergeben. In der Partnerschaft ergibt sich vielleicht eine neue Perspektive. Unser Leben haben wir aber nur einmal. Es gibt keinen Plan B. Ist unsere Zeit abgelaufen, gibt es keine Chance mehr, es das nächste Mal besser zu machen, rechtzeitig hinzuhören ...

Autor

Dr. Andreas Salcher, 1960 in Wien geboren, ist als Unternehmensberater tätig und engagiert sich auch für soziale Projekte. Er ist unter anderem Mitbegründer der ersten österreichischen „Sir Karl Popper Schule" für besonders begabte Kinder. Seine Bücher „Der talentierte Schüler und seine Feinde", „Der verletzte Mensch" sowie „Meine Letzte Stunde" waren in Österreich gefeierte Nr.1-Bestseller.

Von Andreas Salcher ist im Goldmann Verlag außerdem erschienen:

Der talentierte Schüler und seine Feinde
Der verletzte Mensch

Andreas Salcher

Meine
letzte Stunde

Ein Tag
hat viele Leben

GOLDMANN

Verlagsgruppe Random House FSC® N001967
Das FSC®-zertifizierte Papier *Pamo House* für dieses Buch
liefert Arctic Paper Mochenwangen GmbH.

2. Auflage
Taschenbuchausgabe März 2013
Wilhelm Goldmann Verlag, München,
in der Verlagsgruppe Random House GmbH
Copyright © der Originalausgabe 2010
by Ecowin Verlag, Salzburg
Lektorat: Dr. Arnold Klaffenböck
Umschlaggestaltung: UNO Werbeagentur, München
KF · Herstellung: Str.
Druck und Einband: GGP Media GmbH, Pößneck
Printed in Germany
ISBN: 978-3-442-15698-6

www.goldmann-verlag.de

*Gewidmet dem Menschen,
der meine Hand halten wird.*

Leserhinweis

Um die Lesbarkeit des Buches zu verbessern, wurde darauf verzichtet, neben der männlichen auch die weibliche Form anzuführen, die gedanklich selbstverständlich immer mit einzubeziehen ist. Für alle im Buch abgekürzt verwendeten Namen, die auf Wunsch der Betroffenen anonymisiert wurden, liegen dem Verfasser autorisierte Gesprächsprotokolle vor. Die besten Geschichten schreibt das Leben. So nicht ausdrücklich anders darauf hingewiesen, sind alle Fallbeispiele in diesem Buch wahr.

Inhaltsverzeichnis

I. Die Endlichkeit des Seins

Orientierung   11

Die letzte Stunde – der beste Freund für Dein Leben . .   27

Unendliche Gerechtigkeit – warum wir in der
letzten Stunde alle gleich sind   45

Unsere Angst vor dem Tod – woher sie kommt
und wie sie uns beherrscht   63

Glauben hilft zwar, nützt aber nichts –
warum wir die Verantwortung für unser Leben
an niemanden abgeben können   81

Das Ja zum Alter   99

II. Die Möglichkeit des Lebens

Die kleinen Todsünden – Unachtsamkeit,
Sprachlosigkeit, Lieblosigkeit, Zeitverschwendung
und gute Vorsätze 115

Anklage auf Hochverrat – wenn wir unsere
Lebensträume aufgeben 137

60 Minuten unseres Lebens – eine Zwischenbilanz . . . 155

Kann das schon alles gewesen sein –
vom Sinn und Zweck des Lebens 169

Ein Lob der Arbeit 187

Liebe – die Essenz des Lebens 203

Vom Licht und der Finsternis 219

III.

Ein Besuch Deiner letzten Stunde 235

Persönliches und Danksagung 251

I.

Die Endlichkeit des Seins

Orientierung

Fast alles in der Zukunft unseres Lebens ist unsicher. Die letzte Stunde ist fix. Wir bereiten uns auf alles genau vor, nur nicht auf unsere letzte Stunde. Dabei ist die letzte Stunde das Wichtigste. Sie entscheidet über unser ganzes bisheriges Leben. Alles was wir vorher gelebt haben, ist Bestandteil unserer letzten Stunde. Warum scheuen wir dann unser Leben lang davor zurück, uns damit zu beschäftigen? Die Antwort ist ganz einfach: Es ist unsere Urangst vor dem Tod und die Ungewissheit über das Danach.

Jede ernsthafte Beschäftigung mit der letzten Stunde führt unweigerlich zu einer Frage: Warum schätzen wir unser eigenes Leben wider jede Einsicht der Vernunft so wenig, solange wir es nicht bedroht sehen?

Warum vergeuden wir so viele wertvolle Stunden, als ob wir unendlich viele davon hätten? Warum ist es so schwer, den uns schon in der Schule eingepflanzten Mechanismus des Stundenfressens abzuschalten, ohne zu merken, dass es unsere eigene Lebenszeit ist, die wir vernichten? Noch zwanzig Minuten bis zur Pausenglocke, noch zwei Jahre bis zur Reifeprüfung, noch ein Jahr bis zum Studienabschluss, noch drei Tage bis zum Wochenende, noch vier Wochen bis zum Urlaub, in drei Monaten ist schon Weihnachten.

Wir leben, als würden wir immer leben. Wir achten nicht darauf, wie viel Zeit bereits vorüber ist, wir verschwenden sie, als wäre sie unerschöpflich, dabei könnte jeder Tag unser letzter sein. Wie oft vernimmt man die Äußerung: „Mit 60 gehe ich in Pension und mache nur noch das, was mir Freude macht." Doch wer garantiert uns diese wunderbaren Jahre in der Zukunft, bei wem können wir sie einklagen, wenn wir sie nicht mehr erleben sollten? Ist es nicht zu spät, mit dem Leben erst anzufangen, wenn man aufhören muss? Welche unfassbare Dummheit, was für ein gedankenloses Übersehen der Sterblichkeit bringt uns dazu, alle großen Pläne für unser Leben hinauszuschieben auf einen uns selbst unbekannten Punkt, bis zu dem wir es vielleicht nie bringen werden?[1]

Es gibt drei Möglichkeiten, sich mit der Endlichkeit des eigenen Lebens auseinanderzusetzen:

- Wir verdrängen dieses Thema ein Leben lang, um dann völlig unvorbereitet von unserem Tod überrascht zu werden.
- Die Konfrontation mit einer schweren Erkrankung oder einem Unfall: Entweder ist diese erste Begegnung mit unserer letzten Stunde auch schon die letzte und wir sterben. Oder wir erhalten noch eine Chance. Interessant ist, dass fast alle, die nach einer Lebensbedrohung weiterleben durften, diese nicht missen möchten.

In beiden Fällen brauchen wir gar nichts tun. Die letzte Stunde ist plötzlich sehr präsent. Für die meisten Betroffenen ist sie jedoch ein völlig Fremder, der massiv in ihr bis dahin so geordnetes Leben eingreift und ihnen ganz andere Spielregeln aufzwingt.

Dieses Buch will Ihnen einen dritten Weg anbieten:

- Die Chance, sich mit der vielleicht entscheidenden Erfahrung Ihres Lebens zu beschäftigen, bevor Sie davon betroffen sind.

Es gibt gute Gründe, sich für diese Alternative zu entscheiden. Nichts fürchtet der Mensch so sehr wie die Begegnung mit dem Unbekannten. Verdrängung macht diese Angst immer größer, jede konkrete Auseinandersetzung kann dafür ein Schritt zur Überwindung sein. Es ist daher sinnvoll, sich auf diesen dritten Weg einzulassen: Sie werden nicht nur mehr Vertrautheit mit dem

Gedanken an die eigene Endlichkeit gewinnen, sondern vor allem die Erkenntnis, wie sehr Sie Ihr Leben lieben und was Sie alles noch gerne erleben würden.

Stellen Sie sich vor, dass Sie in Ihrer letzten Stunde die Möglichkeit hätten, die fertige Biografie Ihres Lebens vor sich zu haben und darin blättern zu können. Durch Zufall würden Sie genau jenes Kapitel aufschlagen, das Ihren gegenwärtigen Lebensabschnitt behandelt. Und nun würde man Ihnen die Gelegenheit geben, die folgenden Kapitel neu schreiben zu dürfen. Das Buch versteht sich als ein Angebot, genau dieses Experiment zu wagen.

Ist es nicht ein lohnenswerter Versuch, sich schon heute Zugang zu einigen der Erkenntnisse zu verschaffen, die das Leben in den nächsten 10, 20, 30, 40, 50 oder noch mehr Jahren für Sie bereithält? Denn egal, wie alt Sie sind, Sie sind jetzt genau mitten in jenem Kapitel der Biografie Ihres Lebens, das gerade geschrieben wird. Gelingt es Ihnen, sich dieser Vorstellung hinzugeben, dann wird Ihnen im gleichen Augenblick die ganze Größe der Verantwortung bewusst, die Sie in jedem Moment Ihres Lebens haben: die Verantwortung dafür, was aus der nächsten Stunde und was aus den darauf folgenden Tagen werden könnte.[2] Jede neue Seite in der Biografie unseres Lebens ist eben nicht durch unseren bisherigen Lebenslauf vorgegeben, sondern wir sind es selbst, die mit unseren Entscheidungen unser Schicksal bestimmen können.

Die Beschäftigung mit der letzten Stunde hat zwei Aspekte, die im I. und II. Teil behandelt werden:

I. Teil: Wie können wir lernen, gut mit der Tatsache zu leben, dass wir eines Tages sterben werden?
II. Teil: Wie können wir die daraus gewonnenen Erkenntnisse nutzen, um unserem ganzen Leben eine höhere Qualität zu verleihen?

Die großen Themen „Lebensträume", „Sinn des Lebens", „Liebe", „Arbeit" gewinnen sofort eine ganz andere Bedeutung, wenn wir sie aus dem Blickwinkel unserer letzten Stunde betrachten. So kann es hilfreich sein, schon jetzt zu wissen, mit welchen Fragen Menschen am Ende des Lebens ihre eigene Geschichte beurteilen:[3]

- Liebe: Habe ich genug Liebe gegeben und bekommen?
- Authentizität: Habe ich meine eigene Musik gespielt? Habe ich wirklich mit meiner Stimme gesprochen?
- Idealismus: Habe ich die Welt ein bisschen besser gemacht?

Mindestens so wichtig ist es auch, die vielen „kleinen Dinge" aus der Perspektive der letzten Stunde sehen zu lernen: „Ist dieser Streit mit meinem Partner wirklich so wichtig?", „Wie drücke ich meine Dankbarkeit aus?" oder „Wie begegne ich den Blicken anderer Menschen?" Ist nicht unser ganzes Leben oft ein einziges Übersehen? Wir bekommen so unendlich viele Hinweise, Worte, Blicke, Signale, dass wir glauben, es uns leisten zu können, die meisten davon vorbeigehen zu lassen. Wir schauen nicht hin, wir hören nicht zu, wir nehmen nicht wahr. Aber die Möglichkeiten werden nicht mehr, sondern immer weniger.

Die Geschichten von den großen und kleinen Helden, die spirituellen Weisheiten erfahrener Lehrer, das Wissen bedeutender Denker und Forscher, die Gedichte, die Zitate, die offenen Fragen und vor allem die Widersprüche und leeren Räume in diesem Buch dienen nur einem Zweck: Ihnen eine Annäherung an Ihre eigene letzte Stunde zu ermöglichen, auch ohne von einer bösen Diagnose betroffen zu sein.

„Geht es um *besser leben* oder *besser sterben*?", werden Sie sich vielleicht manchmal beim Lesen fragen, denn die beiden Themen lassen sich nicht immer präzise abgrenzen. Natürlich habe ich versucht, Sie mit einem roten Faden durch das Buch zu leiten. Nur ist dieser rote Faden von mir gewebt und Sie werden sich mitunter einen anderen wünschen, der genau Ihrem Bedürfnis nach Orientierung entspricht. Wann immer Sie glauben, in diesem Buch den roten Faden verloren zu haben, gibt es eine Klammer, die die unterschiedlichen Dimensionen verknüpft und die einzelnen Kapitel zusammenhält: Es ist die Unachtsamkeit.

Sie ist auch der Bezug zu meinen beiden ersten Büchern. Beim „Talentierten Schüler und seinen Feinden" geht es um die Unachtsamkeit gegenüber dem Talent jedes Einzelnen. „Der verletzte Mensch" setzt sich mit der Unachtsamkeit im Umgang miteinander auseinander. „Meine letzte Stunde" ist ein Buch über die größtmögliche Unachtsamkeit: die Unachtsamkeit gegenüber unserem eigenen Leben und dem Versäumnis, ihm jene Bedeutung zu geben, die es haben könnte.

Das ist kein Buch über den Tod, das ist ein Buch über das Leben

Es ist kein Kriminalroman, den man in einem absolvieren sollte, um am Schluss zu erfahren, wie er ausgeht. Das letzte Kapitel dieses Buches ist das Angebot, eine Schwelle zu überschreiten. Wie auch immer diese Begegnung verlaufen mag, sie wird Sie nicht in die Gleichgültigkeit entlassen. Dieses Buch geht am Ende nicht aus, es fängt erst an. Es kann Sie dabei unterstützen, auf jeden einzelnen Tag, der noch vor Ihnen liegt, ein bisschen genauer zu achten.

Ein Tag hat viele Leben. Doch wie viele dieser hundert möglichen Leben verpassen wir? Wegen unserer guten Vorsätze, die wir nie einhalten; wegen unserer Hoffnungen, denen wir selbst oft keine Chance auf Erfüllung geben, weil wir die vielen Gelegenheiten, die uns das Leben bietet, gar nicht erkennen oder aus Feigheit nicht nutzen. Es sind unsere Zweifel und Ängste, unsere kleinen und großen Befürchtungen, die wir, solange es nur irgendwie geht, vor anderen verbergen, die kleinen und großen Fallen, in die wir immer wieder tappen und so schwer erkennen, dass wir sie uns meist selbst in bester Absicht gestellt haben, die uns viele Leben rauben.

Drei Erlebnisse, die mich bestärkt haben, dieses Buch zu schreiben

An dieser Stelle haben Sie ein Recht darauf, meinen eigenen Zugang zur letzten Stunde zu erfahren. Als ich 30 wurde, dachte ich mir wenig dabei. Mit 40 kam dann die Bestätigung, dass alle recht hatten, die meinten, dass das Leben umso schneller verfliegt, je älter man wird. Heuer werde ich 50. Statistisch habe ich im besten Fall noch knapp 30 Jahre vor mir, also so lange wie von meinem 20. bis zu meinem 50. Geburtstag, das ist durchaus lange. Nur wenn diese Zeit doppelt so schnell vergeht wie bisher, sind es nur mehr 15 Jahre, und das ist ziemlich kurz. Es kann auch wesentlich schneller gehen. So wie bei meinem Freund Poldi.

„Was hast Du eigentlich?", fragte ich ihn, als ich ihn endlich einmal nach einer ungewöhnlich langen Zeit, in der er nicht zurückrief, am Telefon erreichte. „Einen Krebs habe ich", antwortete er nüchtern. Ein Satz, auf den mir keine richtige Antwort einfiel, sosehr ich sie auch suchte. Von diesem Augenblick an war ich Zeuge eines mit ungeheurer Willenskraft geführten Kampfes des damals erst 37-jährigen Musikjournalisten gegen einen unbezwingbaren Gegner. Beruflich war Poldi einer der ganz großen Musikjournalisten, der von den Beatles bis zu Michael Jackson alle Legenden persönlich interviewt hatte. Privat war er Marathonläufer, Vegetarier, Autorennfahrer und vor allem ein begeisterter Weltreisender, der allein die über 350 Kilometer lange Trans-Zanskar-Tour im Norden von Indien gemacht hatte. Am Anfang seiner Krankheit war er sich ganz sicher, dass er wieder gesunden würde. So jung zu sterben war für ihn absolut keine Option. Er träumte schon von der nächsten großen Reise, die er nach seiner Genesung machen würde. Als die Ärzte ihm einen künstlichen Darmausgang legen mussten, kamen ihm erste Zweifel, ob er damit zum Südpol würde reisen können, einem großen Ziel, das er sich gesetzt hatte. Er verfiel körperlich immer schneller, die Ziele wurden kleiner und zunehmend kurzfristiger.

Ich erlebte, wie der Krebs einen Menschen von innen auf-frisst. Hatten wir früher nächtelang darüber diskutiert, was die Welt im Innersten zusammenhielt, wurden Gespräche nun immer schwieriger. Wie spricht man mit einem Todkranken? Für mich glich es dem unsicheren Tasten auf einer dünnen Eisschicht: ein falsches Wort und man bricht ein. Ich suchte nach Worten, die es nicht geben konnte, weil mir die Existenz einer Sprache der Hoff-nung damals noch völlig unbekannt war. Diese besteht nicht aus Worten, sondern aus Gesten. So kann ein Händehalten, eine Um-armung oder ein einfacher Druck auf den Unterarm die verbor-genen Kanäle der Hoffnung öffnen. Gott sei Dank hatte Poldi jemanden gefunden, der diese uralte Sprache des Herzens fließend sprach, Tseten, eine Tibeterin, die ihn begleitete.

„Nicht fragen, wie es mir geht, und bitte keine Alternativthe-rapien" – das waren die Begrüßungsworte, die mir Poldi bei meinem letzten Besuch im Haus seiner Eltern entgegenschleu-derte. Seinen Humor hatte er auch in den letzten Tagen seines Lebens nicht verloren. Durch Poldi habe ich das Fegefeuer ken-nengelernt. Das Fegefeuer ist die Zeit zwischen der Verkündung einer unheilvollen Diagnose und dem Akzeptieren, dass man ster-ben wird: eine scheinbar logisch ablaufende Folge von Phasen des Leugnens, des Schocks, des Protests, der Aufnahme des Kampfes, der kleinen Hoffnungen und der vielen großen Enttäuschungen bis zum erschöpften Sich-Fügen in das Unvermeidliche. Zu sei-nem Begräbnis kam ich zu spät, weil das gesamte Gebiet um den Friedhof herum von den vielen Freunden zugeparkt war, die ihm die letzte Ehre gaben. Es wird zu den immer verschlossenen Ge-heimnissen unserer Existenz gehören, warum manchmal gerade unsere besten und liebenswertesten Menschen viel zu früh gehen müssen.

Bei der ersten Begegnung mit meiner eigenen letzten Stunde hatte diese ebenfalls das Gewand einer bedrohlichen Diagnose gewählt. Ich litt längere Zeit an hartnäckigem Durchfall. Zuerst verdrängte ich das völlig und war durchaus fantasievoll im Erfinden plausibler Erklärungen dafür. Es funktionierte aber nicht. Irgendwann ging ich zum Arzt, in der Hoffnung, dass mir dieser ein Medikament verschreiben und nach einer Woche wieder alles normal sein würde. Doch das Normale war eine Folge von Routineuntersuchungen, die ergaben, dass eine Koloskopie unvermeidlich wurde. Sachlich teilte mir der Professor mit, dass die Symptome in Kombination mit dem Befund keine andere Alternative zuließen. Nur mühsam konnte ich mich zurückhalten, ihn mit Fragen zu bombardieren, ob er denn wirklich glaube, dass … Wie wahrscheinlich denn das Unaussprechliche in meinem Alter wäre?

In den drei Wochen zwischen der Terminvereinbarung und der Durchführung spürte ich auf einmal alle Symptome des Darmkrebses in mir, vor allem die tiefere Gewissheit, dass etwas nicht stimmte in meinem Bauch. Überall las ich plötzlich Artikel über Darmkrebs. Der Gedanke lähmte mich völlig, ich bereute, dass ich nicht auf einem früheren Termin bestanden hatte. Ich versuchte ganz normal weiterzuleben, doch davon konnte keine Rede sein. Die Angst begann sich in meinem Kopf immer mehr auszubreiten. Die Zeit bis zur Koloskopie verging immer langsamer, sie schien stehen zu bleiben. Umso mehr sich das Unvorstellbare, dass ich von einer tödlichen grausamen Krankheit zerfressen werden könnte, in mir ausbreitete, umso größer wurde mein Wunsch, dass es noch einmal gut gehen möge. Alle meine bisherigen sehr präzisen Ziele für meine Karriere und mein Privatleben, banale Wünsche wie ein besserer Tennisspieler zu werden, wurden auf einmal unbedeutend. Auch meine kleinen Ängste und inneren Unsicherheiten wurden völlig überlagert von dieser einzigen großen Furcht. Manchmal erfasste sie meinen Magen, dann umklammerte sie mein Herz. Im Leben gibt es ein Davor und ein Danach. Die Zeit, bevor man das erste Mal die nackte Angst vor dem Tod gespürt hat, und die Zeit danach. Die Angst vor einer bösen Diagnose ist der Urknall aller noch verbliebenen Ängste in unserer Wohlstandsgesellschaft.

Ich begann zu verhandeln, mit den mir unbekannten höheren Mächten, und wenn ich keinen Zugang zu ihnen fand, mit mir selbst. Überhaupt redete ich fast nur mehr mit mir selbst. Ich machte Versprechungen, was ich alles tun würde, wenn – ja, wenn trotz aller unheilvollen Anzeichen alles nur ein Irrtum war. In manchen Augenblicken wurde ich tief gläubig – abergläubig. Ich versuchte Zeichen zu sehen wie: „Wenn in der nächsten Stunde des Telefon läutet, dann werde ich gerettet." Ich fing an, mir Sorgen zu machen, ob ich denn die bestmögliche Therapie erhalten würde. Ich nahm mir vor, sollte das alles wie durch ein Wunder an mir vorbeigehen, würde ich sofort eine Zusatzversicherung abschließen. Versicherungen schließt man ja nicht ab, damit man im Schadensfall entschädigt wird, sondern damit dieser erst gar nicht eintritt. Früher versuchten die Menschen durch Opfer in Beziehung zu den höheren Mächten zu treten, auf die Götter durch Gaben und Rituale Einfluss zu nehmen, damit sie von ihrer Rache verschont blieben. Heute opfern wir, indem wir alles versichern, was wir unter keinen Umständen verlieren wollen: unser Haus, unser Auto, unsere Gesundheit, sogar unser eigenes Leben und das unserer Kinder. Schon das Wort Lebensversicherung erweckt in grotesker Weise den Eindruck, dass wir damit unser Leben sichern könnten. Vielleicht hatte ich mein Schicksal selbst herausgefordert, weil ich den Göttern meine Opfergabe verweigert hatte – ich hatte keine Zusatzversicherung abgeschlossen.

Ich versuchte die Zeit bis zum Termin der Urteilsverkündung totzuschlagen, ging zeitig ins Bett und kam in der Früh nicht heraus, obwohl ich ganz schlecht schlief. Wie ein kleines Kind wollte ich einfach die Augen fest schließen und beim Öffnen sollte alles wieder gut sein. Ich begann Listen mit Menschen zu erstellen, die ich noch unbedingt würde treffen wollen, stellte mir vor, wie stark und mutig ich ihnen vom baldigen Ende meines Lebens erzählen würde. Manchmal konnte ich meine Tränen nicht halten, wann immer diese „Warum das mir, ich habe es doch nicht verdient"-Gefühle in mir hochkamen, um mich dann in tiefes Selbstmitleid versinken zu lassen. Viel schlimmer war die Suche nach der Ursache. Kleine Sünden wurden durch kleine Strafen gesühnt, vielleicht wurde jetzt für meine ganzen Schlechtigkeiten und Vergehen die schwerste Strafe über mich verhängt.

Dann der Tag der Untersuchung. Ohne Narkose, ungemein schmerzhaft, um jede Schlinge meines Darms bahnte sich die Kamera den Weg. Die Ärzte sprachen in einer mir unverständlichen Sprache, ich lag auf der Seite auf dem kalten Behandlungstisch, nur mit einem offenen weißen Kittel, wie ein Opferlamm auf dem Altar der Hohepriester. Irgendwann war alles vorbei und der Arzt sagte nur beiläufig einen Satz zu mir: „Alles in Ordnung."

Die ganze Anspannung, die ich drei Wochen lang aufgebaut hatte, fiel in einer Sekunde ab. Es sind zwei Buchstaben, die über Leben oder Tod entscheiden: o. B. Selbst medizinische Laien, die schon einmal auf einen kritischen Befund gewartet haben, wissen, was sie bedeuten. o. B. steht für „ohne Befund", das heißt: „Hurra, ich darf weiterleben", das bedeutet die Rückkehr in den Alltag. o. B. ist wie ein Funke, der die schon lange erloschene Leidenschaft zu unserem ganz normalen kleinen Leben heftig wiederaufflammen lässt. Selbst diese ganz kurze Trennung von der Normalität hat mir erst ihren Wert gezeigt. Ich genoss auf einmal die sonst von mir so tief verachtete Normalität. Die Sonne schien wieder – sehr kurz. Dann verlöschte das Strohfeuer an Dankbarkeit und Freude. Mein Leben ging weiter.

Das Gefühl, dass alles plötzlich vorbei sein kann, das gänzlich von mir Besitz ergriffen hatte, wich genauso blitzschnell, wie es gekommen war. All die guten Vorsätze, ab jetzt jährlich eine Vorsorgeuntersuchung zu machen, den Göttern in Form einer Versicherungspolice einmal im Jahr meine Opfergabe darzubieten, meine viel zu fleischreiche Ernährung umzustellen, waren genauso schnell vergessen wie die Liste mit jenen Menschen, die ich unbedingt treffen wollte. Innerhalb kürzester Zeit breitete die Normalität ihren üppigen Schleier über mir aus. Die Unachtsamkeit wurde wieder zum Wappen auf meinem Schild, den ich schützend vor mir hertrug, wenn ich gehetzt durch mein Leben raste. Ich war voll von Plänen und übersah die vielen Gelegenheiten, die mir das Leben bot, während ich die Zukunft plante. Erst jetzt im Rückblick wird mir bewusst, dass mein Leben aus besonderen Augenblicken und nicht aus grandiosen Plänen besteht.

Bei meiner zweiten Begegnung mit meiner letzten Stunde ging alles sehr schnell. Innerhalb weniger Sekunden wurde mir klar, dass das keine sichere Landung würde, dann krachte es schon und ich erlebte einen Flugzeugabsturz. „Aha, das ist jetzt ein Flugzeugabsturz", dachte ich mir. „Und das ist noch nicht mein Ende", fügte meine innere Stimme hinzu. Zwischen diesen beiden Gedanken lag hineingepresst meine vermeintlich letzte Stunde. Die Dauer der letzten Stunde lässt sich auch mit der besten Uhr der Welt nicht stoppen. Sie kann fast eine Ewigkeit dauern oder wie bei meinem Flugzeugabsturz im Zeitraffer blitzartig ablaufen.

Gegen jede statistische Wahrscheinlichkeit überlebten sowohl ich wie auch meine fünf Mitreisenden in der zweimotorigen Cessna. Noch auf dem Weg in das Spital ärgerte ich mich über den Verlust meines Terminkalenders. Wie sollte ich denn all die Termine rekonstruieren, die ich für den Herbst schon vereinbart hatte? Die Sorge, eine Verpflichtung ohne Entschuldigung zu versäumen, beschäftigte mich mehr als die Frage, ob denn mein Jochbein nun gebrochen sei. Ich funktionierte sehr schnell wieder.

Die universelle Macht der Verdrängung

Damals fehlte mir noch das Wissen über die unvorstellbar große Macht, mit der wir die eigene Sterblichkeit verdrängen. Die Macht der Verdrängung, dem Schicksal unseres Todes nicht entkommen zu können, ist etwas Universelles. Sie ermöglicht uns überhaupt erst, ein normales Leben im Alltag zu führen, oder wenn wir dem Tod gerade ins Angesicht geblickt haben, unsere Aufmerksamkeit ganz schnell auf den Terminkalender zu richten.

Die Arbeit an diesem Buch hat mir Angst gemacht. Es war nicht so sehr das Unbehagen der Beschäftigung mit dem Tod oder die immer wieder aufflammende Hypochondrie, wenn ich mit schwer erkrankten Menschen über ihre Symptome sprach oder darüber las. Meine größte Befürchtung war eine andere, eine sehr konkrete: Ich schreibe dieses Buch und bleibe ganz allein. Weil niemand in die Auseinandersetzung mit seiner letzten Stunde einsteigen will oder ganz schnell wieder aussteigt. Ich verstehe das sehr gut. Die letzte Stunde ist ein so großes Tabu, dass niemand ein Buch darüber lesen will, der nicht unmittelbar davon betroffen ist. Und Sie sind ja nicht betroffen, hoffentlich zumindest. Als mich dann noch meine Mutter gefragt hat, ob mein Buch nicht zu traurig werden würde, hat mich das noch mehr verunsichert. Um dieser Angst zu entkommen, habe ich instinktiv jenen Weg gewählt, den ich immer im Leben wähle, wenn ich großen Druck verspüre: den Weg des rastlosen Suchens, der intensiven Recherche, der Jagd nach den vielen großen und kleinen Geschichten, dem Ausreizen der Gegensätze.

Apropos Gegensätze: Ich bin nach Rom an die legendäre Universität „Santa Croce" gereist, die Papst Johannes Paul II. dem Opus Dei übertragen hat. Dort habe ich mit Professoren über den Himmel, die Hölle und vor allem die Wahrheit diskutiert, denn die waren sehr überzeugt davon, die Wahrheit zu kennen. Ich habe mit dem Großmeister der deutschen Freimaurer gesprochen, um von ihm zu erfahren, was die Nichtfreimaurer von deren Ritualen über die Geheimnisse des Lebens und des Todes lernen könnten. Ich war in einem Hospiz und in einem Krankenhaus für krebskranke Kinder, um herauszufinden, ob und wie Kinder anders sterben als Erwachsene. Ich habe mit bekennenden Atheisten und Tiefgläubigen, mit Mönchen und Lebemännern lange Gespräche geführt. Manche meiner Gesprächspartner leben in den tollsten Penthäusern und andere in ganz einfachen Kommunalwohnungen, einer sogar auf der Straße. Ich habe eine Woche lang gefastet, ich habe 40 Stunden ohne Schlaf verbracht. Ich flüchtete mich in Effekthascherei und in die Suche nach prominenten Gesprächspartnern. Ich sammelte geniale Wissenschaftler, bekannte Ärzte und große Künstler und habe dabei lange jene übersehen, von denen ich viel mehr hätte lernen können. Ich war bei so viel Großartigem dabei, oder zumindest hatte ich davon gehört, ohne dass mir bewusst wurde, dass die Großartigkeit dieser Geschichten immer in den jeweiligen Personen selbst lag, und dass ich, ohne deren Erfahrung gemacht zu haben, anderen nicht einmal eine Ahnung davon vermitteln konnte. Im Kern blieb immer dieser Hauch von Fremdgeruch.

Meine Aufmerksamkeit war fast ausschließlich auf das Laute, das Strahlende, das Spektakuläre gerichtet, dabei liegt die letzte Stunde im Leisen, im Unsichtbaren und in den Zwischentönen. Wenn wir mit offenen Augen durch die Welt gehen, gibt es Dinge, die für uns sichtbar sind: Gebäude, die Umgebung, Menschen. Wenn wir Menschen genauer anschauen, dann wissen wir, dass es Dinge gibt, die da sind, obwohl wir sie nicht sehen können: Ängste, Hoffnungen, Gefühle, Vorbehalte. Um uns und andere besser zu verstehen, müssen wir lernen, genau diese Dinge, die wir nicht sehen können, sichtbar zu machen – nicht nur bei anderen, sondern vor allem in uns selbst.

Die Dimensionen der letzten Stunde

Die letzte Stunde ist keine Bilanz mit Plus und Minus, sondern die Summe der Antworten auf Fragen wie „Habe ich das Beste aus meinem Leben gemacht?" oder „Habe ich genug zurückgegeben?". Die gute Nachricht ist, dass wir noch viele Gelegenheiten erhalten, diese Summe unseres Lebens zu erhöhen, wenn wir sie nur sehen wollen. Denn das Leben ist eine Aneinanderreihung von Möglichkeiten, die wir nutzen oder vergeben können. Es gibt leider eine negative Kraft, die uns oft daran hindert, einen Blick zu erwidern, aus dem mehr hätte werden können. Oder eine Frage im richtigen Augenblick zu stellen. Oder einem Menschen, der uns wichtig war, das zu sagen, was uns schon lange auf der Zunge lag. Noch heute ärgern wir uns manchmal darüber. Wie oft wurden wir dagegen belohnt, wenn wir unsere Furcht vor Abweisung überwunden und es einfach gewagt haben.

Wenn wir älter werden, schaffen wir uns eine Lesebrille an, um die Zeitung noch lesen zu können. Altersweitsichtigkeit ist, wie der Name schon sagt, altersbedingt und tritt meistens zwischen dem 40. und 45. Lebensjahr auf. Auf unser Leben sollten wir dagegen unabhängig von unserem Alter jederzeit gut sehen können. Den Blick auf unsere letzte Stunde müssen wir aus der richtigen Distanz machen, weder zu scharf noch zu weich. Dieser Blick wird manchmal milder, manchmal härter ausfallen. Umso öfter sollten wir ihn wagen – solange wir es können: Die Häuser, die wir gebaut haben, die Kinder, die wir gezeugt, geboren oder verloren haben, die Erfolge, die wir erzielt haben, die vielen kleinen und großen Freuden, an die wir uns noch erinnern können, die Reisen, die geliebten Menschen, die großen Leidenschaften, die Freunde, die unerfüllten Träume, die enttäuschten Hoffnungen, Verrat und Betrug, die verpassten Gelegenheiten, das Geld, der Besitz, die Macht und der Ruhm, die wir angehäuft haben.

War das mein Leben? Wann ist die rechte Zeit, sich diese Frage zu stellen? Mit 20, mit 30, mit 40, in der Lebensmitte, später? Wir wissen es nicht. Wir wissen nur, dass es zu spät sein kann. Ein Abendessen mit Freunden, anschließend fahren wir nach Hause, ein Unfall, und das kann es dann gewesen sein. Gibt es das wirklich nur im Kino? Bei manchen Menschen hört einfach das Herz zu schlagen auf und das große Rennen ist auf einmal vorbei für sie. Meist schieben wir die Frage auf, weil wir Wichtigeres zu tun haben, zumindest Dringenderes. Die Versuchung, die Frage zu verdrängen, bis es zu spät ist, ist sehr groß. Es ist wie in einer Beziehung, wo wir die vielen kleinen Signale unseres Partners erst überhaupt nicht wahrnehmen und sie selbst dann, wenn sie unübersehbar geworden sind, ignorieren, bis der Partner uns mitteilt, dass es aus ist. Dann überkommt uns Panik, wir sind bereit, alles zu tun, nur ist es dafür zu spät. Eine Chance ist vergeben. Doch in der Partnerschaft bekommen wir vielleicht eine neue Möglichkeit. Unser Leben haben wir nur einmal. Es gibt keinen Plan B. Wenn unsere Zeit abgelaufen ist, gibt es keine Chance mehr, es das nächste Mal besser zu machen, rechtzeitig hinzuhören.

Die letzte Stunde beginnt in diesem Augenblick. Wir können den Tod nicht beeinflussen, aber jede Stunde davor. Wir sterben, wie wir leben. Wir könnten einen Bruchteil der Zeit, die wir für die vielen Belanglosigkeiten verschwenden, für das nutzen, was uns wirklich wertvoll ist. Wann ist die beste Zeit, sich die wichtigste Frage zu stellen, unabhängig davon, wie alt man ist? Die Antwort ist ganz einfach. Wir brauchen nur einmal tief ein- und auszuatmen, um uns bewusst zu werden: Alles begann mit einem Atemzug und alles wird mit einem Atemzug enden.

Herz-Kreislauf-Erkrankungen sind die mit Abstand häufigste Todesursache, insbesondere im höheren Erwachsenenalter. An zweiter Stelle folgt Krebs. Krebs ist ein Tabuthema, das Wort bringt alles sofort auf den Punkt. Sie mögen beim Lesen dieses Buches den Eindruck gewinnen, dass zu viele Geschichten von Krebs handeln. Dafür gibt es zwei Gründe: Ein wichtiges Ziel ist es, Ihnen die Erfahrungen von Menschen zu vermitteln, die schlagartig mit der Tatsache konfrontiert wurden, dass ihre letzte Stunde sehr nahe sein könnte und dann noch eine Chance bekommen haben, weiterzuleben. Das plötzliche Ende durch einen Unfall oder Herzschlag ermöglicht diesen Erkenntnisprozess nicht. Außerdem wird Krebs in Zukunft die Herz-Kreislauf-Erkrankungen als häufigste Todesursache überholen. Auch wenn wir es nicht wahrhaben wollen, steigt die Wahrscheinlichkeit, dass wir betroffen sein könnten – erfreulicherweise auch die Aussicht auf Heilung.

Viele Menschen hoffen, ihre letzte Stunde zu Hause umsorgt von ihrer Familie und ihren Freunden erleben zu können. Die Wirklichkeit des Sterbens sieht anders aus. Nur jeder Sechste stirbt im eigenen Bett, die überwiegende Mehrheit in einem Krankenhaus oder in einem Heim. Ziemlich sicher blicken wir in unserer letzten Stunde auf eine weiße Decke über uns. Wenn das Ende naht, werden die Wünsche sehr einfach: ein Zimmer, von dem wir am Tag den Himmel mit der Sonne und in der Nacht die Sterne sehen können, ein offenes Fenster, durch das wir das Zwitschern der Vögel hören. Vertraute Gesichter, die uns besuchen und mit denen wir sprechen können. Und wenn wir großes Glück haben, hält jemand unsere Hand. Diese Hand zu fühlen, wird dann zum Wichtigsten unseres ganzen Lebens.

Eine Vielzahl von Gedanken und Fragen geht uns durch den Kopf: Werden meine Kinder ohne mich zurechtkommen? Wie wird mein Partner damit fertig werden? War das schon mein Leben? Habe ich es so gelebt, wie ich es mir gewünscht habe? Habe ich etwas Wichtiges vergessen? Was kommt jetzt?

---

1 Frei übernommen von Seneca: Von der Kürze des Lebens, München 2005, S. 13 f.

2 Viktor E. Frankl: Der Mensch vor der Frage nach dem Sinn. Eine Auswahl aus dem Gesamtwerk, München – Zürich 1985, S. 245

3 Elisabeth Kübler-Ross: Dem Tod ins Gesicht sehen, ein Film von Stefan Haupt, Berlin 2003

Die letzte Stunde – der beste Freund für Dein Leben

Der Tod war schon sehr nahe, als ich im November 2009 am Rande des Central Parks eine vertraute Stimme aus der vorbeidrängenden Menschenmenge hörte. „Hallo, Andreas, was machst Du in New York?" Es war Geri, ein Freund von mir, der seit vielen Jahren erfolgreich im Investmentbereich tätig ist. Zwei Österreicher, die einander auf der Straße in New York treffen, welch ein Zufall. Wir nutzen die Gelegenheit zu einem Mittagessen bei einem kleinen, aber feinen Italiener. Ich erzählte ihm von diesem Buch und meinen Recherchen in den USA. Geri war begeistert von dem Thema und empfahl mir zwei Freunde von ihm, einen prominenten Sportler und den bedeutenden Krebsspezialisten Christoph Zielinski als Interviewpartner zu dem Thema. Nach einem tief gehenden Gespräch über uns, Gott und die Welt trennten wir uns.

Sechs Wochen später, am 25. Dezember hörte ich die sehr aufgekratzt klingende Stimme von Geri auf meiner Mailbox: „Hallo, Andreas, ich habe gehört, Dein Gespräch mit meinem Freund, dem Dr. Zielinski, war sehr ergiebig für Euch beide. Ich habe übrigens noch einen Interviewpartner für Dich. Mich selbst. Ich liege seit einer Woche hier beim Zielinski und habe einen riesigen Tumor im Bauch. Aber mir geht's großartig. Wir lachen viel gemeinsam, der Christoph und ich. Rufe mich an oder besuche mich. Ich habe Dir jetzt noch mehr zu erzählen."

„Alles hat mit einem leisen Ziehen in meinen Leisten begonnen." So eröffnete Geri das Gespräch mit mir, das acht Wochen nach seiner Nachricht auf meiner Mailbox, am ersten strahlenden Sonntag des Jahres, mitten in seiner Chemotherapie, im schönsten Penthouse der Stadt stattfand. „Mein erster Gedanke, als ich die Diagnose hörte, war nicht: ‚Warum ich?‘, sondern: ‚Aha, ich auch.‘ Das Adrenalin schoss hinein in mich und ich verspürte die dreifache Kraft. Bei mir war alles wie auf Schienen, keine Panik, kein Selbstmitleid. Offensichtlich wendet man das trainierte Verhalten auch in so einer Situation an, ich entwarf präzise Ablaufpläne und ‚To do‘-Listen für den Fall der Fälle.

In all meiner Geschäftigkeit hatte ich plötzlich einen Flashback, etwas, das ich bis dahin nur aus Erzählungen kannte. Mein gesamtes Leben lief innerhalb von Sekunden vor mir ab, es war, wie wenn die Zeit stehen geblieben wäre, und ich wurde mit den wesentlichen Fakten meines Lebens in einer ganz verdichteten Form konfrontiert. Wenn man das Leben als Geschenk betrachtet, dann hatte ich meines nicht so behandelt, wie man mit einem wertvollen Geschenk umgehen sollte. Ich habe fast nichts ausgelassen. Aber wenn es das schon gewesen sein sollte, dann hatte ich mein Leben eigentlich weggeschmissen. Mein Lebenskonzept war, ein Drittel Vollgas zu geben, beruflich sehr erfolgreich zu sein, da habe ich viel erreicht. Ein Drittel etwas für andere zu tun, also das ehrliche soziale Engagement, nicht der Klingelbeutel oder die Teilnahme an der Charity-Veranstaltung, um sein Gewissen zu beruhigen – da hätte ich viel mehr tun können. Und das dritte Drittel sollte die Lebensfreude sein, sich selbst etwas Gutes zu tun, das habe ich völlig verabsäumt. Ich habe immer für das Morgen gelebt, ich habe alles für die Zukunft gespart. Das Sparbuch muss dick sein, und die Aktienpakete hoch. Die meisten Abenteuer habe ich für den Kick gemacht. Nur wenn ich in die Berge gestiegen bin oder Skitouren gemacht habe, dann konnte ich wirklich genießen.

Schuldgefühle hatte ich, als ich bei dem Flashback meine Kinder gesehen habe, weil ich nicht nur zu wenig, sondern in Wirklichkeit überhaupt keine Zeit für sie gehabt habe. Statt dass ich das getan hätte, was mir selbst Spaß gemacht hätte, wie mit meinem Jungen auf den Fußballplatz zu gehen, habe ich einen

Kundentermin gemacht, der ohnehin nicht so dringend war, wie ich mir einredete. Oder mit der Tochter Eislaufen gehen, ich gehe selbst gerne Eislaufen, warum habe ich das nicht gemacht? Es war mir immer etwas anderes wichtig. Noch schlimmer als die Schuldgefühle war die Erkenntnis, dass ich etwas nicht gemacht habe, was ich selber gerne getan hätte. Das hat mich am meisten traurig gestimmt.

Und dann bin ich draufgekommen, dass ich immer Ja gesagt habe, zu allen und zu allem. Ich kannte das Wort Nein nur mir selbst gegenüber, da war ich fast ein Asket. Wann immer jemand etwas von mir wollte, habe ich sofort Ja gesagt, auch wenn ich gar nicht helfen konnte, sondern dann erst mühsam versuchen musste, doch etwas für ihn zu tun. Auf die Frage ‚Kennst Du da jemanden?‘ gab es bei mir nur die reflexartige Antwort ‚Ja‘. Selbst wenn zwei neben mir über ein Problem diskutiert haben, das mich überhaupt nichts angegangen ist, habe ich mich sofort eingemischt und meine Hilfe angeboten. All das tue ich in Wirklichkeit nur, um mich selber wichtig zu machen. Das Problem liegt aber gar nicht so sehr in dieser Eitelkeit, sondern dass ich so oft Ja gesagt habe, dass ich es dann oft einfach nicht mehr zusammenbringen konnte. Dann hatte ich zusätzlich noch das Gefühl, versagt zu haben. Meine wichtigste Lektion für die Zukunft: Ich werde sehr oft Nein sagen.

Ich habe keine Angst vor dem Versagen mehr. Mein ganzes bisheriges Leben war dominiert von der Angst vor dem Versagen. Heute habe ich doch keine Angst mehr davor, eine Aufgabe nicht zu schaffen, ich denke keine Sekunde mehr darüber nach, dass ich scheitern könnte, weil ich weiß, dass mein Leben unter normalen Umständen eigentlich schon zu Ende gewesen wäre. Als wir uns im November in New York getroffen haben, hatte die Krankheit in mir ein fast schon unheilbares Stadium erreicht. Es war eine Verkettung von glücklichen Zufällen, dass ich heute noch hier sitze. Ich brauche auf niemanden Rücksicht zu nehmen, ich brauche mich vor niemandem zu genieren. Es weiß ohnehin jeder, der mich mit meiner Wollmütze in einem Restaurant sitzen sieht, was los ist.

Nach dem Ende der Chemotherapie beginnt ein neues Leben. Und das, was bisher war, wird ein Baustein im nächsten sein. Wie kann ich mein weiteres Leben so verändern, dass es mir, wenn ich das nächste Mal zurückschauen muss, nicht leid tun muss, was ich alles nicht getan habe? Mir wurde aber auch bewusst, dass das, was ich bisher gemacht habe, nicht umsonst gewesen sein konnte. Alles was ich mir geschaffen habe, werde ich nicht wegschmeißen, sondern das wird die Basis für die Zukunft sein. Auf dem werde ich aufbauen."

Die Wiederentdeckung der Sinnlichkeit

Mit Menschen, die sehr real mit der Möglichkeit ihres eigenen Todes konfrontiert werden, passiert etwas Seltsames. Es muss eine ganz andere, fundamentalere Erfahrung sein, als wenn man sich nur in seinen Gedanken mit seinem Ende auseinandersetzt. Wenn es wirklich ernst wird, ändert man als Erstes die Wahrnehmung für die Natur. Sie kehrt zurück ins Bewusstsein, obwohl sie seit unserer Kindheit ja nie verschwunden ist. Licht und Dunkel, in der Stadt ohnehin immer schwerer voneinander zu unterscheiden, werden auf einmal wieder bedeutsam, der tiefere Sinn der Geburt und des Endes eines jeden Tages dringt wieder in das Bewusstsein. Es gibt eine große Sehnsucht nach Licht und Sonne. Die Schönheit eines Baumes, der Duft einer Blume, der Geruch frischen Grases oder der Geschmack der Luft, bevor es zu schneien beginnt, der Blick in den Himmel, all jene Dinge, die man bis dahin wie eine ständig vorhandene Kulisse, vor der das eigene Leben abläuft, gar nicht wahrgenommen hat, erwachen plötzlich zum Leben. Der Weg durch die unmittelbare Umgebung erscheint verändert, jedes Haus löst sich auf einmal aus seiner fest gefügten Ordnung und erobert seine Einzigartigkeit zurück, selbst die scheinbar völlig gleichen Reihenhäuser gewinnen durch die Schuhe und Stiefel vor den Haustüren, das Kinderspielzeug, die Blumen und alle kleinen Details an Gestalt. Man spürt seinen Körper sehr präsent, vor allem die Muskeln, die man zu lange vernachlässigt hat. Man schmeckt sein Essen wieder, den Geschmack von frischem Orangensaft, den Duft von Kaffee, man erkennt wieder Süß und Sauer der Speisen, lässt sich jede Mahlzeit auf der Zunge zergehen. Ein Spaziergang durch einen Park oder das Laufen durch den Wald werden zu Ereignissen, die einen mit Freude erfüllen.

Aber das Negative wird ebenfalls viel stärker, man hält keine verrauchten Kaffeehäuser aus, sogar wenn man selbst einmal Raucher war. Auch beim Essen nimmt man das Negative stärker wahr und lehnt bestimmte Speisen intuitiv ab. Bei den Themen, die einen beschäftigen, gibt es einen entscheidenden Wechsel. Dinge wie die eigene Karriere, eine größere Wohnung, der nächste Urlaub verlieren fast völlig an Bedeutung, dafür befasst man sich vor allem mit Gedanken an geliebte Menschen. Die Frage, ob man genug gegeben hat, beschäftigt einen sehr. Themen wie Verantwortung, Verbundenheit mit der Natur, die eigenen Werte und die Sinnfrage bemächtigen sich des Denkens.

Warum bedarf es der Bedrohung ihres Lebens, um auch Menschen, die sich sonst wenig mit Achtsamkeit, Spiritualität und Liebe zu ihren Mitmenschen beschäftigt haben, von einer Sekunde zur anderen Zugang zu ihren inneren Möglichkeiten zu eröffnen, die sie sich sonst nur mit jahrelanger Übung hätten verschaffen können? Warum benötigen wir die Todesahnung, um das Wunder eines Sonnenaufgangs und die verklärte Schönheit eines Sonnenuntergangs wiederentdecken zu können? Auch wenn es klischeehaft klingen mag, es sind genau diese Themen und Gefühle, die ich in den vielen Gesprächen, die ich mit Menschen geführt habe, deren Leben ernsthaft gefährdet war, immer wieder gehört habe. Sie wiederholten stets, wie toll es sei, auf dieser Erde leben zu dürfen. Fast hatte ich den Eindruck, dass ich selbst blind und sie plötzlich sehend geworden waren, nur weil sie auf einmal verstanden, dass ihnen die Schönheit dieser Welt nur mehr sehr begrenzt offenstehen würde. Sie gehörten plötzlich einem recht exklusiven Club an, der seinen Mitgliedern gleich beim Eintritt ganz besondere Fähigkeiten verleiht, dem aber trotzdem niemand freiwillig beitreten will.

Es ist aber keine neue Fähigkeit, sondern das Wiederentdecken von etwas, das schon immer in ihnen war, es erinnert an das Empfinden von Kindern. Ein Freund hat mir erzählt, dass er mit seinen beiden kleinen Kindern mit dem Auto noch etwas einkaufen fuhr. Er war ziemlich unter Zeitdruck, gab kräftig Gas, und als sie sich einem Bahnübergang näherten, wo die Warnanlage gelb zu blinken begann und sie zum Stehenbleiben zwang, ärgerte er sich laut: „Verdammt, das auch noch, jetzt kommen wir zu spät nach Hause." Einen Augenblick später riefen seine beiden Kinder ganz begeistert: „Schau, Papa, so ein Glück, wir sehen einen Zug!" Von kleinen Kindern können wir tatsächlich lernen, das, was im Augenblick passiert, überhaupt wahrzunehmen. Als Erwachsene leben wir fast ständig in der Zukunft, die Alten hängen ihren Erinnerungen nach, für die Kinder gibt es nur die Gegenwart – die einzige Zeit, in der das Leben stattfindet. Es bedarf schon besonderer Ereignisse, um uns alle an die Gegenwart zu fesseln, zum Beispiel an jene eines Regenbogens. Fast niemand kann sich seiner Schönheit entziehen. Aber kommt der Reiz, der uns sogar veranlasst, das Auto eigens anzuhalten und ihn fast andächtig zu betrachten, nicht aus seiner Seltenheit? Würden wir nicht den Sonnenaufgang mit der gleichen Demut begrüßen, wenn dieser selten wie der Regenbogen wäre?

Wie viele Sonnenuntergänge und andere kleine Wunder haben wir schon verpasst, weil wir auf das Ziel und nicht auf den Weg geachtet haben? Vielleicht ist es das Gefühl, sich im Einklang mit der Natur zu befinden, Teil des natürlichen Werdens und Vergehens zu sein, warum sich Menschen auf einmal so zu ihr hingezogen fühlen, sobald sie überzeugt sind, dass ihnen nur mehr eine sehr begrenzte Zeit zur Verfügung steht. Auf einmal verlieren die weit in der Zukunft liegenden Ziele an Bedeutung, und das, was sie unmittelbar umgibt, wird wieder sichtbar. Und fast alle bedauern, dass sie ihre Sinne nicht schon viel früher mehr genutzt und sich mit den Dingen beschäftigt haben, die ihnen jetzt auf einmal wirklich bedeutend erscheinen. – Jetzt kommt der große Punkt, der mir ein Rätsel ist, das mich eigentlich schon immer beschäftigt hat: Warum tun wir uns trotzdem so schwer damit, zu erkennen, dass der Tod auch uns betrifft?

Jeder weiß, dass seine Zeit begrenzt ist. Auch ich weiß das, Sie wissen es, wir alle wissen es – aber wir wollen es einfach nicht glauben. Dabei ist die letzte Stunde immer da, und die Distanz zu ihr ist oft kürzer als wir vermuten, weil wir das gerne so hätten. Manchmal hängt sie nur vom Bremsweg eines fremden Autos, einer plötzlich verrückt spielenden Zelle oder dem Aufprallwinkel nach einem Sturz ab.

Wenn ein Mensch mit 80 stirbt, dann sagt man unbewusst, na ja, es war halt Zeit. 70 ist schon ein bisschen früh, bei 60 fragt man, warum mit 60, und ein Tod mit 50 hieße ... ja, das hieße, dass ich jetzt, in dem Augenblick, wo ich das schreibe, noch ein bisschen mehr als neun Monate zu leben hätte. Wäre ich in Swasiland geboren, dann wäre ich heute schon seit ziemlich genau 15 Jahren tot, denn das afrikanische Swasiland hat mit 34,1 Jahren statistisch die geringste Lebenserwartung aller Staaten. Damit hätte ich, sogar wenn ich im Mittelalter geboren worden wäre, mit den damals üblichen 35 Lebensjahren die knapp besseren Karten gezogen. Warum wird man in Swasiland geboren? Mein Freund Poldi starb mit 37 – warum mit 37?

Denke an Deinen Tod

Die Religionen und alten Weisheitslehren erkannten sehr früh, dass die Auseinandersetzung mit seiner Sterblichkeit für den

Menschen zu wichtig ist, um diese den Zufälligkeiten des Lebens oder unseren gut entwickelten Verdrängungsmechanismen zu überlassen. Daher wurden sehr konkrete Praktiken entwickelt, die uns helfen sollen, diesen existenziellen Gedanken regelmäßig in unseren Alltag zu integrieren. Das können tägliche Übungen, Gesänge und Gebete wie in vielen Mönchsorden sein, Rituale, wie sie in den alten Mysterienbünden üblich sind, oder auch nur der Gebrauch einer Sanduhr.

Das „Memento mori", übersetzt „Gedenke zu sterben", ist für die Benediktiner eine ihrer wichtigsten Regeln, weil sie ihnen jeden Tag den eigenen Tod in Erinnerung ruft. Dabei geht es primär nicht darum, an seinen körperlichen Tod zu denken, sondern es ist ein Weckruf, jeden Tag bewusst zu leben und jeden einzelnen Augenblick seines Lebens vor dem Horizont der eigenen Sterblichkeit zu sehen. Das heißt für die Benediktiner, jeder Tätigkeit genau die volle Aufmerksamkeit zu geben, die sie verdient, dem Beten genauso wie dem Staubwischen, dem Essen ebenso wie dem Spazierengehen durch den Klostergarten. Denn die große Weisheit, die in dem „Gedenke zu sterben" steckt, hat sehr wenig mit unserem Tod, sondern sehr viel mit unserem Leben zu tun. Wir dürfen nie aufhören, uns zu fragen, weshalb wir hier sind, was wir mit unserem Leben Sinnvolles bewirken wollen und mit wem wir das tun wollen.

Erst dieses Verständnis des Todes fordert uns ständig heraus, jeden Funken unseres Lebens möglichst intensiv auszukosten. Die Bedeutung des „Memento mori" findet sich in fast allen unterschiedlichen spirituellen Traditionen. Dieser Mahnruf war bereits in der Antike gebräuchlich. Wenn wir uns auch nur wenig aus dem Geschichtsunterricht gemerkt haben, dann wahrscheinlich das Bild, dass im alten Rom hinter jedem siegreichen Feldherrn bei dessen Triumphzug ein Sklave stand, ihm einen Lorbeerkranz über den Kopf hielt und den Triumphator ununterbrochen mit den Worten mahnte: „Bedenke, dass du sterblich bist!"

In vielen Initiationslehren sollen die Uneingeweihten nicht nur mit Worten, sondern auch mit Ritualen in ihrem Innersten unauslöschlich mit der Tatsache ihrer Sterblichkeit konfrontiert werden. Ein besonderer Mythos rankt sich seit Jahrhunderten um die Macht und das Geheimnis der Freimaurer. Auf alten Darstellungen kann man Kandidaten mit verbundenen Augen und eindeutige Symbole der Vergänglichkeit wie den Totenkopf erkennen. Ein Drittel der US-Präsidenten gehörte so wie George Washington dem Bund an. 53 von den 56 Unterzeichnern der US-Unabhängigkeitserklärung waren Freimaurer. Der berühmteste Freimaurer, Wolfgang A. Mozart, hat vor allem in die „Zauberflöte" Themen und Persönlichkeiten aus der Freimaurerei verpackt.

Rüdiger Templin ist Großmeister der Vereinigten Großlogen von Deutschland. Und er ist als Arzt, der 35 Jahre lang selbst Organe von Spendern entnommen und transplantiert hat, mit der Grenzzone des Lebens auch beruflich sehr vertraut. „Was können wir von den Freimaurern über den Umgang mit dem Tod lernen?", frage ich ihn.[1]

„Bei den Freimaurern ist die ständige Auseinandersetzung mit dem Leben und auch mit dem Ende des Lebens ein Teil unserer rituellen Arbeit. Das unterscheidet den Freimaurer vom Profanen, der den Tod ständig verdrängt und als ein in weiter Ferne liegendes Ereignis wegschieben kann. Der Freimaurer ist einem Prozess ausgesetzt, der ihm die Risiken, aber auch die Chancen des Lebens bewusster macht." Das Geheimnis der Freimaurer liegt offenkundig in ihren Ritualen. Was diese sind, verrät mir der Großmeister leider nicht.

Möglicherweise wurzelt die Bedeutung der Freimaurer in dieser rituellen Auseinandersetzung mit dem Tod.

Es bedarf aber keiner Mitgliedschaft in einem Mönchsorden oder Geheimbund. Eine einfache Kerze, die wir einmal am Tag bewusst anzünden, erfüllt genauso den Zweck. Es gibt den schönen Brauch, einmal im Jahr am Allerseelentag eine Kerze anzuzünden, um der Toten zu gedenken. Wäre es nicht ebenso wichtig, täglich eine Kerze anzuzünden, um auch nur eine Minute der Einzigartigkeit seines eigenen Lebens zu gedenken? Jedem Menschen steht die für ihn wichtigste Erkenntnis offen: Ohne den Tod könnten wir nicht erkennen, wie kostbar unser Leben ist.

Der kleine Tod

Jeden Abend, wenn wir uns im Bett zum Schlafen niederlegen, müssen wir, um einschlafen zu können, unseren Körper aufgeben, bereit sein, uns komplett fallen zu lassen. Jeder Schlaf ist ein kleiner Tod. Solange das Körperbewusstsein da ist, weil wir zum Beispiel schlecht liegen oder Schmerzen haben, können wir nicht einschlafen. Wenn wir dann durch die Erschöpfung einschlafen, ist das wie der Tod, der uns nimmt, und wir sind einfach weg. Die Fähigkeit, Körper und Seele trennen zu können, ist eine Notwendigkeit und ein Zeichen für psychische Gesundheit. Im Schlaf geht die Welt des Sprechens unter und die früheren Sprachen, vor allem die Bilder, übernehmen wieder die Führung und erlauben uns das ungehemmte Ausleben der Triebe im Traum.

Eines der schönsten Geschenke, das uns die Natur gemacht hat, ist zweifellos das Erleben eines Orgasmus. Und es ist wohl kein Zufall, dass ihn die Franzosen „la petite mort", den „kleinen Tod", nennen. Der „kleine Tod" ermöglicht uns den Rückfall in die nicht sprachlichen Welten unseres tieferen Bewusstseins, den Körper, vor allem die Haut als der größten erogenen Zone sowie das Riechen, das Hören, das Stöhnen. Im Augenblick des „kleinen Todes" ist unser alltägliches Bewusstsein kurzfristig weg, im Prinzip das gleiche Phänomen wie beim Schlaf, nur dass bei diesem der Bewusstseinsausfall eben weit länger andauert. Der „kleine Tod" gibt uns eine Vorahnung auf den großen Tod. In diesem Augenblick empfinden wir Selbstaufgabe und Ekstase. Wir sind ganz präsent und gleichzeitig weit weg. Wir spüren einen Augenblick lang die Verbundenheit mit etwas, das über uns selbst und unseren Partner hinausgeht. Wir schließen die Augen und spüren einfach. Wir erahnen einen Zipfel eines gemeinsamen Ganzen und wollen diesen möglichst lange festhalten, bis er uns langsam entgleitet. Einen echten Orgasmus können wir uns nicht nehmen, er nimmt uns – das hat der kleine Tod mit dem echten Tod gemein. Die Angst vor dem Kontrollverlust hindert Menschen am Schlafen und am „kleinen Tod". Auch der wirkliche Tod verlangt diesen Prozess, sich hineinfallen zu lassen. Der „echte Tod" ist ein Verwandter des Schlafes und des „kleinen Todes", mehr als uns das vielleicht bewusst ist.

Natürlich gibt es auch viele andere Phänomene, die „zum Sterben schön" sind, weil sie uns erlauben, in andere Bewusstseinsformen einzutauchen: Meditation, Gebet, die Ekstase des Tanzes und vieles mehr. Durch Drogen können wir ebenfalls unserem Tagesbewusstsein entfliehen. Das Problem ist aber, dass wir uns selbst trotzdem nie dauerhaft entkommen, nur der Tod ist endgültig.

„Viele Menschen sagen, dass wir den Sinn des Lebens suchen. Ich glaube nicht, dass es das ist, was wir wirklich suchen. Ich glaube, wir suchen persönliche Erfahrung der Lebendigkeit, damit wir den Reiz des Gefühls, wirklich am Leben zu sein, voll auskosten können", meint Joseph Campbell.

Die zwei wichtigsten Tage im Leben jedes Menschen

Nicht den Tod sollte man fürchten,
sondern dass man nie beginnen wird, zu leben.
Marc Aurel

Richard Leider ist seit 30 Jahren erfolgreicher Lebensberater für ältere Menschen und US-Bestsellerautor.[2] Eine der wichtigsten Lektionen für sein Leben lehrte ihn Kampala, ein 90-jähriger

Weiser vom Stamm der Hadza in Tansania. Eines Abends, nach einer langen Wanderung durch die Wüste, nahm Kampala Richard Leider beiseite und fragte ihn: „Was sind die zwei wichtigsten Tage in Deinem Leben?" Leider antwortete spontan: „Geburt und Tod." Kampala schüttelte den Kopf: „Richard, Du bist über das Meer geflogen, mit dem Landrover hergefahren, bringst diese schönen Zelte mit, Du hast so viele Bücher geschrieben und dann kannst Du eine der einfachsten Fragen nicht beantworten." – „Also, was ist die richtige Antwort?", wollte Leider wissen. „Geburt ist offensichtlich richtig. Aber der zweite wichtige Tag in Deinem Leben ist, wenn Du herausfindest, *warum* Du geboren wurdest", erklärte ihm Kampala.

Nur die Tatsache, dass man geboren wurde und zu vegetieren beginnt, heißt noch lange nicht, dass man zu leben begonnen hat. Manche Menschen werden erst mit 45 Jahren geboren, manche sind lange tot, bevor ihre letzte Stunde schlägt, manche beginnen überhaupt nie zu leben. Für viele Menschen ist das Leben nichts mehr als ein langer Schlaf, aus dem sie nie erwachen. Andere Menschen führen ein Leben in stiller Verzweiflung. In jeder Religion, in jeder spirituellen Tradition, in jeder Philosophie ist das Leben nicht etwas, das man automatisch hat, sondern etwas, wofür man sich bewusst entscheiden muss, etwas, das harte Arbeit an sich selbst bedeutet. Die größte Hilfe bei der Entscheidung, ob man wirklich leben will, ist die Tatsache, dass es einen Tod gibt. Er ist nichts Abstraktes und in weiter Ferne Liegendes, sondern etwas sehr Konkretes, das uns jedes Mal, wenn wir den Gedanken daran im Hier und Jetzt zulassen, hilft, unsere Lebendigkeit zu spüren.

Der Gedanke an die letzte Stunde wäre unendlich wichtiger als die jährliche Feier der Geburt. Beim Geburtstag schauen wir zurück auf viele abgelaufene Stunden, die wir nicht mehr verändern können, bei der letzten Stunde schauen wir nach vorne auf all jene Stunden, die noch völlig jungfräulich vor uns liegen. Jeden Geburtstag zumindest einige Atemzüge innezuhalten, um an die Jahre, die vor uns liegen, zu denken, wäre vielleicht eine gar nicht so schlechte Idee.

Spiel nicht mit dem Tod

Das „Memento mori", die bewusste Auseinandersetzung mit der eigenen Sterblichkeit, ist ein behutsamer Weg – und im Gegensatz zur Konfrontation mit einer bösen Diagnose ein frei gewählter. Auch dieser Weg ist nicht frei von gefährlichen Verirrungen: dem Spielen mit dem Tod.

Es gibt eine Szene im Buch „So schön wie hier kanns im Himmel gar nicht sein!" von Christoph Schlingensief, die bei mir spontan so viel Unbehagen ausgelöst hat, dass ich es beim ersten Lesen gar nicht gewagt habe, sie mit dem Bleistift zu markieren, wie ich das sonst immer beim Lesen von Büchern tue. Die kurze Passage ließ mir aber keine Ruhe. Es geht darum, dass Schlingensief versucht zu rekonstruieren, wann der Krebs bei ihm ausgebrochen sei, und so fragt er seinen behandelnden Arzt danach. Dieser sagt ihm den Zeitpunkt, der, wie Schlingensief bereits geahnt hat, im Zeitraum seiner Wagner-Inszenierung in Bayreuth lag. Und dann fügt der sonst so sachliche Arzt noch einen Satz hinzu: „Ich habe voller Schrecken gelesen, dass Sie mal irgendwann gesagt haben sollen, nach Bayreuth bekämen Sie Krebs. Ich bin ja nicht abergläubisch, aber sagen Sie so was nie wieder. Sagen Sie so etwas niemals wieder!"[3]

Als Schlingensief über diese Zeit nachdenkt, wird ihm bewusst, dass er in Bayreuth tatsächlich mit der Todessehnsucht gespielt und dabei eine Grenze überschritten hat. So sei Wagners „Parsifal" für ihn von der künstlerischen zur persönlichen Todesmusik geworden, die nicht das Leben, sondern das Sterben feiert. Und genau auf diesen Trip habe er sich schicken lassen. Er hätte dieses Tor niemals öffnen dürfen. Sätze wie: „Jetzt geht es um nichts anderes mehr, jetzt geht es um diese Sache und da wird gelitten und gestorben", würde er nie wieder über die Lippen bringen.

„Ich behaupte mal, jeder Mensch hat in sich selbst eine Schwelle, die er nicht übertreten sollte. Und bei jedem Menschen ist sie anders konstruiert. Der eine hat eine dicke Schicht, der andere hat eine dünne, bei dem einen ist sie höher, bei dem anderen niedriger. Wenn er anfängt, diese grundsätzliche Eigenart seiner Person durch irgendwelche Dinge zu belasten, seine Grundsätze aufzugeben – und damit meine ich nicht, morgens unpünktlich aufzustehen oder so einen Schwachsinn, nein, damit meine ich, sich selbst in seiner Eigenliebe nicht mehr wahrzunehmen –, dann kann es sein, dass irgendetwas passiert ist. Muss nicht, kann aber."[4]

Natürlich ist sich Schlingensief bewusst, dass Krebs nie eindeutig einer Ursache zuordenbar ist. Was er intuitiv gespürt hat, ist ein sehr gefährlicher Bereich, der nichts mit Aberglauben zu tun hat, sondern mit der Macht der eigenen Gedanken. Dieses Beispiel erlaubt, auf den fundamentalen Unterschied zwischen dem Gedanken an seine letzte Stunde und der Todessehnsucht hinzuweisen. Die letzte Stunde ist ein Spiel mit dem Leben, Todessehnsucht ist ein gefährliches Spiel mit dem Tod. Larmoyanz bildet oft die Vorstufe zur Todessehnsucht, gegen die der kurze Kontakt mit seiner letzten Stunde ein äußerst wirksames Gegengift ist. Der Gedanke an die letzte Stunde ist das Gegenteil von Todessehnsucht, nämlich die Sehnsucht nach einem sinnerfüllten und erfahrungsreichen Leben immer wieder neu zu beleben. Das ist auch die wichtigste Botschaft von Schlingensief:

„Am liebsten würde ich einfach allen, allen Menschen zurufen, wie toll es ist, auf der Erde zu sein. Was einem da genommen wird, wenn man gehen muss. Ich wünsche mir so sehr, dass die Leute begreifen, wie sehr es sich lohnt, sich um diese Erde zu kümmern."[5]

Gedanken und Gefühle – wie man sich seiner letzten Stunde nähern kann

So wie der Stabhochsprung im Zehnkampf der schwierigste Bewerb ist, so ist der Umgang mit seiner letzten Stunde im Leben die Königsdisziplin. Beides erfordert ständige Übung, um die Meisterschaft zu erreichen. Die Auseinandersetzung mit seiner letzten Stunde bringt Gedanken, die oft zu unangenehm sind, um sie überhaupt zulassen zu können. Viele von uns haben nie die Sprache gelernt, um die damit verbundenen Gefühle in Worte zu fassen. Genau diese Gedanken und Gefühle von einem unbekannten Wesen zu einem guten Freund zu machen, ist eine Aufgabe dieses Buches.

In lebensbedrohenden Situationen, wo alle Worte nicht mehr reichen, wo jedes Wort zu viel ist, können Gedichte Kraft und Hoffnung geben. Es ist unvorstellbar, unter welchen Bedingungen Gedichte entstehen können. In einer Atmosphäre von Hunger und Kälte, von Brutalität und Angst entstanden die Gedichte des Dichters György Faludy in den Gefängnissen der stalinistischen Unterdrückung im Ungarn der Nachkriegszeit. Er versuchte damit, seiner im Grunde unerträglichen Existenz und der seiner Mitgefangenen Sinn zu geben. Da es weder Papier noch Bleistift gab, lernte er seine Gedichte auswendig. Um sie im Falle seines Todes für seine Frau und die Nachwelt zu erhalten, ersuchte er seine Mitgefangenen, diese ebenfalls auswendig zu lernen. Eine besonders lange Elegie, die der Liebe seiner Frau gewidmet war, verteilte er auf mehrere Mithäftlinge, von denen jeder eine Strophe lernte. So konnten Gefangene, die vor ihm entlassen wurden, seine Frau besuchen und vor ihr jenen Teil des Gedichtes rezitieren, den sie gelernt hatten. Am Schluss pflegten sie zu sagen: „Das ist alles, was ich auswendig gelernt habe. Aber in ein paar Tagen wird Jim Egri entlassen; er wird Dir die nächsten 20 Verse aufsagen."[6]

Gedichte können helfen, die Sprachlosigkeit in uns selbst zu überwinden und Gefühle in Bilder zu fassen, die wir sonst gar nicht auszudrücken vermögen. Wenn man es selbst spricht, kann ein Gedicht die Grenzen zwischen dem Wort und der Musik überschreiten. Das kurze Gedicht von Erich Kästner, der seine „zwei Gebote" zum Thema „Memento mori" formuliert, kann ein schöner Einstieg sein:

Liebe das Leben, und denk an den Tod!
Tritt, wenn die Stunde da ist, stolz beiseite.
Einmal leben zu müssen,
heißt unser erstes Gebot.
Nur einmal leben zu dürfen,
lautet das zweite. [*]

Die letzte Stunde ist kein geheimer Schlüssel, mit dem man den schon gefahrenen Kilometerstand heimlich zurückdrehen kann, aber das beste Navigationsinstrument, das uns hilft, die Ziele, die wir in unserer Zukunft ansteuern, ohne zu große Umwege zu erreichen. Oft treten wir dann besonders fest auf das Gaspedal, wenn wir unser Ziel völlig aus den Augen verloren haben. Gerade wenn wir uns hoffnungslos verirrt haben, kann uns der Gedanke an unsere letzte Stunde helfen, wieder zurück zum rechten Weg zu finden. Sie mahnt uns auch, überhaupt einmal ein Ziel in das Navigationssystem unseres Lebens einzugeben und nicht völlig planlos umherzukurven. Sie zeigt auch zuverlässig an, wenn unser Verbrauch an Lebensenergie zu hoch ist oder wenn wir zu lange im Stillstand verharrt sind. Sie hilft uns dabei, herauszufinden, warum wir eigentlich da sind. Daher sollten wir uns den Besuch der letzten Stunde manchmal erlauben. Der Gedanke an die letzte Stunde schließt das Leben nicht ab, er macht das Leben auf. – Mache Dir die letzte Stunde zum Freund.

---

[*]   Erich Kästner: Die zwei Gebote, aus: Kurz und bündig, © Atrium Verlag, Zürich 1948 und Thomas Kästner.

1 Das Gespräch mit Rüdiger Templin fand am 23. April 2010 statt.

2 Alle Zitate von Richard Leider in diesem Buch, die nicht mit einer Quellenangabe aus seinen eigenen Büchern versehen sind, stammen aus einem mehrstündigen Interview, das ich am 13. November 2009 in Minneapolis mit ihm
geführt habe.

3 Christoph Schlingensief: So schön wie hier kanns im Himmel gar nicht sein!
Tagebuch einer Krebserkrankung, Köln 2009, S. 157 f.

4 Ebd., S. 175 f.

5 Ebd., S. 249 f.

6 Diese Geschichte hat mir Mihaly Csikszentmihalyi bei einem Interview am
4. Oktober 2008 in Claremont erzählt.

Unendliche Gerechtigkeit – warum wir in der letzten Stunde alle gleich sind

In der letzten Stunde sind wir alle gleich. Die Sünder und die Heiligen, die Schönen und die Hässlichen, die Klugen und die Dummen, die kleinen und die großen Leute. Die letzte Stunde trennt nicht in Economy- und First-Class-Passagiere. Um die letzten Stunden können sich auch die Reichen keinen Bypass legen lassen. Man kann sie künstlich aufschieben, aber man kann sie nicht umgehen. Die letzte Stunde bietet den vielen einfachen Menschen die Gelegenheit, zu ganz Großen zu werden, und verdammt viele einstmals Mächtige zur Erbärmlichkeit. Sie ist der Akt letzter Gerechtigkeit.

Wenige Menschen werden als große Wohltäter oder Heilige geboren. Die Heldengeschichten von heute handeln meistens von innovativen Unternehmern, mutigen Flugzeugpiloten und charismatischen Präsidenten, von Sportlern, die ihr Schicksal bezwungen haben, oder genialen Künstlern. Nicht jedem ist es bestimmt, ein Held der Weltgeschichte zu werden. Die Ausrede, dass man eben kein Gandhi, keine Mutter Teresa oder kein Nelson Mandela sei, gilt aber nicht. Wir alle werden von moralischen Helden inspiriert. In allen Menschen stecken „kleine Helden". Gerade wenn man die Lebensgeschichten der drei liest, erkennt man, dass sie schon in jungen Jahren, damals völlig unbekannt, kleine Helden waren, die immer dem mutigen Weg ihrer Überzeugung gefolgt sind, auch wenn das der unbequeme und gefährliche war. Jeder, der diesem Weg folgt, ist ein Held, wie schon viele vor ihm – und am Ende des Tages wird er nicht allein sein. Das steckt tief im kollektiven Unbewusstsein der Menschheit.[1]

Die kleinen Helden

Niemand wird uns je fragen, warum aus uns kein Gandhi, keine Mutter Teresa oder kein Nelson Mandela geworden ist. Die Frage lautet vielmehr: Bist Du der bestmögliche Mensch geworden, der Du mit Deinen Anlagen werden konntest?

Das Leben bietet jedem die Möglichkeit, menschlich Herausragendes zu leisten oder zu versagen. Ich möchte das am Beispiel der Arbeitsplatzbeschreibung des Hausmeisters eines Krankenhauses zeigen.[2] Darin stehen so wenig spektakuläre Dinge wie Bodenwischen, Kehren, Staubsaugen, Mülleimerleeren usw., meist versehen mit genauen Checklisten. Für den Außenstehenden ist vielleicht ein wenig überraschend, wie viele Punkte zu erfüllen sind, aber nicht, welche. Das Einzige, was auffällt, ist: Obwohl es eine sehr lange Liste ist, bezieht sich kein einziger Punkt auf andere Menschen. Die Liste könnte genauso für einen Hausmeister in einer Leichenhalle gelten wie für einen in einem Krankenhaus.

Als Psychologen eine Befragung der Angestellten des Krankenhauses durchführten, um ein besseres Verständnis für deren Arbeit zu bekommen, trafen sie auf Mario, den Krankenhaus-Hausmeister. Er erzählte ihnen, wie er das Bodenwischen unterbrach, als ein älterer Patient, der nach einer Operation wieder seine Beine stärken wollte, langsam den Gang auf und ab ging. Hätte er den Boden nämlich wie vorgeschrieben blitzblank poliert, hätte es der Patient aus Angst, auf dem glatten Boden auszurutschen, nicht gewagt, sein Training zu machen. Mario munterte den Patienten mit ein paar freundlichen Worten auf, lobte seinen Willen und wischte den Gang erst am späten Nachmittag. Mira vom Reinigungspersonal erklärte den Psychologen, dass sie die Anweisung ihres Vorgesetzten, in einem Aufenthaltsraum den Staub zu saugen, ignorierte, weil sich dort Familienmitglieder eines schwer Verunglückten befanden, die gerade schliefen, da sie die ganze Nacht im Krankenhaus verbracht hatten. Und Viktor berichtete, dass er den Boden des Zimmers eines jungen Mannes ein zweites Mal wischte, weil dessen Vater, der seit sechs Wochen dort Nachtwache hielt, ihn nicht gesehen hatte, als er ihn das erste Mal gereinigt hatte und sich daher wütend bei ihm beschwerte. Nein, er stritt nicht mit dem Vater, er entschuldigte sich und machte seine Arbeit nochmals. Mario der Hausmeister, Mira und Viktor vom Reinigungspersonal verstanden, dass ihr Job sehr wenig mit Putzen und dem Erledigen von Checklisten zu tun hatte, sondern mit Menschen.

Natürlich sind nicht alle wie sie, können es gar nicht sein. Manchen ist es schon deshalb unmöglich, diese Leistung zu erbringen, weil sie als die Untersten in der Hierarchie nicht einmal unsere Sprache sprechen können. Aber jene, die erkannt haben, dass es genau um ihre Qualität der Freundlichkeit, der Fürsorge und des Einfühlungsvermögens geht, sind die Helden eines Spitals und leisten einen entscheidenden Beitrag dafür, dass wir uns dann ein bisschen besser fühlen, wenn es uns gerade sehr schlecht geht. Ihr Verhalten entscheidet oft darüber, ob alte und kranke Menschen zumindest ein schönes Erlebnis am Tag haben, von dem sie anderen erzählen können. So wie Lidia, die Heimhilfe meiner Mutter, die manchmal die knappen, genau festgelegten Minuten ihrer Pause dafür verwendet, mit ihr ein wenig in den Park zu gehen und zu plaudern.

65 Kilogramm im Durchschnitt, drei Mal täglich und das mal 13, machen 2535 Kilogramm oder 2,5 Tonnen, die Pflegebetreuer täglich heben. „Wenn ich für jedes Kilo, das ich gehoben habe, nur einen Euro bekommen hätte, dann könnte ich mir ein Palais kaufen", rechnet sich die Pflegehelferin Martina aus und lacht dabei. Die höchste Belastung kommt daher, dass man immer gegen sich arbeitet. Man versucht jemanden, der schwerer ist als

man selbst, zu heben und schafft es fast nicht. Während man es trotzdem versucht, steigt Wut in einem auf, weil man sich überhebt, weil es einem wehtut, weil der Patient oft völlig passiv ist und einen nicht unterstützt. Der Patient könne natürlich nichts dafür und sie habe sich auch bemüht, sich nie etwas anmerken zu lassen, aber es frisst sich in einen hinein.

Martina ist 42 Jahre und leidet nach 25 Berufsjahren an Problemen in den Lenden, mit den Hals- und Brustwirbeln, in den Ellbogen, in den Handgelenken, in den Knien und Sprunggelenken. In der Station mit den geistig Behinderten herrschte ein Klima der ständigen Bedrohung, mindestens fünf Mal am Tag traten Extremsituationen ein, einmal wurde Martina von einem Patienten gebissen – dafür gab es die höchstmögliche Gefahrenzulage. Oberarm- und Unterarmbrüche von Schwestern sind keine Seltenheit. Eine geistig Behinderte hat ihr einmal die Daumen umgebogen, seitdem habe sie keine Kraft mehr in den Händen – es sei eigentlich alles kaputt, sagt sie nach kurzem Nachdenken. Die körperliche Belastung entspreche der von Bauarbeitern. „Entschieden habe ich mich für diesen Beruf schon als Kind, weil ich damals geglaubt habe, dass man da im weißen Gewand herumgeht und alten Menschen Kakao austeilt. Mein wirklicher Lebenstraum war es, Balletttänzerin zu werden. Meine Mutter wollte das nicht, weil sie Angst hatte, dass ich mir die Knie und das Kreuz kaputt mache", erzählt Martina – und lacht wieder laut los.

Es bedarf eines ziemlichen Aufwands, um Martina den Satz „Meine Arbeit ist wichtig und ich weiß, dass ich darin gut bin" zu entlocken. „Das weiß ich aufgrund der Reaktionen der Schwestern und Oberschwestern, aber vor allem der Patienten." Gut ist für Martina die Fähigkeit, zu erkennen, was ein Mensch braucht, wie er liegen will, ob ihm kalt oder heiß ist. Sie war immer stolz darauf, Pflegehelferin zu sein und ist trotz des Lainz-Skandals[3] stets mit erhobenem Haupt gegangen. Wenn Martina sagt, was sie beruflich macht, hört sie oft: „Das könnte ich nicht. Hut ab, das ist toll." Ihr „Lieblingssatz" lautet: „Das könnte ich nie."

Dann antwortet Martina immer: „Das kann jeder. Warum soll das einer nicht machen können? Die Wahrheit ist, dass es viele nicht machen wollen und froh sind, dass jemand wie ich das macht."

Mario, Mira, Viktor, Lidia und Martina haben keinen Universitätsabschluss und keine höhere Schule besucht. Sie wissen, was praktische Weisheit ist, ohne Aristoteles gelesen zu haben. Aristoteles sagt, praktische Weisheit ist eine Kombination von moralischem Willen und moralischer Fähigkeit. Eine praktisch weise Person erkennt, wann sie eine Regel kurzfristig ignorieren muss, um den höheren Zweck, der dahinter steht, zu erfüllen, wie Mira, die schlafende Familienangehörige nach einer langen bangen Nacht nicht durch ihren Staubsauger aufgeweckt hat. Praktische Weisheit ist nicht angeboren, sie wird geformt durch Erfahrung. Martina erzählt von ihren Vorgesetzten. „Das waren oft Leute, die hatten studiert und dann zwei Jahre ein bisschen wo hineingeschnuppert, und dann wollten sie mir sagen, wie das alles laufen sollte. Dann fragen sie mich noch ständig: ‚Wie geht es Ihnen bei dem, was Sie tun?' oder ‚Was haben Sie dabei gefühlt, wie Sie das jetzt gesagt haben?'. Die hatten oft überhaupt keine Ahnung von meinem Job."

Man benötigt Zeit, um die Personen kennenzulernen, denen man helfen will. Man braucht die Erlaubnis, improvisieren zu dürfen, oder den Mut, es einfach zu tun. Man muss neue Dinge ausprobieren, und wenn sie nicht funktionieren, aus diesen Fehlern lernen. Es bedarf vieler Erfahrungen, um so arbeiten zu können wie die beschriebenen Personen. Natürlich dauert es nicht lange, um zu lernen, wie man den Boden wischt oder den Mülleimer leert, aber es braucht viel Zeit, um zu lernen, wie man für Menschen sorgt. Gerade Krankenpfleger werden leider sehr schnell auf Waschen und Anziehen reduziert, ihre soziale Funktion wird oft übersehen. Diese erkennen die meisten erst dann, wenn sie selbst plötzlich völlig auf die Fürsorge eines ihnen bis dahin unbekannten Menschen angewiesen sind.

Das Anspruchsniveau an sein eigenes Tun kann man nur selbst festlegen. Die Welt ist so voll von Geschichten über brillante Menschen, dass viele sich mitunter klein und unbedeutend vorkommen. Die gute Nachricht: Es bedarf keiner Brillanz, um weise und menschlich zu sein. Das Schlimme ist, dass Brillanz ohne praktische Weisheit nicht ausreicht, oft sogar gefährlich ist. Trotzdem beten wir die Brillanten an, heben sie auf den Podest, zahlen ihnen unfassbare Summen, während wir viele, die über praktische Weisheit verfügen, übersehen und viel zu wenig wertschätzen.

Natürlich wäre es jetzt verlockend, sich über die unfassbaren Managerbonussysteme im Vergleich zur schlechten Bezahlung von Sozialberufen zu ereifern. Doch darum geht es hier nicht. Die Wahrheit ist, dass auch die besten Anreizsysteme nie gerecht sein werden und von schlechten Absichten untergraben werden können. Sozialarbeiter und Lehrer sind genauso wie Busfahrer und Polizisten in der scheinbar schlechteren Position, weil die wichtigsten Qualitäten wie Einfühlsamkeit, Freundlichkeit und Mut nicht messbar sind. Eine Prämie für Menschlichkeit ist offensichtlich ein Widerspruch in sich selbst. Die Entscheidung, nicht das für einen selbst Angenehme und Einfache, sondern das Richtige zu tun, wird stets eine moralische bleiben, die dem Einzelnen niemand abnehmen kann. Es gibt immer die Ausrede „Ich konnte es ja nicht anders, weil man es so von mir verlangt hat" oder „Ich musste mich an die Vorschriften halten". Das ist der schlechteste Beitrag für die letzte Stunde. Das trifft den Unternehmer genauso, der darüber entscheiden muss, ob und wie viele Menschen er in der Krise entlässt, wie den Lehrer, der die emotionale Situation eines Schülers unmittelbar nach der Scheidung seiner Eltern kennt und ihm die Note für das Bemühen und nicht für die erreichte Punkteanzahl gibt.

Viele hervorragende Lehrer haben eines gemeinsam: Sie umgehen, ignorieren oder verstoßen aktiv gegen ihr völlig anachronistisches Dienstrecht. Sie verlassen sich lieber auf zwei einfache

Orientierungspunkte: die Liebe zu Kindern und die Begeisterung für ihre Unterrichtsfächer. Wir wissen genau, was wir an Menschen schätzen, denen wir uns selbst und unsere Kinder anvertrauen wollen: ein gutes Herz und ein funktionierendes Hirn, Gefühl und Verstand, Warmherzigkeit und Strenge. Jedes zu seiner Zeit. Ihre praktische Weisheit sagt diesen Menschen, wann es Zeit für das eine und wann es Zeit für das andere ist. Dafür brauchen sie keine Arbeitsplatzbeschreibungen, keine Lehrpläne, keine Vorschriften und vor allem keine Checklisten.

Was Helden in ihrem Innern bewegt

Es gibt viele kleine Helden, die es verdienen, gefeiert zu werden. Den meisten von ihnen ist gar nicht bewusst, dass sie Helden sind. Erst ihre eigenen Geschichten zeigen uns, wie sie zu dem werden konnten, was sie sind, warum sie nicht an die Öffentlichkeit drängen, ihre Befriedigung nicht in sozialem Ansehen oder in ihrer Bezahlung, sondern in dem finden, was sie für andere tun. Die weltbekannte Sterbeforscherin Elisabeth Kübler-Ross erzählt die Geschichte einer schwarzen Putzfrau, die ihre erste Lehrmeisterin im Umgang mit Sterbenden wurde.[4] Was ihre Aufmerksamkeit erregte, war die Wirkung, die diese schwarze Putzfrau auf Schwerkranke hatte. Jedes Mal, wenn sie ihre Zimmer verlassen hatte, konnte Kübler-Ross eine deutliche Verbesserung des Gemütszustandes der Patienten erkennen. Sie wollte unbedingt das Geheimnis dieser Frau erforschen, studierte ihren Personalakt, der nicht viel mehr erkennen ließ, als dass sie nur die Pflichtschule absolviert hatte. Eines Tages konnte Kübler-Ross sich nicht länger zurückhalten und sprach sie direkt darauf an, was sie denn mit ihren Patienten mache. Diese reagierte freundlich, aber ablehnend: „Ich putze hier nur die Böden." Es dauerte lange Zeit, bis das Vertrauensverhältnis zwischen der weißen Fachärztin und der schwarzen Putzfrau so weit hergestellt war, dass sich diese eines Tages im Schwesternzimmer öffnete und Kübler-Ross ihre Lebensgeschichte erzählte. Sie stammte aus dem Süden von Chicago und war in Armut und Elend aufgewachsen, in einem Zuhause ohne heißes Wasser und Heizung, umgeben von unterernährten, ständig kranken Kindern. Vor allem die Kinder waren Hunger und Krankheit hilflos ausgeliefert, versuchten ihre ständig hungrigen Mägen mit billigen Haferflocken zu füllen. Eines Tages erkrankte ihr dreijähriger Sohn an einer Lungenentzündung. Sie brachte ihn ins örtliche Spital, wo sie aber abgewiesen wurde, weil sie noch zehn Dollar schuldig war. In ihrer Verzweiflung versuchte sie es mit ihrem Kind in einem Krankenhaus, das bedürftige Menschen aufnehmen musste. Dort wartete sie in einem Raum, voll von anderen dringend medizinischer Hilfe bedürftiger Menschen, auf einen Arzt. Nach drei Stunden Wartezeit, in denen sie mit ansehen musste, wie ihr kleiner Junge keuchend immer verzweifelter um Atem rang, verstarb er in ihren Armen.

Tief bewegt fragte Kübler-Ross nun die Frau, was diese bittere Erfahrung mit ihrer Fähigkeit, die Stimmung todkranker Patienten aufzuhellen, zu tun habe. Die Frau, die ihre ganze Geschichte ohne Groll oder Vorwürfe erzählt hatte, sah sie mit ihren freundlichen dunklen Augen an und antwortete: „Sie sehen, der Tod ist mir nicht fremd. Er ist ein ganz alter Bekannter. Ich habe keine Angst mehr vor ihm. Manchmal gehe ich ins Zimmer dieser Patienten, die einfach starr vor Entsetzen sind und niemanden haben, mit dem sie reden könnten. Deshalb gehe ich zu ihnen hin. Manchmal berühre ich sogar ihre Hand und sage ihnen, dass sie sich keine Sorgen machen sollten, dass es nicht so schrecklich ist." Schon bald darauf beförderte Kübler-Ross die Frau zu ihrer Assistentin. Und sie erkannte, dass die wichtigen Lehrer oft in allen Formen und Verkleidungen in unser Leben treten. Ein Mensch, der die Fähigkeit besaß, einem Mitmenschen sein Herz zu öffnen, konnte mehr bewirken als alle Theorien und Wissenschaften der Welt.

Einige dieser kleinen Helden, die in Wirklichkeit ganz große Helden sind, haben wir in diesem Kapitel schon kennengelernt. Es gibt unzählige davon. Der fast 90-jährige Peter hat seine Frau acht Jahre zu Hause gepflegt und dann zwei Jahre lang täglich zweimal im Pflegeheim besucht. Da habe er jeden Tag vier Kilometer zurückgelegt und das habe sicher auch ihm gutgetan. Das war seine Art, den berühmten Jakobsweg in diesen zwei Jahren zumindest von der Distanz her hinter sich zu bringen, erzählt er mir mit einem Lächeln in seinem Gesicht. Dann gibt es die allein erziehende Mutter, die jeden Tag, wenn sie von der Arbeit todmüde nach Hause kommt, mit ihrem Kind, das unter Legasthenie leidet, Lesen übt. Die nicht aufgibt, auch wenn ihr Kind wieder eine negative Note in Deutsch bekommt, obwohl es nur 17 Fehler statt ursprünglich 24 gemacht hat. Sie tut es aus bedingungsloser Liebe, um ihr Kind gegen alle Widrigkeiten des Lebens zu einem selbstständigen, offenen und wissbegierigen Menschen zu erziehen. Die Pflege eines nahen Angehörigen genauso wie die liebevolle Erziehung eines Kindes verlangen viel Verzicht auf eigene Wünsche, auf Vergnügungen und soziale Kontakte mit Freunden, auf die Verfolgung der eigenen Karriereziele und vieles mehr. Das kann man nicht von jedem fordern, und auch nicht jeder kann es von sich selbst verlangen, dazu sind wir Menschen zu verschieden. Man kann immer nur das Mögliche tun, aber dafür gibt es viele Gelegenheiten.

Das Bedürfnis, das Richtige zu tun, steckt in uns allen. Wann immer wir diesem Bedürfnis nachgeben, sind wir auf der richtigen Spur. Natürlich zweifeln wir manchmal, ob wir nicht die einzigen Idioten auf der Welt sind, die es anders machen, niemand ist davor gefeit.

Ich habe den weisen Altabt des Stiftes Melk, Burkhard Ellegast, einmal gefragt, was er in seinem Leben bereue: „Ich habe mich als Lehrer immer bemüht, den Schülern mit Güte zu begegnen. Meine tiefste Überzeugung war, wenn man liebevoll mit ihnen umgeht, wird mehr dabei herausschauen als wenn man nur streng ist. Ich habe leider bald erkennen müssen, dass sie bei den strengen Lehrern gelernt haben – und bei mir nicht. Meine Güte wurde schamlos ausgenützt. Das hat mich oft getroffen und manchmal habe ich mir gedacht, dass ich eigentlich der ‚Mann von La Mancha' bin. Daher hätte ich gute Gründe gehabt, meine zu große Nachsicht zu bereuen. Aber ich habe das Gott sei Dank ohnehin nie können. Wenn ich daher etwas bereue, dann nicht, dass ich zu gütig war und das oft missbraucht wurde, sondern dass ich manchmal daran gezweifelt habe, dass der Weg der Güte der richtige ist."

Genau diese Selbstzweifel daran, das zu tun, von dem wir innerlich wissen, dass es richtig ist, sind der Stoff, in dem wir in unserer letzten Stunde fündig werden, wenn wir uns fragen, ob unser Leben Sinn gehabt hat.

Spuren hinterlassen

Eine kleine Gedenktafel vor dem Eingang des Hauses, in dem ich lebe, erinnert daran, dass Billy Wilder während seiner Jugendjahre in Wien hier gewohnt hat. Viele Menschen, die mich das erste Mal besuchen, können das kaum glauben, fragen nach, und wenn ich es bestätige, beginnen sie sehr emotional darüber zu erzählen, was ihnen Billy Wilder bedeutet. Wildfremde Menschen, die ich das erste Mal treffe, öffnen mir ihr Herz mit sehr berührenden Geschichten darüber, was seine Filme in ihnen ausgelöst haben. Diese kleine, leicht zu übersehende Tafel löst diese Flut von Gefühlen aus. Jene Gedenktafel öffnet eine Tür zu einem Meer von Gedanken und Erinnerungen, die mit den Figuren des Billy Wilder verbunden sind. Der als Samuel Wilder in Sucha bei Krakau Geborene war mehr als einer der erfolgreichsten amerikanischen Filmregisseure, deren es viele gibt. Billy Wilder machte die kleinen Leute zu Helden. Jeder seiner Filme erinnert uns daran, dass wir unsere Angst überwinden und über uns hinauswachsen können. Die Ängstlichen, die Gierigen, die Unscheinbaren erhalten bei ihm ihre Chance, ihre menschliche Seite in sich zu entdecken.

Alle seine Filme wecken unsere Sehnsucht, es trotz unserer Mängel und Defizite richtig zu machen. Deshalb können wir uns seine Filme auch immer wieder ansehen, selbst wenn wir manche Dialoge fast so gut wie die Schauspieler beherrschen. Es ist nicht die Erinnerung an die Person Billy Wilders, die die Herzen der Menschen öffnet, wenn sie die Steintafel vor meinem Haus sehen, sondern es sind die kleinen Helden in seinen Filmen, die plötzlich in unseren Gedanken lebendig werden. Diese Gedanken machen ihn unsterblich.

Manchmal sind es gar nicht die weltbewegenden Geschichten, sondern die kleinen Gesten, an die man sich immer wieder erinnert. Da war ein kleiner Patient, der mit fünf Jahren erkrankte und mit sieben Jahren am 15. Februar verstarb, das wisse sie noch ganz genau, erzählt die Ärztin Martina Kronberger-Vollnhofer über einen ihrer jungen Patienten, der ihr besonders ans Herz gewachsen war. Noch am 14. Februar habe er ihr ein selbst gebasteltes Valentinstagsgeschenk übergeben. „Das war ihm ganz wichtig, dass er das noch selbst fertig machen und mir selbst überreichen konnte, obwohl es ihm da schon wahnsinnig schlecht ging. Dann hat er mir noch ein Packerl gemacht, mit einer Bonboniere, das ewig in meinem Schrank gelegen ist, weil ich es nicht über mich gebracht habe, sie zu essen. Bevor Kinder gehen müssen, ist es ihnen ganz wichtig, Spuren zu hinterlassen."

Die Indianer vom Stamm der Cheyenne waren sich sicher, dass sich ihre geistige Hülle nach dem Tod vom Körper löst und über die Milchstraße ins Land des „Großen Geistes" aufsteigt. Allerdings nicht für immer. Viele Seelen starben auch dort irgendwann, spätestens dann, wenn sich niemand mehr auf der Erde an diese verstorbenen Menschen erinnerte. Die Hoffnung, dass wir in den Gedanken anderer Menschen in Erinnerung bleiben, ist sehr alt.

Wo nichts war, bleibt nichts

Als man Gandhi einmal gefragt hat, welche denn die wichtigste Botschaft sei, die man anderen hinterlassen könnte, antwortete er: „Mein Leben ist meine Botschaft."

Gar nicht so wenige Menschen, mit denen ich gesprochen habe, versicherten mir, dass es ihnen völlig gleichgültig sei, was nach ihrem Tod mit ihnen geschehe, wie man über sie reden würde, das betreffe sie ohnehin nicht mehr. Denn mit ihrem Ende sei alles aus. Ich glaube ihnen das ehrlich gesagt nicht ganz. Gerade wenn jemand im Tod nicht die Verheißung des überirdischen Paradieses sieht, sondern das biologische Ende seines Lebens, wird er sich statt der Frage „Was kommt danach?" die sehr persönliche „Wer war ich im Leben?" stellen. Jeder Mensch will, dass sein Leben eine Erfolgsgeschichte ist. Erfolgsgeschichten werden aber immer mit dem Blick auf Erreichtes von anderen geschrieben und erzählt.

Daher müssen wir uns rechtzeitig fragen, wie und womit wir gerne in der Erinnerung anderer bleiben wollen. Ein liebevoller Gedanke an einen Menschen entsteht immer vorher. Versucht man ihn erst in der letzten Stunde zu konstruieren, dann bricht er in sich zusammen, wie ein Haus, das man ohne Fundament errichten will. Wo nichts war, kann auch nichts bleiben.

Wenn es keine Summe von Gedanken gibt, die Menschen mit uns und unserem Tun verbinden, ist es auch sinnlos, sich ein Denkmal irgendwohin zu stellen. Es wird nur eine leere Hülle bleiben. Die Mehrheit der Menschen besucht die Pyramiden, ohne vorher zu wissen, welche Könige darin liegen oder sich nachher daran zu erinnern. Beim Tadsch Mahal wissen sie zumindest, dass die Geschichte einer Liebe dahintersteckt. Und mit Notre-Dame in Paris verbinden die meisten Menschen den Gedanken an einen verkrüppelten Glöckner, der nie existiert hat. Aber dank der Geschichte des großen Humanisten Victor Hugo denken wir vielleicht manchmal, wenn wir einen Krüppel sehen, dass auch in ihm ein Mensch steckt, der sich nach Liebe sehnt.[5]

Ins Weltall geschossen, zu Diamanten gepresst oder verscharrt und vergessen

6320 Euro kostet die Verwandlung der Asche eines Verstorbenen zum 0,5-Karäter. Aufgrund der verschiedenen Umwelteinflüsse sowie der Ess- und Trinkgewohnheiten der Verstorbenen ist der Blauton des Diamanten von Mensch zu Mensch verschieden. Die Nachfrage nach dieser besonderen Form der Bestattung steigt bei der Firma mit dem verheißungsvollen Namen „Christ-All" in der Seegefelder Straße in Berlin-Spandau. Im Gegensatz dazu haben sich die 300.000 Euro teuren Weltallbestattungen bisher als Flop erwiesen. Insgesamt geht es der Bestattungsbranche in Deutschland sehr schlecht. Zwar mangelt es keineswegs an Toten, aber die Selbstverständlichkeit, diese würdig unter die Erde zu bringen und ihnen ein „ehrendes Angedenken" zu bewahren, nimmt deutlich ab.

Vor allem im Osten und Norden Deutschlands wird heute die Hälfte der Verstorbenen anonym ohne Grabstein, ohne irgendein sichtbares Zeichen beerdigt. Ist es wirklich nur die „Geiz-ist-geil-Mentalität", die Angehörige immer öfter zweifeln lässt, warum sie nach dem 375-Euro-all-inclusive-Urlaub auf Mallorca plötzlich zwischen 599 bis zu 3000 Euro, die Folgekosten für die Friedhofsgebühren gar nicht eingerechnet, für ein Begräbnis zahlen sollen? „Es gibt Menschen", sagt Brigitte Schramm, Sprecherin von „Berolina Bestattungen", „denen ist die Großmutter gestorben, die kommen zu uns und fragen: ‚Muss es denn ein Sarg sein? Reicht nicht 'ne blaue Tüte?'"[6]

Aber nicht nur daran, was den finanziellen Aufwand, sondern auch, was die Intensität der Beziehung zu dem Verstorbenen betrifft, scheiden sich die Geister. So fragt Fritz Roth, Betreiber des einzigen privaten Friedhofs in Deutschland in Bergisch-Gladbach, die Hinterbliebenen: „Kannst du dir vorstellen, deiner Mutter, die dich jahrelang jeden Tag für den Kindergarten angezogen hat, selber das Totenhemd anzuziehen?" Wenn man sich auch nur in Gedanken auf dieses Gefühl einlässt, wie es wohl wäre, die eigene tote Mutter zu berühren und zu bekleiden, dann wird jeder wohl von ganz eigenen Emotionen aufgewühlt.

Wie seltsam erscheint erst die Idee, dass Menschen bis ins kleinste Detail vor ihrer ganzen Familie gereinigt, geschminkt und bekleidet werden, bevor sich alle von dem Toten verabschieden. Und noch verwunderlicher kommt es einem vor, dass man darüber einen Film machen kann, der dann auch noch den Oscar für den besten fremdsprachigen Film des Jahres 2009 erhält. Wir können sehr gut mit der Hauptfigur mitleiden, wenn diese Scheu und Abneigung empfindet, das erste Mal eine alte tote Frau auch nur anzugreifen. Der Film schafft das große Wunder, dass der Gedanke daran, sich einmal selbst liebevoll um einen Toten zu kümmern, innerhalb von 130 Minuten von beklommenem Unbehagen in eine berührende Möglichkeit verwandelt. Mit großer Zartheit und Würde führt „Nokan – Die Kunst des Ausklangs" in die japanische Zeremonie des Abschiednehmens im Kreis der Familie ein. Die Darstellung des Nokan-Rituals gehört zu den schönsten und intensivsten Momenten, die ich überhaupt je in einem Film gesehen habe. Selten erfährt man respektvoller und anmutiger, dem Tod in das Angesicht zu sehen und dabei langsam seine Scheu zu verlieren.

Offensichtlich kann man Menschen zur Einsicht bringen, dass der Unterschied zwischen einer „blauen Tüte" und einer würdigen Zeremonie etwas ist, das vor allem ihr eigenes Leben weiter bestimmen wird. Doch sind nicht die vielen Alten, Alleinstehenden, Kinderlosen, die sterben, ohne dass überhaupt jemand um sie trauert, das eigentliche Problem? Das sind Tote ohne jede Trauer. Oft wird ihr Tod erst nach Wochen entdeckt, weil sie niemandem abgegangen sind.

Genau in diese Wunde unserer Gesellschaft stieß die Hospiz-Bewegung, die in den 1980er Jahren aus Großbritannien herüberkam und einen Siegeszug durch die westliche Welt antrat, der bis heute anhält. Nicht der Tod und der Totenkult sollten im Vordergrund einer humanitären Gesellschaft stehen, sondern der würdevolle Umgang mit dem Sterbenden. „Es geht nicht darum, dem Leben mehr Tage zu geben, sondern den Tagen mehr Leben", formuliert Cicely Saunders, Mitbegründerin der Hospiz-Bewegung, das Anliegen.

Wie man an seinem Reichtum oder seiner Prominenz sterben kann

Einfache Menschen scheinen sich im Allgemeinen in der letzten Lebensphase leichter zu tun als solche, die über Wohlstand, wichtige gesellschaftliche Beziehungen und eine spannende Aufgabe verfügt hatten. Offenbar sind jene, die harte Arbeit gewohnt gewesen sind, ihre Kinder ordentlich aufgezogen und darin Erfüllung gefunden haben, eher imstande, dem Tod mit Würde und Fassung entgegenzutreten, als jene, die daran gewohnt waren, alle Entscheidungen selbst zu treffen, andere zwar zu beherrschen, aber über wenige tiefer gehende menschliche Beziehungen verfügen.[7]

„Seit den 90er Jahren hat die Globalisierung des Wissens dazu geführt, dass man in allen gut geführten Kliniken der Welt die gleiche Therapie erhält. Der Fortschritt der Medizin in den letzten 20 Jahren ist primär auf den intensiven Einsatz von klinischen Studien zurückzuführen, das heißt, man weiß aufgrund von empirischem Datenmaterial, ob die Therapie A wirksamer ist als die Therapie B. Daraus folgt, dass in den westlichen Ländern zumindest Menschen mit einer Sozialversicherung überall die gleiche, nämlich die statistisch wirksamste Therapie erhalten. Natürlich versuchen Menschen, die über Reichtum oder Einfluss verfügen, für sich eine ‚bessere' Therapie zu erreichen – die es aber nicht geben kann. In funktionierenden Gesundheitssystemen gibt es keine besonderen Therapien nur für die Reichen. Die Reichen und Mächtigen sind aber gewohnt, wichtige Entscheidungen selbst zu treffen, nur fehlt ihnen in diesem wichtigsten aller Fälle, nämlich wenn es um ihr Leben geht, die notwendige Kompetenz. Ein Laie kann nicht wissen, welcher Arzt auf einem bestimmten Gebiet der beste ist, er kann nur herausfinden, welcher der bekannteste oder welcher ihm der sympathischste ist. Darin liegt sogar eine Falle, weil besonders prominente und nette Ärzte nicht immer die besten sind", meint Christoph Zielinski, einer der führenden europäischen Krebsexperten.

Schah Reza Pahlavi litt an einem Lymphknotenkrebs, was nach damaliger Lehre mit der Entfernung der Milz behandelt wurde. Natürlich musste es auch ein berühmter Arzt sein, denn der Schah konnte sich nicht von einem einfachen Oberarzt operieren lassen. So kam man nach intensiver Suche auf Michael Ellis De Bakey, einen libanesischen Maroniten, der als Schöpfer der modernen Herzchirurgie und als Weltstar galt. De Bakey war damals 72, der führende Herzchirurg der Welt, aber es war sicher schon sehr lange her, dass er eine Milz operiert hatte. Es kam nach der Operation zur einzig möglichen Komplikation, nämlich einem Milzabszess, und daran verstarb der Schah innerhalb weniger Monate, nicht am Krebs. Letztlich starb der Schah an seinem Reichtum, der es ihm ermöglichte, alle seine Vorurteile gegenüber Ärzten auch zu verwirklichen.

Audrey Hepburn starb an einem Mastdarmkarzinom. Da sie immer stärker unter Blutverlust litt, ging sie von einem Modearzt in Paris zum nächsten, die ihr unterschiedliche Empfehlungen gaben, wie einfach an der Côte d'Azur ein paar Wochen auszuspannen. Der Blutverlust wurde aber immer ärger und sie immer schwächer. Eines Tages empfahl ihr der Modedesigner Hubert de Givenchy seinen ganz normalen Hausarzt. Dieser ließ sich von der Prominenz Hepburns nicht beeindrucken und machte das

Gleiche, das er mit all seinen Patienten mit diesem Symptom machen würde – ein simples Blutbild. Etwas, auf das zwei Jahre lang alle Modeärzte verzichtet hatten, weil sie für den Weltstar meinten, aus der Routine ausbrechen zu müssen. Das Blutbild, das fast keine weißen Blutkörperchen mehr enthielt, zeigte einen bereits fortgeschrittenen Krebs.

Die zwei Beispiele zeigen, dass gerade die Erfolgreichen, Berühmten und Wohlhabenden manchmal im Angesicht des Todes die Allerärmsten werden. Sie sträuben sich besonders heftig, dass am Ende alle Menschen gleich sind. Sie kämpfen erbittert einen aussichtslosen Kampf, statt ab einem bestimmten Zeitpunkt gelassen zu gehen. Dadurch provozieren sie ständig Ablehnung in ihrem Umfeld und werden dabei immer verzweifelter. Einen schönen Tod kann man sich nicht kaufen.

Mir ist lieber, wenn man über mich sagt: Er führte ein nützliches Leben, als: Er starb reich.

Benjamin Franklin

---

1   Das Originalzitat des amerikanischen Kulturanthropologen Joseph Campbell: „Außerdem müssen wir die Abenteuer, die Helden der Geschichte erlebt haben, gar nicht alleine riskieren. Wir brauchen nur dem Faden folgen, den sie auf ihrem Weg hinterlassen haben ... Wo wir gedacht haben, die Reise führt nach draußen, werden wir zum Zentrum unserer eigenen Existenz kommen. Und wo wir geglaubt haben, alleine gelassen zu werden, wird die ganze Welt mit uns sein."

2   Teile dieser Geschichte habe ich von Barry Schwartz übernommen, der auf der TED-Konferenz 2009 in Long Beach einen Vortrag über den Verlust der praktischen Weisheit gehalten hat: www.ted.com

3   Während der Jahre 1983 bis 1989 ermordeten vier Krankenschwestern im Wiener Pflegeheim Lainz gemeinschaftlich eine größere Anzahl an Patienten. Der Lainz-Skandal schlug auch international hohe Wellen.

4   Elisabeth Kübler-Ross: Das Rad des Lebens, München 2000, S. 181 ff.

5   Ich verwende hier den provozierenden Begriff „Krüppel", um eine Vorstellung vom Mut von Victor Hugo zu vermitteln, in der Zeit, in der sein Roman

„Der Glöckner von Notre-Dame" entstanden ist, eine Figur wie Quasimodo zum Helden zu machen. Es war sicher das Verdienst von visionären Humanisten wie Victor Hugo, dass wir heute von Menschen mit besonderen Bedürfnissen sprechen.

6 Ulrich Fichtner, Das Friedhofssterben, in: Der Spiegel, Nr. 53/2009, S. 50–56

7 Elisabeth Kübler-Ross: Interviews mit Sterbenden, München 2001, S. 346

Unsere Angst vor dem Tod – woher sie kommt und wie sie uns beherrscht

Jeden Morgen, wenn wir uns entleeren, sind wir Zeuge unserer eigenen Vergänglichkeit. Fast immer verdrängen wir den Zusammenhang zwischen dem Stoffwechsel und unserem inneren Ablaufdatum. Diese Körperlichkeit führt uns unsere Abstammung von den Tieren vor Augen und zerstört alle Hoffnungen auf die Unendlichkeit unseres Daseins. Die Tiere müssen sterben, sie brauchen aber nicht darüber nachzudenken. Die Götter in unserer Vorstellung sind denkende, aber unsterbliche Wesen. Wir sind keine Götter, die erhaben sind über den Tod, und keine Tiere, denen der Gedanke daran erspart bleibt. Wir sind Kreaturen, denen bestimmt ist, über ihren eigenen Tod nachdenken zu müssen. Ab jenem Tag, an dem wir das erste Mal an unseren eigenen Tod gedacht haben, lässt uns dieser Gedanke nie wieder los.

„Der Gedanke an den Tod, die Furcht vor ihm, verfolgt das Tier Mensch wie nichts sonst; er ist eine der Triebfedern menschlichen Handelns, eines Handelns, das hauptsächlich ausgerichtet ist, dem Schicksal des Todes zu entgehen oder es zu besiegen, indem wir leugnen, dass es unser aller gültiges Schicksal ist."[1]

Woher kommt unsere Angst vor dem Tod? Beschäftigt man sich ernsthaft mit dieser Frage, dann stößt man unweigerlich auf das 1973 von Ernest Becker veröffentlichte Buch „Die Überwindung der Todesfurcht". Zwei Monate nach seinem Krebstod im Jahr 1974 erhielt er posthum für dieses Buch den Pulitzer-Preis. Der als Sohn einer jüdischen Familie in Massachusetts geborene Kulturanthropologe und interdisziplinäre Denker verbindet die Lehren von Sigmund Freud, C. G. Jung, Erich Fromm und Otto Rank zu einer schonungslosen Analyse der Todesfurcht des

Menschen. Auch wenn manche Erkenntnisse der Psychoanalyse, auf die er sich bezieht, heute überholt sein mögen, ist „The Denial of Death", wie das Buch im englischen Original treffender heißt, für mich nach wie vor das eindrucksvollste Werk zu diesem Thema.

Ernest Becker legt den Zusammenhang zwischen der Angst vor dem Tod und der Verdrängung offen. Der Mensch hat gar keinen anderen Ausweg, als den Zustand ständiger Todesfurcht zu bewältigen, als diesen so gut wie möglich zu verdrängen. Tief in unserem Unbewusstsein sind wir davon überzeugt, dass wir selbst unmöglich vom Tod betroffen sein könnten. Und wenn, dann nur als Folge von bösen Einwirkungen von außen, durch Krebs, durch einen Unfall, durch einen Mörder. Wenn ihnen der Arzt eine bedrohliche Diagnose eröffnet, reagieren viele Menschen mit der Überzeugung, dass die Röntgenaufnahmen verwechselt worden sind. In unserem Innersten sträuben wir uns mit aller Macht gegen den Gedanken, dass der Tod natürlich ist und dass auch wir einfach sterben werden. Im Ersten Weltkrieg rannten Millionen junger Männer in das Maschinengewehrfeuer der feindlichen Linien, fest davon überzeugt, dass nur der Kamerad links und rechts von ihnen getroffen werden konnte, aber nicht sie selbst.

Zu meiner eigenen Überraschung habe ich einige der auf den ersten Blick oft so erschreckenden Aussagen von Ernest Becker über die Urängste des Menschen in den vielen Interviews, die ich geführt habe, fast wortgleich von meinen Gesprächspartnern gehört, und das fast 40 Jahre nach dem Erscheinen seines Buches. Die Furcht vor dem Tod ist ganz offensichtlich ein universelles Phänomen, das alle Menschen unabhängig von ihrem Bildungsgrad, ihrer Religionszugehörigkeit und ihrer Kultur bewältigen müssen. Schon in Frühkulturen sehen wir, dass der Mensch den Tod immer gefürchtet hat.

Der Mann, der den Tod so fürchtet, weil er das Leben so liebt

„Ich beschäftige mich einmal am Tag mit meiner letzten Stunde und habe dabei Gänsehaut. Der Gedanke, dass es einmal aus sein wird, erschreckt mich. Es ist ein schwerer Krampf im Magen, wie wenn man im Flugzeug in schwere Turbulenzen gerät. Ich kann diese höllische Angst jederzeit abrufen, sie ist total präsent in mir, ich brauche das sogar, um mich richtig zu spüren. Hätte ich keine Kinder, wäre ich sogar in Gefahr gewesen, ein depressiver Alkoholiker zu werden, weil mich der Gedanke an den Tod so belastet."

Christian Rainer zählt zu den – ganz wenigen – Menschen, die gar nicht erst einer bösen Diagnose bedürfen, um sich täglich mit ihrer Sterblichkeit auseinanderzusetzen. Als der Herausgeber des Nachrichtenmagazins „profil" in Claudia Stöckls populärer Radiosendung „Frühstück bei mir" offen über seine Todesängste sprach, erhielt er unzählige E-Mails, in denen man ihm dafür dankte, dass das „endlich einmal jemand öffentlich sage."

Woher denn seine Angst käme, frage ich nach. „Ich weiß es auch nicht, warum ich sie habe und andere nicht. Ich will nicht sterben, weil ich so gerne lebe. Das hat nichts mit der Angst vor dem Älterwerden zu tun, sondern dem Wissen, dass ich jetzt mit meinen 48 Jahren garantiert die Hälfte des Lebens hinter mir habe. Die erste Hälfte des Urlaubs ist also vorbei und die zweite ist aus Erfahrung immer viel kürzer."

Kinder und der Tod

Unser Problem mit der Angst vor dem Tod hat in dem Moment begonnen, als wir zu denken angefangen haben. Das führt zu der Frage, ob uns die Todesfurcht schon als Kindern angeboren ist. Ich versuche mich zu erinnern, wann ich das erste Mal mit dem Tod in Berührung kam. Nur ganz dunkel sehe ich die Bilder des Begräbnisses eines entfernten Onkels, die düstere Stimmung und die vielen schwarz gekleideten Menschen.

Studien zeigen, dass Kinder bis zu ihrem vierten beziehungsweise sechsten Lebensjahr einen anderen Zugang zum Tod haben als wir. Der Gedanke an den Tod ist viel zu abstrakt für sie. Erst mit dem Beginn der Pubertät haben die Kinder das Verständnis des Todes wie die Erwachsenen erobert. Zuerst bedeutet der Tod für die Kinder die Abwesenheit der wichtigsten Bezugspersonen; später anerkennen sie die Existenz des Todes, aber er ist wieder umkehrbar. Im Idealfall von seinen Eltern umsorgt und gefüttert, weiß das Kind nichts davon, dass das Leben eines Menschen endlich ist. Ein geliebtes Kind entwickelt ein Gefühl der Allmacht und der eigenen Unzerstörbarkeit. Erst allmählich lernt das Kind, dass es so etwas wie den Tod gibt, zum Beispiel wenn es einen toten Vogel findet. Stirbt ein Verwandter, erkennt es, dass auch Menschen für immer weggenommen werden. Und sehr zögernd realisiert das Kind, dass es eines Tages selbst dem Tod nicht entrinnen wird.[2]

Die westliche Zivilisation hat schon einen sehr eigentümlichen Umgang damit, wie Leben beginnt und wie es endet. Wir wollen einfach nicht akzeptieren, dass wir biologische Wesen sind, die einen Anfang, aber auch ein Ende haben. Zwar ist der Tod auch bei uns im Westen alltäglich, nur wird er aus der Gesellschaft ausgegrenzt. Es wurden eigene Institutionen geschaffen, die dazu da sind, damit man dort sterben kann. Wir haben Experten, also Ärzte, Schwestern, Hospizmitarbeiter damit beauftragt, für uns mit dem Tod umzugehen. In Deutschland sterben jährlich 800.000 Menschen, davon jeder Zweite in einem Krankenhaus, jeder Vierte in einem Heim, jeder Sechste in seiner Wohnung, jeder Hundertste in einem Hospiz. Jeder Vierte benötigte eine spezialisierte Begleitung am Lebensende, tatsächlich erhält sie bisher nur jeder Fünfzigste.[3]

In einer Gesellschaft, die den Tod tabuisiert, hält man die Kinder fern von jedem Toten, weil man „es ihnen nicht zumuten könne", und speist sie oft mit Lügen wie „Mama macht eine lange Reise" ab. Kinder spüren aber, dass etwas nicht stimmt, dass ihre Fragen und Ängste nicht ernst genommen werden, und entwickeln in ihrer Fantasie ganz eigene Vorstellungen vom Tod.

„Einmal stellte mir ein Fünfjähriger, der an Infusionen und Schläuchen hing, die Frage, ob ich glaube, dass der liebe Gott wisse, dass er ein Kind sei. Das traf dann natürlich den ganz heiklen Punkt in uns allen, dass man vielleicht verstehen kann, dass jemand, der sein Leben lang ein schwerer Raucher war, irgendwann einmal an Lungenkrebs erkranken könne, aber was konnte denn ein völlig unschuldiges Kind für seine Erkrankung." Martina Kronberger-Vollnhofer, Ärztin im Wiener St. Anna Kinderspital, versucht verzweifelt nach einer Antwort, doch der Junge antwortet ihr selbst: „,Du, ich glaube, der liebe Gott hat sich geirrt, weil wenn er gewusst hätte, dass ich ein Kind bin, dann hätte er nicht mich krank gemacht.' Diese Geschichte rührt mich heute noch nach 15 Jahren, dieses Nicht-Hadern mit dem Schicksal, sondern noch eine Entschuldigung finden für Gott", erzählt die Ärztin.

Wenn wir jemandem den Tod wünschen

Unser Unbewusstsein kann nicht zwischen einem Wunsch und einer Tat unterscheiden. Wenn sich also zum Beispiel ein kleines Kind wünscht, dass die Mutter tot umfallen solle, weil sie ihm einen Wunsch nicht erfüllt hat, wird es auch viele Jahre später, wenn die Mutter tatsächlich stirbt, oft traumatisiert und fühlt sich für ihren Tod verantwortlich. Das ist auch der Grund, warum sich Kinder häufig für die Scheidung ihrer Eltern verantwortlich fühlen: „Wenn ich zu Papa nicht so böse gewesen wäre, dann hätte er uns nicht verlassen." Auch bei Paaren, die schon völlig zerstritten waren, kommt es oft vor, dass der Überlebende am

Krankenbett besonders leidet, jammert und über den unwiederbringlichen Verlust des Sterbenden klagt.

Dahinter steckt die tiefe Angst, dass man selbst mit dem Leben dafür zahlen muss, weil man seinem Partner so oft den Tod gewünscht hat. Das erklärt auch die uralten Trauerriten, die sich bis heute in vielen Kulturen gehalten haben. Der Trauernde streut sich Asche auf das Haar, zerreißt seine Kleider, jammert und weint öffentlich laut. Damit versucht der Trauernde in einer Art Selbstbestrafung jene Strafe, die er für seinen Anteil am Tode der Verstorbenen zu erwarten hat, zu mildern. Selbst in unserer angeblich so aufgeklärten Welt werden vor allem hinterbliebene Partner nach wie vor von der Gesellschaft heftig dafür kritisiert, wenn sie in der Öffentlichkeit nicht tief und lange genug trauern. Je kleiner die Gemeinschaft, umso lückenloser ist die „Überwachung" der angemessenen Trauerfrist. Das hat jedoch weniger mit der Perfidie unserer Gesellschaft zu tun, sondern viel mehr mit dem verwurzelten archaischen Muster vom Überlebenden, Sühne für den Toten zu fordern. Auch wenn wir uns kulturell und wissenschaftlich in den vergangenen Jahrtausenden enorm weiterentwickelt haben, begegnen wir dem Tod noch immer als einem Schrecknis, das wir von uns abzuwenden hoffen. Doch mit jedem Toten in unserem Umfeld wird uns deutlich, dass er auch für uns eines Tages unausweichlich sein wird.[4]

Von Löwen und Antilopen, Göttern und Menschen

Die Serengeti-Wüste in Afrika bleibt für jeden unvergesslich, der sie je sehen durfte. Als Beobachter, geschützt in seinem Fahrzeug, nimmt man die idyllisch durch die Steppe ziehenden Tierherden genauso wahr wie die drohende Gefahr durch Geparden und Löwen. Mit dem Fernglas entdeckt man die gut getarnten Raubtiere, die um die Herden schleichen. Die Tiere wissen nicht, dass der Tod unter ihnen ist, und äsen friedlich. Wird eine Antilope von einem Löwen angegriffen, befällt sie ganz kurz die Furcht und sie versucht instinktiv zu fliehen. Gelingt ihr das nicht, dann ist alles schnell vorüber für sie.

Wie radikal anders ist das Verhältnis von uns Menschen zum Tod. Einerseits sind wir tagtäglich genau in der gleichen ständigen Bedrohungssituation wie die Tiere in der Serengeti-Wüste, nur wissen wir um unser Schicksal Bescheid. Uns ist bewusst, dass ein zu spät bremsendes Auto oder eine andere Laune des Schicksals unser Ende bedeuten kann. Wir werden von zwei großen Ängsten verfolgt, die allen anderen Kreaturen erspart bleiben: die Furcht vor dem Leben und die Furcht vor dem Tod. Um diesen Gedanken ertragen zu können, müssen wir ihn so weit wie möglich aus unserem Bewusstsein verdrängen, ja wir müssen verrückt sein, wie Pascal sagt: „Die Menschen sind so notwendig verrückt, denn wären sie es nicht, dann wäre das nur eine andere Art von Verrücktheit." Eine Möglichkeit, mit dem Tod umzugehen, ist, mit ihm zu spielen, auf der Bühne und im Leben.

Ben Becker – der Tod, der auf dem Seil tanzt

„Jedermann. Das Spiel vom Sterben des reichen Mannes" von Hugo von Hofmannsthal schafft es seit 90 Jahren, den Menschen am Salzburger Domplatz einen kalten Schauer über den Rücken zu jagen. Spätestens wenn sich der Schatten der Abendsonne langsam über den Platz wirft und Jedermann auf der Bühne immer mehr mit den dunklen Seiten seines Lebens konfrontiert wird, entfaltet die geniale Inszenierungsidee von Max Reinhardt ihre volle Wirkung. Im August 2009 spielte Ben Becker das erste Mal die Rolle des Todes. Jener Schauspieler, der genau zwei Jahre davor nach dem Konsum harter Drogen morgens leblos in seiner Wohnung aufgefunden und in letzter Sekunde von einem Notarzt wiederbelebt werden konnte. Was denkt Ben Becker über Jedermann, den Tod auf der Bühne und den wirklichen Tod?[5]

69

„‚Jedermann' ist pures Kasperletheater. Aber erstaunlicherweise holt einen genau dieses Kasperletheater ein. Kinder schreien und haben Angst um den Kasper, wenn das Krokodil kommt. Genau das Gleiche passiert in diesem Stück mit Erwachsenen, und es funktioniert. Es packt uns, weil es um die ganz einfachen Dinge des Lebens geht: die guten Werke oder der Mammon. Und zwangsläufig fängt man dann an, über sein eigenes Leben zu reflektieren, gerade weil es so naiv ist. Der ‚Jedermann' ist nicht kaputtzukriegen. Wenn ich durch Salzburg gehe, kommt für mich natürlich noch dazu, dass dann alle rufen: ‚Schau, da kommt der Tod!', und zücken schon ihre Handykameras. Salzburg hat an sich etwas sehr Beklemmendes. Da will ich mir manchmal nur ein Brötchen kaufen und die Leute schreien: ‚Da ist der Tod!'"

„Wie haben Sie sich auf den Tod vorbereitet?", frage ich Ben Becker doppeldeutig. „Gar nicht, ich habe ihn schon einmal weggeballert", spielt er darauf an, dass er dem Tod bereits einmal ganz knapp entgangen ist. „Ich bin mit viel Spaß an diese Rolle herangegangen und dann hat sie mich auf einmal selbst eingeholt. Für mich war es ein großes Problem, dass der Tod so lange alleine auf der Bühne stehen muss und nichts sagen darf. Da fühlte ich mich total verloren. Das ist so ein kaltes Nichts, dieser Tod, wie ein Schreckgespenst in der Ecke, wenn ich nur als Behauptung dastehe, das war schon sehr merkwürdig. Ich schneide da sämtliche Verbindungen zum Weltlichen durch, da bin ich als Schauspieler nicht abgebrüht genug dazu, mir nur zu denken, ich sehe ohnehin scheiße genug aus, brauche nur herumstehen und gar nicht zu spielen. Das trägt mich davon, da habe ich einfach keinen Halt mehr. In dem Augenblick, in dem ich mit dem Jedermann kommunizieren konnte, war da etwas zum Festhalten. Zu sagen: ‚Dich hole ich jetzt', das hatte etwas Menschliches und meine Beklemmung war wie weggeblasen. Da bin ich schon sehr nahe am Tod dran."

Und wer ist der echte Ben Becker? „Ich bin ein Seiltänzer. Ich bin dafür bekannt, dass ich schon oft auf dem Seil getanzt habe und einmal fast runtergefallen bin. Mit allem was ich tue, gehe ich sehr nahe an die Grenze. Das ist natürlich manchmal ein gefährliches Spiel, vor allem wenn man es nicht nur auf der Bühne treibt. An dem Tag, wo mir mein Absturz passiert ist, habe ich das ganz klar übertrieben.[6] Ich habe ja nicht gesagt: ‚Ich will das jetzt‘, aber es war mir einfach scheißegal. Hätte man mir in dem Moment gesagt, ich solle vom Dach springen, dann hätte ich das auch gemacht. Das war eine Art Nahtod-Erlebnis, wobei den weißen Tunnel habe ich nicht gesehen. Es war eine totale Finsternis und ich schwebte darin wie im Mutterleib. Es war unendlicher Frieden und Ruhe. Ich kann mich nur an den letzten Satz erinnern, den ich bei Bewusstsein gesagt habe: ‚Hui, das ballert aber.‘ Das Blackout, das dann folgte, war eine Art von Geborgenheit. Ich habe seitdem für mich ganz persönlich eigentlich keine Angst mehr vor dem Tod. Es ist wie Schlafen. Die einzige Angst, die ich habe, ist eine Verlustangst. Das Schlimme, wenn man aufwacht, ist ja das, was man anderen Menschen angetan hat. Natürlich möchte ich gerne erleben, wenn meine Tochter Abitur macht.“

Warum trägt Ben Becker diesen auffälligen Ring mit dem Totenkopf? Er hat eine Kurzantwort für Journalisten, die besteht aus einem Satz, der nicht sonderlich originell ist: „Der Ring soll mich täglich an meine Sterblichkeit erinnern.“ Und dann gibt es die wahre Geschichte dahinter. Ben Becker fühlte sich immer vom Totenkopf von Keith Richards angezogen. Chrislo Haas, ein Freund von Becker, hatte einen ganz ähnlichen Ring. Haas wusste, wie sehr Becker sich nach dem Ring sehnte. Eines Tages nahm er den Ring ab und übergab ihn Becker mit den Worten: „Jetzt gehört er Dir.“ Chrislo Haas war Gründungsmitglied der deutschen Gruppe DAF und starb am 23. Oktober 2004 im Alter von 47 Jahren in Berlin. Seit damals trägt Ben Becker diesen Ring.

Der Ring mit dem Totenkopf war auch das Erste, was seine Tochter nach der Geburt von ihrem Vater gesehen hat, sie hatte mit „Papas Monsterring“ aber nie ein Problem. Becker kann sich nicht vorstellen, den Ring jemals in seinem Leben ganz abzuziehen. Er ist ein Teil von ihm geworden. Es gibt ganz sensible Momente, wo er ihm zu viel ist und ihn abnimmt. „Blöd gesagt: Rock 'n' Roll verpflichtet und ich bin irgendwie ein Rock 'n' Roller unter den Schauspielern."

Über die Frage, ob er sich selbst schon einmal verletzt hat, denkt er lange nach und kommt dann zu dem Schluss: „Ja, immer wieder und komischerweise das auch gerne. Man weiß dann wieder, dass man lebendig ist. Ich hätte gerne, dass eine schöne Erinnerung von mir übrig bleibt – bei möglichst allen, sonst wäre ich nicht Schauspieler geworden. Ich halte mich für einen schönen und reinen Menschen, auch wenn man mich in der medialen Darstellung oft zum Rüpel oder Enfant terrible macht. Mein Publikum und die Menschen, die mich gut kennen, wissen, dass das nicht stimmt. Tief in mir drinnen will ich niemanden verletzen, sondern lieben und geliebt werden. Das hat für mich mit Reinheit zu tun."

Christian Rainer aus einem Zwang, den er sich selbst nicht erklären kann, und Ben Becker, der lebenshungrige Seiltänzer, der gerne ohne Netz arbeitet, sind nur zwei der unendlich vielen Wege, sich dem Tod zu stellen, ja sich dabei sogar seinen Kick an Lebendigkeit zu holen. Tut sich im Ernstfall jener leichter, der sich mit seiner letzten Stunde schon davor vertraut gemacht hat? Was ist der bessere Weg, und hat man überhaupt eine Wahl?

Die ehrliche Beschäftigung mit der letzten Stunde gleicht immer dem Aufstieg in die Todeszone. Dort wird die Luft zum Atmen sehr dünn und sind alle Schwingungen besonders spürbar. Die Anstrengung und das Risiko werden belohnt durch den Blick auf das Gipfelkreuz, der uns zeigt, wie sehr wir unser Leben lieben. An diesen Aggregatzustand müssen wir uns immer erst gewöhnen. Nur wir selbst können spüren, wie lange, wie oft und wie intensiv wir uns der letzten Stunde aussetzen wollen, um dann erfüllt mit dem überwältigenden Gefühl der eigenen Lebendigkeit wieder in die Tiefen des Alltags abzusteigen. Wenn wir nur einen Augenblick fühlen, wie klein und zerbrechlich unser Leben ist, lieben wir es gleich noch mehr.

Wenn wir dem Tod ins Antlitz blicken –
die fünf Phasen des Sterbens

„Ich doch nicht, das kann doch gar nicht möglich sein." Die meisten der Patienten, die Elisabeth Kübler-Ross für ihre bahnbrechende Studie „Interviews mit Sterbenden" befragt hatte, reagierten auf die erste Mitteilung, dass sie mit hoher Wahrscheinlichkeit nicht mehr lange zu leben hätten, mit Nicht-wahrhaben-Wollen.[7]

Die Beobachtungen von Kübler-Ross legten den Grundstein der heutigen Erkenntnisse über die Situation Sterbender. Ihr Ziel war es, von den Sterbenden zu lernen, wie man mit Sterbenden umgeht und welche Hilfe sich diese erhoffen. Zu diesem Zweck führte sie Interviews mit unheilbar kranken Menschen. Während der Gespräche wurden die Betroffenen direkt auf ihre Gefühle und Gedanken zu Tod und Sterben angesprochen. Wie alle Pioniere hatte auch Kübler-Ross anfangs mit offenen und verdeckten Widerständen, vor allem von Ärzten, zu kämpfen. Trotz dieser heftigen Kritik fand ihre Methode sehr viel Unterstützung von den Betroffenen selbst. Von 200 Patienten nahmen 198 diese Möglichkeit zur Aussprache an.

Fast alle Patienten versuchen ihre Krankheit nicht nur im Augenblick der Entdeckung, sondern auch im Verlauf immer wieder vor sich selbst abzuleugnen. Das ist ein natürliches Muster, um das Leben überhaupt fortsetzen zu können. Wir können nicht lange in die Sonne schauen, und wir können dem Tod nicht immer ins Angesicht blicken.[8] Auf diese erste Phase des Nichtwahrhaben-Wollens – „Nein, nein, mit mir kann es nichts zu tun haben!" – folgt die zweite, in der wir erkennen müssen, dass tatsächlich wir gemeint sind. Wir empfinden Zorn, Wut und Groll. Vielen fallen auch sofort andere Menschen ein, die den Tod viel mehr verdient hätten als sie selbst, entweder weil sie viel älter oder weil sie schlechtere Menschen sind. Warum trifft es nicht diese?

Doch irgendwann müssen wir erkennen, dass weder das Verleugnen noch das Hadern uns wirklich helfen können. Wir beginnen zu verhandeln, mit Gott, wenn wir gläubig sind, mit dem Schicksal, wenn wir an Gott zweifeln, oder am besten mit allen „höheren Mächten", die wir uns nur vorstellen können. „Wenn ich jetzt gesund werde, höre ich sofort zu rauchen auf" oder „Wenn Gott mich verschont, dann verspreche ich, ein besserer Mensch zu werden". Wir werden wieder zu kleinen Kindern, die, wenn sie merken mussten, dass sie ihre Wünsche auch mit Trotz nicht immer gegen ihre Mutter durchsetzen konnten, es mit einem besonders versöhnlichen Verhalten versucht haben: „Wenn ich jeden Nachmittag brav lerne, bekomme ich dann einen Hund?" Im Falle der tödlichen Bedrohung wollen wir mit dem gleichen naiven Verständnis um einen Aufschub feilschen, wie wir als Kinder das Zu-Bett-Gehen verzögern wollten. Wir versprechen dabei Dinge, die uns selbst so unrealistisch erscheinen, dass wir im besten Fall einem Therapeuten von unserem „Handel" mit Gott zu erzählen wagen.

Ab einem bestimmten Zeitpunkt lässt sich die Schwere der Krankheit nicht mehr verleugnen. Ein Organ muss entnommen werden, die Bewegungsfähigkeit sinkt, der Arbeitsplatz geht verloren, die Konzentrationsfähigkeit lässt nach, die Kräfte schwinden. Zusätzlich kommen die Sorgen um die Kinder, die finanzielle Situation. Doch die größte Belastung ist die Auseinandersetzung mit der Möglichkeit des nahenden Endes. Kübler-Ross nennt diese Phase Depression. Diese entsteht aus den bereits erlittenen Verlusten und der Sorge über den noch zu erwartenden Verlust.[9]

Hat der Patient die beschriebenen vier sehr emotionalen Phasen erlebt und vor allem auch seinen Zorn aussprechen können, Bestärkung in der Depression erhalten und auch mit Freunden offen trauern können, eröffnet sich ihm die fünfte Phase der Zustimmung. Die Stunden des Schlafens und Dösens werden länger und er sieht seinem Ende mit mehr oder weniger ruhiger Erwartung entgegen. Er spricht auch immer öfter selbst von seinem bevorstehenden Tod. Der Schmerz und der Kampf sind vorbei, der Patient hat ein gewisses Maß an Einverständnis erreicht und verengt seine Interessen immer mehr auf seine unmittelbaren Bedürfnisse. Sein Wunsch, in Ruhe gelassen und auch nicht mehr durch Nachrichten von der Außenwelt „belästigt" zu werden, stellt vor allem die Angehörigen vor eine große Herausforderung. Die Kommunikation beschränkt sich immer mehr auf Gesten und Berührungen. Der Kranke hält unsere Hand und bittet schweigend, bei ihm zu sitzen. Auch wenn er nicht bei vollem Bewusstsein ist, spürt er anscheinend, wenn geliebte Menschen im Raum sind. Unsere Anwesenheit zeigt dem Kranken, dass er nicht allein ist und dass wir ihm bis zum Ende beistehen.

Kübler-Ross sieht in den fünf Phasen Verteidigungsmechanismen, die uns Menschen helfen sollen, extrem belastende Situationen zu bewältigen. Wir durchlaufen diese Phasen also nicht erst am Ende unseres Lebens, sondern in vielen existenziellen Krisen davor. Jedes Mal, wenn wir etwas aufgeben müssen, wenn wir getrennt werden, wenn wir etwas unwiederbringlich verlieren, durchlaufen wir die Phasen

- der Verleugnung,
- des Zorns,
- des Verhandelns,
- der Depression,
- der Zustimmung.

Die einzelnen Phasen können bei verschiedenen Menschen unterschiedlich lange und intensiv sein, sie existieren auch oft nebeneinander, sie laufen bewusst oder unbewusst ab.

Unter einem schlimmen Tod verstehen wir, wenn ein Mensch verzweifelt gegen das Unvermeidliche ankämpft und nicht friedlich sterben kann. Nicht alle können diese Phase des Einverständnisses erreichen, manche kämpfen buchstäblich bis zum letzten Atemzug, bis sie eines Tages „Ich kann nicht mehr" sagen und verlöschen. Wer im Leben die Balance zwischen Geben und Nehmen, zwischen Aktivität und Passivität nie geschafft hat, wird sie auch im Sterben nur mehr schwer erlernen. Nach einem Leben, in dem wir nur genommen haben, werden wir am Ende erfahren, dass wir uns dieses sanfte Ende nicht auch noch nehmen können, sondern dass es immer der Tod ist, der uns nimmt. Je besser wir unser ganzes Leben lang gelernt haben, die Furcht uns zu geben, zu überwinden, desto leichter wird es uns in unserer letzten Stunde fallen, uns ganz zu geben. Es spricht viel für die Annahme, dass dieses Aufgeben-Können genau die Qualität ist, die uns hilft, uns einem schönen Tod zu ergeben, der uns für etwas Größeres danach öffnet.

Wer die Kunst des Abschieds kann, kann alles.
Hugo von Hofmannsthal

Hat das alles noch Sinn?

Wir dürfen nie vergessen, dass die menschliche Natur die Endgültigkeit des Todes nie akzeptieren kann und sich immer an die Möglichkeit des Weiterlebens klammert. So gab selbst Medizin-Nobelpreisträger Paul Nurse zu, dass auch für ihn nicht ganz geklärt sei, wann ein Leben genau endet. Es komme immer wieder vor, dass Menschen unerklärlicherweise aus dem tiefsten Koma wieder aufwachen. Darin liegt wohl auch die tiefere Bedeutung des Spruches „Die Hoffnung stirbt zuletzt". Daher kann ein Außenstehender nie beurteilen, ob der unbändige Lebenswille eines Menschen aussichtslos ist oder nicht. So betrachtet, endet ein Leben an dem Punkt, wo der Wille weiterzuleben am Ende ist, auch wenn das Leben aus biologischer Sicht noch andauert. Immer wenn unser Leiden besonders groß ist, wenn wir meinen, es nicht mehr aushalten zu können, werden wir unausweichlich mit der einen großen Frage konfrontiert: Hat das alles noch Sinn?

Was für Tiere der Selbsterhaltungstrieb ist, stellt für uns Menschen die Suche nach dem Sinn unserer Existenz dar. Es ist die Grundfrage unseres Seins, mit der wir in jeder bedrohlichen Situation unseres Lebens konfrontiert werden. In unserer letzten Stunde wird diese Frage nach dem Sinn unseres Lebens unausweichlich gestellt. Alles davor ist Vorbereitung auf diesen Augenblick der Wahrheit.

Viktor E. Frankl hat bekanntlich seine Theorien über den Sinn des Lebens im Grauen des Konzentrationslagers geformt. In einer solchen Situation könne man dem Menschen alles nehmen, nur nicht die innere Freiheit, sich so oder so einzustellen. Deshalb musste jeder KZ-Insasse eine Antwort auf die Frage finden, ob man das Lager entgegen allen Wahrscheinlichkeiten überleben werde. Denn wenn nicht, dann hätte der tägliche Kampf ums Überleben keinen Sinn. Doch Frankl drehte die Frage um: „Hat dieses ganze Leiden, dieses Sterben rund um uns, einen Sinn? Denn wenn nicht, dann hätte es letztlich auch gar keinen Sinn, das Lager zu überleben. Denn ein Leben, dessen Sinn damit steht und fällt, dass man mit ihm davonkommt oder nicht, ein Leben also, dessen Sinn von Gnaden eines solchen Zufalls abhängt, solch ein Leben wäre nicht wert, überhaupt gelebt zu werden."[10]

Ich bin immer wieder überrascht, wenn ich ausländische Freunde, die mich in Wien besuchen wollen, nach ihren Wünschen frage, dass das Viktor-Frankl-Institut ganz oben auf ihrer Liste steht. Frankl wurde zu Recht weltberühmt, weil er seine in der Hölle des Konzentrationslagers gewonnenen Erfahrungen auf unser aller Leben übertrug: Weh dem, der kein Lebensziel mehr vor sich sieht, der keinen Zweck mehr für sein Dasein erkennen kann, er verliert die Kraft zum Überwinden von Ausnahmesituationen. Der Satz „Ich habe vom Leben nichts mehr zu erwarten" ist immer der Anfang vom Ende eines Menschenlebens, auch wenn dieses vielleicht noch viele Jahre dauert, bevor es endgültig erlischt.

Die Antwort, mein Freund, weiß ganz allein ...

Woher unsere Todesfurcht kommt, erklärt Ernest Becker umfassend: Im Wesentlichen sieht er den Grundkonflikt des Menschen in seinem Wunsch nach Unsterblichkeit und der Einsicht seiner Vergänglichkeit. Diese Diskrepanz wird immer größer, je mehr Grenzen der Mensch überwinden kann: Der Mensch fliegt zum Mond und kann sich dank des medizinischen Fortschritts sogar ein neues Herz einpflanzen lassen – „verliert" aber dennoch den letzten Kampf. Nur die Verdrängung bewahrt den Menschen davor, angesichts dieser Zerrissenheit verrückt zu werden. Die im deutschen Titel seines eingangs erwähnten Buches versprochene Überwindung der Todesfurcht bleibt er uns aber schuldig. Sein großes Werk endet so:

„Wer weiß heute, wie die Kraft beschaffen sein wird, die das Leben der Zukunft vorwärts treibt oder in welcher Form sie sich unser verzweifeltes Suchen zunutze machen wird. Uns selbst bleibt nur eins: Etwas zu schaffen, sei es ein Objekt, sei es unser Selbst – und es dann hineinfallen zu lassen in die Verworrenheit, um so der Lebenskraft ein Opfer zu bringen."[11]

Elisabeth Kübler-Ross lässt uns ahnen, was Menschen in ihrer letzten Stunde empfinden. Gerade wenn man noch nie einen Menschen beim Sterben begleitet hat, kann man Mut und Zuversicht aus ihren Worten holen:[12]

„Der Anblick eines friedlich sterbenden Menschen erinnert an einen fallenden Stern, an einen unter Millionen Lichtern in einem weiten Himmel; er flackert auf und verschwindet für immer in der endlosen Nacht. Der Therapeut eines sterbenden Patienten wird sich bewusst, wie einmalig jedes Individuum im weiten Meer der Menschheit ist. Wir sehen unsere Grenzen, unsere enge Lebensspanne. Unser Leben währt siebzig Jahre und manchmal darüber – doch in dieser kurzen Zeit durchleben wir eine unwiederholbare Biografie, die sich in das Gewebe der menschlichen Geschichte schlingt."

Am Ende ihrer Überlegungen sprengen Elisabeth Kübler-Ross und Ernest Becker alle religiösen, wissenschaftlichen und philosophischen Grenzen. Denn die letzte Wahrheit vermuten beide im Kosmos. Folgen wir Becker, opfern wir im besten Fall am Ende uns selbst oder unser Werk dem großen Unbekannten, um die universelle Lebenskraft, aus der wir selbst ein Leben lang schöpfen durften, damit zu speisen. Bei Kübler-Ross verlöschen wir wie ein Stern am Himmel, unsere einzigartige Geschichte geht auf im Universum.

Beide großen Forscher geben viele Antworten. Doch mit einer Frage lassen sie uns allein: Wie sollen wir uns unserer eigenen letzten Stunde nähern?

---

1 Ernest Becker: Die Überwindung der Todesfurcht, Gütersloh 1976, S. 9

2 Reinhard Topf, leitender Psychologe im St. Anna Kinderspital, hat mich in mehreren Interviews im März 2010 in den Umgang von Kindern mit dem Tod eingeführt.

3 Petra Thorbrietz, Vorsitzende der Hospizbewegung in München, in ihrem Buch: Leben bis zum Schluss. Abschiednehmen und würdevolles Sterben – eine persönliche Streitschrift, München 2009, S. 136 f.

4 Ernest Becker: Die Überwindung der Todesfurcht, Gütersloh 1976, S. 11–16

5 Alle Zitate von Ben Becker in diesem Buch stammen aus einem Interview, das ich mit ihm am 20. April 2010 in Berlin geführt habe.

6 Ben Becker meint damit den 27. August 2007, an dem er nach dem Konsum harter Drogen fast gestorben wäre.

7 Elisabeth Kübler-Ross: Interviews mit Sterbenden, München 2001, S. 62

8 Ebd., S. 63

9 Ebd., S. 120 ff.

10 Viktor E. Frankl: Der Mensch vor der Frage nach dem Sinn, München – Zürich 1985, S. 171

11 Ernest Becker: Die Überwindung der Todesfurcht, Gütersloh 1976, S. 414

12 Elisabeth Kübler-Ross: Interviews mit Sterbenden, München 2001, S. 360

Glauben hilft zwar, nützt aber nichts – warum wir die Verantwortung für unser Leben an niemanden abgeben können

Wenige Monate vor seinem Tod hatte Voltaire den Höhepunkt seines Ruhmes erreicht. Die angesehensten Institutionen wie die „Académie française" überhäuften ihn mit Ehren und in den Straßen von Paris huldigte ihm das Volk wie dem „wahren König von Frankreich". Er durfte mit eigenen Augen die Wirkung seines 60-jährigen Kampfes zugunsten der Verbesserung des Lebens der Rechtlosen und für die „Aufklärung" erleben.

Der Tod Voltaires und der Kampf um seinen Leichnam – eine unglaubliche Geschichte

Angesichts seines nahenden Todes plagte Voltaire vor allem eine Sorge: Ahnte er doch, dass es zu einem Gezerre um seinen Leichnam kommen werde, weil die Klerikalen, die er sein Leben lang mit großer Leidenschaft bekämpft hatte, alles tun würden, um ihm ein würdiges Begräbnis zu verweigern. Tatsächlich witterte die Kirche ihre Chance und schickte ihm an seinem Todestag, dem 30. Mai 1778, zwei Abgesandte, den Abbé Gaultier und den Pfarrer Tersac. Diese hatten den Auftrag, dem Sterbenden einen vollen Widerruf abzuringen oder seinen Wunsch nach einem kirchlichen Begräbnis zu verwerfen. Der genau ausgefeilte Text hätte Voltaire gezwungen, seine lebenslang vertretenen Grundsätze am Ende zu verraten. Als Voltaire sich weigerte, zu unterzeichnen und in Ruhe sterben wollte, verkündete Pfarrer Tersac darauf, dass er ihn nicht beerdigen werde und dass er, sollte er höheren Orts dazu gezwungen werden, ihn nachts wieder exhumieren und auf den Schindanger werfen lassen werde. Nach glaubwürdigen Berichten seiner engsten Umgebung starb der große Philosoph ruhig und friedlich.

Unmittelbar nach seinem Tod begannen gezielte Anstrengungen kirchlicher Kreise, zu beweisen, dass „dem gottlosesten Schriftsteller seiner Nation nur die Höllenfahrt bestimmt gewesen sein konnte." Eine Schlüsselrolle spielte dabei der Genfer Arzt Théodore Tronchin, der von Voltaire wegen seiner medizinischen Kenntnisse sehr geschätzt wurde. Dies schmeichelte ihm zwar, doch änderte das nichts daran, dass er als gläubiger Calvinist Voltaires Gottlosigkeit zutiefst verabscheute. In den Briefen, die Tronchin über den Tod Voltaires an dessen Gegner versandte, vermengten sich immer mehr Realität und blinder Groll gegen seinen ehemaligen Patienten. Obwohl Tronchin an Voltaires Sterbebett gar nicht anwesend war, diente vor allem dessen letzter Brief, der in Paris offen zirkulierte, als Beleg für die wilden Spekulationen über Voltaires furchtbares Ende. So veröffentlichte die französischsprachige Kölner Zeitung „La Gazette de Cologne" am 7. Juli 1778 folgenden anonymen Bericht: „Dieser Tod war nicht friedlich. Wenn das, was ein sehr ehrenwerter Mann aus Paris berichtet, und was im Übrigen von dem Augenzeugen Herrn Tronchin bestätigt wird, den man wohl kaum widerlegen kann, wahr und richtig ist, dann traten bei Herrn von Voltaire kurz vor seinem Tod schreckliche Erregungszustände auf und er schrie wie rasend: ‚Ich bin von Gott und den Menschen verlassen'. Er biss sich in die Finger, führte seine Hände in seine Nachtschüssel, fasste, was sich darin befand, und aß es. – ‚Ich wollte', sagte Herr Tronchin, ‚dass alle, die von seinen Schriften verführt wurden, Zeugen dieses Todes gewesen wären. Es ist unmöglich, ein derartiges Schauspiel auszuhalten'. So endete der Patriarch dieser Sekte, die sich durch ihn geehrt glaubt".

Von diesem Text ausgehend, begannen sich die Fantasien über die letzte Stunde des Philosophen zu verselbstständigen. So klingen die besonders drastischen Ereiferungen des Abbés Depery aus dem Jahre 1835 heute unfreiwillig komisch: „Als sich der letzte Augenblick näherte, ergriff den Sterbenden erneut Verzweiflung; er schrie auf, dass er eine unsichtbare Hand spüre, die ihn vor den Richterstuhl Gottes zerre; er rief unter entsetzlichem Heulen Jesus Christus an, den er sein ganzes Leben lang bekämpft hatte; er verfluchte seine gottlosen Kumpane, rief den Himmel an und verwünschte ihn in einem. Schließlich führte er, um seinen brennenden Durst zu stillen, der ihn erstickte, sein Nachtgeschirr an den Mund. Er stieß einen letzten Schrei aus und verschied inmitten seines Unrats und Bluts, das ihm aus Mund und Nase troff". Weitere Bezeugungen ohnmächtiger klerikaler Rache seien hier ausgespart. Viel mehr interessiert die Frage, was tatsächlich mit Voltaires Leichnam geschah.

Unmittelbar nach dem Tod des Philosophen mahnte die Akademie den für jedes verstorbene Akademiemitglied traditionell von den Franziskanern zelebrierten Gottesdienst ein. Voltaires alter Feind Pfarrer Tersac sprach sich in einem langen Memorandum dagegen aus: „... da er die Werke, die seinen Namen tragen, weder widerrufen noch verleugnet hat, ist er offenkundig ein öffentlicher Sünder von wildester Gottlosigkeit und letzter Infamie. Mehr als 30 Zeugen werden aussagen, dass er bei seinem Tod nicht das geringste Zeichen von Reue gezeigt hat. Er hat weder die Heilige Wegzehrung noch die Letzte Ölung empfangen."

Die Messe unterblieb. Allerdings fand sich Friedrich II. von Preußen gerne bereit, für einen Gottesdienst zugunsten Voltaires zu sorgen. Er fand am 30. Mai 1780 im Berliner Dom statt. Voltaires Leiche wurde zunächst ausgeweidet und die Innereien wurden in die Latrinen entsorgt. Das Herz ging an den Marquis de Villette und befindet sich heute in der Bibliothèque nationale de France in einem Metallschrein. Das Gehirn kam nach längerer Odyssee in das Museum der Comédie-Française und ist seit 1924 verschollen. Die Leibeshülle wurde einbalsamiert und wider Wissen und Willen der zuständigen geistlichen Behörden von Voltaires Neffen, Abbé Mignot, mithilfe einer List in die Abtei Scellières in der Champagne transportiert und dort unter dem geistlichen Beistand des ahnungslosen Priors kirchlich beerdigt. Damit war die Odyssee Voltaires sterblicher Reste nicht beendet. Die Geistlichkeit fühlte sich in ihren ausdrücklichen Willensbekundungen betrogen und drohte mit Exhumierung. Dem hielt d'Hornoy, Voltaires anderer Neffe, die Drohung einer Zivilklage entgegen, die für einen weitreichenden Skandal gesorgt hätte. Die Exhumierung unterblieb darauf.[1]

Am 11. Juli 1791 wurden Voltaires Gebeine in einem unglaublichen Triumphzug, an dem die ganze Nation teilhatte, von Scellières ins Panthéon in Paris überführt, wo sie bis heute ruhen. Sein Sarkophag erhielt die Inschrift: ALS DICHTER, HISTORIKER, PHILOSOPH MACHTE ER DEN MENSCHLICHEN GEIST GRÖSSER UND LEHRTE IHN, DASS ER FREI SEIN SOLLTE.

Die Monopolisierung der letzten Stunde

Das Versprechen des garantierten Weiterlebens nach dem Tod und des Aufstiegs in ein Paradies ist seit Jahrtausenden die Existenzgrundlage fast aller Religionen. Zu groß ist die Versuchung, mittels klarer Gebote und Handlungsanweisungen von der Geburt bis zum Tod die totale Macht über die Menschen auszuüben. Auf die Spitze getrieben, war das der Ablasshandel der katholischen Kirche im Mittelalter. Die völlig verängstigten Menschen, welche vor den Qualen der ewigen Hölle zitterten, wurden erst systematisch manipuliert und dann gnadenlos ausgebeutet. Der berüchtigte Papst Leo X. finanzierte damit seinen aufwendigen Lebensstil, der Petersdom wurde teilweise dadurch gebaut. Auch Martin Luther war entgegen langläufiger Meinung zunächst kein grundsätzlicher Gegner des Ablasses, sondern nur gegen dessen Monopolverwaltung durch den Papst. Dieser sollte nicht allein über den „Gesamtschatz an guten Werken durch die Heilige Gemeinschaft" verfügen dürfen, kritisierte Luther. Ganz arg trieb man es zeitweise in Sizilien, wo man sich den Ablass schon vor der Tat holen konnte, quasi gegen Vorauskasse, um danach jemanden ohne schlechtes Gewissen umbringen zu können.

Die Lehre der damaligen Kirche war ganz einfach: Wenn Du immer brav beichten gehst, wenn Du für Deine Sünden durch gute Werke gezahlt hast, dann kannst Du Dir sicher sein, dass wir Dich frei machen werden und Du nach einem kurzen Aufenthalt im Fegefeuer direkt in den Himmel kommst. Man handelte also mit Fegefeuer, Himmel und ewiger Verdammnis. Das begann schon bei der Geburt. Der kluge Augustinus stellte nämlich fest, dass das unschuldigste Wesen der Welt, das gerade neu geborene Kind, gar nicht unschuldig, sondern mit der Erbsünde belastet sei. Nur die sofortige Taufe des Säuglings sicherte daher den Eintrittsschein für den rechten Weg – und der Kirche die absolute Macht über jede kommende Generation. Kam der Pfarrer zu spät, um ein unmittelbar nach der Geburt gestorbenes Kind noch zu taufen, wurde es außerhalb der Friedhofsmauern verscharrt. Sogar schon im Diesseits wurden die Verdammten des Jenseits genau abgetrennt. Man sagte den Menschen, die zum großen Teil völlig ungebildet und in abergläubischer Angst lebten: Wir wissen, wie es geht, wir machen die Regeln. Du musst nur glauben und tun, was wir Dir sagen.

Es geht hier nicht um eine Abrechnung mit den bekannten Sünden der katholischen Kirche, sondern darum, zu zeigen, dass das entscheidende Element für das Funktionieren ihres Geschäftsmodells die letzte Stunde war. In der letzten Stunde jedes einzelnen Menschen musste ein Vertreter der himmlischen Macht anwesend sein, der allein darüber entschied, ob dieser erlöst sterben durfte. Auch wenn das heute für die meisten absurd klingt, dürfen wir nie vergessen, dass fast alle Menschen in der damaligen christlichen Welt innerlich fest davon überzeugt waren, dass sie in der ewigen Hölle landen würden, wenn sie den falschen Weg gingen. Erst die Aufklärung und die Erkenntnisse der modernen Naturwissenschaften erlaubten immer mehr Menschen, dieses sehr einfache Erklärungsmodell mit ihrem Verstand in Frage zu stellen. Deshalb sah der Klerus auch so eine große Gefahr in einem brillanten Geist wie Voltaire, der ihr so sicher scheinendes Gebäude ins Wanken brachte. Umso wichtiger war es der Kirche daher, gerade einen ihrer Hauptgegner wie Voltaire in seiner letzten Stunde wieder zu vereinnahmen, um in die Welt hinausposaunen zu können: Im Angesicht der ewigen Verdammnis hat auch er abgeschworen und ist reuig zurückgekehrt. Als Voltaire auch am Ende standhaft blieb, versuchte man mit allen Mitteln die Legende seiner Höllenfahrt zu untermauern.

Großartige Seelsorger und hohe Würdenträger wie der 66. Abt des Stiftes Melk, Burkhard Ellegast, zögern heute keine Sekunde, diesen Irrweg der damaligen Kirche zuzugeben: „Die Angst vor der Hölle war sehr präsent im Christentum, es gab eigene Höllenpredigten, die furchterregend waren. Da gibt es leider eine Angstpsychose. Aber für mich ist die wichtige Botschaft, dem Menschen seine Angst zu nehmen. Ich persönlich kann mir unter Hölle gar nichts vorstellen. Hölle ist für mich, wenn sich ein Mensch so vom Guten abwendet, dass er dann in diesem Zustand weitergeht. Ich hoffe, dass niemand drinnen ist. Manche wollen alle in die Hölle schicken, ich würde mir das bei fast keinem einzigen Menschen trauen. Es hat Hitler und Stalin gegeben, es steht mir nicht zu, da Urteile zu fällen. Ich hoffe jedenfalls, dass die Hölle möglichst wenig bevölkert ist, weil man nie weiß, was einen Menschen wirklich bewegt hat, schlimme Dinge zu tun.“

Was ich vom Opus Dei über Himmel, Hölle und Fegefeuer lernen durfte

Ich habe in den vielen Gesprächen mit praktizierenden Gläubigen, aber auch mit aufgeschlossenen Priestern festgestellt, dass es heute fast niemanden gibt, der an das Fegefeuer oder die Hölle glaubt. In der Hoffnung, doch etwas darüber zu erfahren, reiste ich nach Rom an die vom Opus Dei geführte Universität „Santa Croce". Martin Schlag, Professor für Moral, stand mir für ein langes Gespräch zur Verfügung.[2]

Ich sprach ihn zunächst darauf an, dass das berühmte Fresko in der Sixtinischen Kapelle über das Jüngste Gericht von Michelangelo von den offiziellen Führern der Vatikanischen Museen so interpretiert wird, dass die Hölle leer sei:

„Es gab eine Strömung in der christlichen Tradition, die davon ausgeht, dass die Hölle leer ist, die sich aber vor allem gegen die Ostkirche nicht durchgesetzt hat. Die beiden Grundvarianten sind Himmel oder Hölle. Das Fegefeuer wird jedenfalls irgendwann leer sein. Das Fegefeuer ist ein Läuterungsort für diejenigen, die noch nicht so weit sind, dass sie in den Himmel kommen können. In meinen Predigten sage ich, das Jüngste Gericht wird darin bestehen, dass ich Jesus in die Augen schaue und sagen muss: ‚Ich liebe Dich.' Und da werden manche nur sagen können: ‚Ich.' Die bleiben dann auf ewig mit ihrem ‚Ich' alleine. Andere werden sagen: ‚Ich liebe', die brauchen dann nur noch die Läuterung. Und die, die sagen können: ‚Ich liebe Dich', die sind schon reif für den Himmel. Ich kann mir keinen Gott vorstellen, der Leute in die Hölle steckt, weil ich der Meinung bin, dass die Hölle nicht von Gott geschaffen wurde. Gott konnte unmöglich so etwas schaffen wie die Hölle. Sondern die Hölle ist ein Erzeugnis des Menschen. Niemand ist in der Hölle, der nicht in der Hölle sein will. Die Hölle ist auch kein Ort, sondern ein Zustand, in dem man sich auch schon auf Erden befinden kann, zum Beispiel jemand, der total egoistisch ist oder andere Menschen hasst", legt

Martin Schlag seinen Standpunkt dar. Angesprochen auf die Höllenpredigten, die die Menschen bis zur Mitte des 20. Jahrhunderts sehr detailreich in Angst und Schrecken versetzten, antwortet Martin Schlag: „Es gibt kein Medikament, das nicht irgendwann einmal falsch verwendet wurde. Das ist aber kein Argument gegen das Medikament. Ich kann nicht sagen, dass weil man die Hölle falsch verkündet hat, deswegen gibt es die Hölle nicht. Ich kann nicht die Wahrheit abschaffen. Als Kirche darf ich die Hölle nicht im Sinne der Drohung, aber sehr wohl der Warnung verwenden. Was man daher nicht sagen kann, ist, dass es die Hölle nicht gibt und daher niemand dort landen kann. Ich kann aber umgekehrt von keinem Menschen, auch nicht von Hitler oder Judas, fix annehmen, dass er dort gelandet ist."

Die Privatisierung der letzten Stunde

Der Nachteil des Himmels besteht darin,
dass man die gewohnte Gesellschaft vermissen wird.
Mark Twain

Heute glauben nur mehr sehr wenige Menschen in der westlichen Welt an die Hölle. Doch noch immer nutzen religiöse Fundamentalisten die Urangst vor der Ungewissheit nach dem Tod aus, um Menschen die Illusion zu vermitteln, sie könnten ihrem bis dahin bedeutungslosen Leben dadurch Sinn verleihen, indem sie sich und Unschuldige in die Luft sprengen, um danach für diese Tat direkt in das Paradies einzugehen, wo die 72 Jungfrauen schon auf sie warteten. Und wieder ist es die scheinbare Verfügungsmacht über die letzte Stunde eines Menschen, die den Fundamentalisten die Macht gibt, diese zu völlig irrationalen Handlungen zu verleiten. Der Katholizismus der Kreuzzugsritter und der Islam der Selbstmordattentäter sind einander dabei bisher in der Geschichte nichts schuldig geblieben. Doch der Wahnsinn stirbt nicht aus. 1978 führte Jim Jones die über 900 Mitglieder seiner Peoples-Temple-Sekte in Guayana in den kollektiven Selbstmord. Das ist nur ein besonders drastisches Beispiel von vielen. Wann immer der Mensch die moralische Verantwortung für sein Tun in dieser Welt an eine vermeintlich höhere Instanz in einer anderen Welt abgibt, gefährdet er sich und andere. Bedingungslos glauben, ohne zu lieben endet immer bei den Taliban oder den Inquisitoren, davor ist keine Religion oder Gemeinschaft gefeit.

Das Vakuum, das der Verlust des Glaubensmonopols der Kirche bei uns hinterlassen hat, ist groß. Manche Menschen erliegen daher der Versuchung, sich der Verantwortung für ihre letzte Stunde durch die Delegation an eine Sekte oder eine esoterische Lehre entledigen zu können. Das Angebot an Scharlatanen, die versprechen, die Wahrheit über das Danach zu kennen, ist viel breiter und bunter als im Mittelalter. Seien diese Angebote auch noch so verlockend, so haben sie alle einen Mangel: Niemand kann uns mit Sicherheit sagen, wie es nach unserem Tod weitergeht. Wir wissen es nicht. Umso mehr sollten wir Verantwortung für die Seite übernehmen, die wir kennen. Mit der letzten Stunde sind wir auf der sicheren Seite. Daher bin ich für die Privatisierung der letzten Stunde. Meine letzte Stunde gehört mir.

Das ist kein Buch über die Frage, wie es nach unserem irdischen Leben weitergeht. Das steht in einem anderen Buch. Diese Frage lässt sich aber nicht völlig ausklammern, wenn man sich mit seiner letzten Stunde beschäftigt. Ich werde daher die sehr unterschiedlichen Perspektiven von gläubigen Menschen, von Atheisten und von Agnostikern anbieten. In einem sind sich alle einig: Die Verantwortung für sein gesamtes Tun auf Erden muss jeder Einzelne selbst tragen, die kann einem niemand abnehmen. Ob wir die erreichte Punktezahl am Ende unseres Lebens in eine höhere Spielklasse mitnehmen können oder ob alles nur wieder zurück in die große Spielbox wandert, daran scheiden sich die großen Geister genauso wie an der Frage, ob es Gott ist, der würfelt.

Glauben oder nicht? – das ist die Frage

Wenn der Tod das Ende bedeutet, was bleibt dann? *Alles* oder *Nichts*.

Nichts im Verständnis eines überzeugten Atheisten wie Christian Rainer: „‚Die Welt ist alles, was der Fall ist.‘ Dieser Satz von Wittgenstein aus dem ‚Tractatus Logico-Philosophicus‘ ist zentral für meine Lebenseinstellung. Deshalb bin ich überzeugter Atheist. Das hat offensichtlich aber nichts mit meiner Angst vor dem Tod zu tun, weil das andere Atheisten nicht nachvollziehen können. Was von mir bleibt, ist mir völlig egal. Das Wort ‚danach‘ ist für mich eine poetische Fiktion. Der Sinn meines Lebens liegt in der Freude und an der Lust am Leben."

Alles im Verständnis des Benediktinermönchs David Steindl-Rast. Bruder David, wie er sich nennt, ist der beeindruckendste Mensch, der mir bisher begegnet ist. Er hat mein spirituelles Leben wesentlich geprägt.[3] Wie wenige andere versteht er es, die Lehre des Christentums in zeitgemäßer Form zu erklären. Für ihn wird unser Selbst im Tod keineswegs zerstört, sondern es geht als Ganzes in ein größeres Leben hinüber. Das ist seine Überzeugung von Auferstehung. Auferstehung ist für ihn eben nicht ein Leben nach dem Tod oder eine Wiedergeburt, weil der Fluss des Lebens nicht umgekehrt werden kann. Sein Glaube sagt, dass wir in ein größeres, höheres, volleres Leben sterben und darin aufgehen. Dieser Glaube ermöglicht es, sich vom Begriff der unsterblichen Seele zu verabschieden, ohne damit die Hoffnung auf Auferstehung und ewiges Leben aufzugeben. Die Auferstehung des Körpers ist übrigens eine sehr traditionelle Überlieferung im Christentum, die davon ausgeht, dass die Person untrennbar aus Leib und Seele besteht. Ein körperloser oder, noch härter formuliert, ein entleibter Mensch ist kein Mensch mehr. Bruder David spricht daher von einem Leben, das über den Tod hinausgeht, und nicht von einem Leben nach dem Tod. Er sieht darin eine neue Schöpfung der gesamten Person, also von Körper und Seele. Sein Verständnis der christlichen Auferstehung ist daher viel näher den östlichen Lehren als dem westlichen Verständnis von der Unsterblichkeit der Seele.

Die Lehre von den letzten Dingen

Die Eschatologie, die „Lehre von den letzten Dingen", ist die Lehre von den Hoffnungen auf Vollendung des Einzelnen *(individuelle Eschatologie)* und der gesamten Schöpfung *(universale Eschatologie)*. Sie ist für Bruder David nicht nur zentraler Glaubensbestandteil des Christentums, sondern die scharfe Trennlinie zum Atheismus und zum Agnostizismus. Darin sieht Bruder David auch viel Gemeinsames im Christentum und den Lehren des Buddhismus. Wir werden als Individuen geboren, unsere Persönlichkeit entwickeln wir aber durch Beziehungen zu anderen. Unsere Individualität definiert sich über Abgrenzung, aber erst die Verbundenheit mit anderen macht uns zur Persönlichkeit. Und tiefe Liebe ist das entscheidende Element, das uns mit anderen verbindet. Paradoxerweise finden wir unser wahres Selbst erst, wenn wir uns anderen schenken und uns dabei scheinbar verlieren.

Auch mit dem Dogma der körperlichen Auferstehung verbinden die meisten eher eine Hoffnung als eine konkrete Vorstellung. Gerade für Gläubige ist es daher notwendig, sich mit der christlichen Mythologie von Himmel, Hölle, Fegefeuer und Jüngstem Gericht auseinanderzusetzen, wenn sie inneren Halt in ihrer Religion finden wollen. „Wer glaubt, ein Christ zu sein, weil er die Kirche besucht, irrt sich. Man wird ja auch kein Auto, wenn man in einer Garage steht", hat schon der große christliche Denker Albert Schweitzer gesagt.

Wir können zur Erkenntnis gelangen, dass viele christliche Begriffe wie die körperliche Wiederauferstehung oder das Jüngste Gericht nicht wörtlich genommen werden sollen, sondern als poetische Bilder dienen, hinter denen aber sehr wohl Realitäten stehen, die Bedeutung haben. So verstanden, gibt es einen Zusammenhang des Bildes vom Fegefeuer mit dem der Wiederauferstehung. Beide sind Antworten auf die gleichen Fragen: Gibt es eine letzte Gerechtigkeit? Sollen wir an unserem Karma arbeiten?

Man kann beide Fragen mit Ja beantworten, ohne deshalb daran glauben zu müssen, dass irgendwo ein Feuer ewig brennt, in dem jeder Sünder bei einer bestimmten Temperatur von seinen Sünden gereinigt wird, wie das die apokalyptischen Bilder des Hieronymus Bosch vermitteln. Die Idee der Wiedergeburt lehnt Bruder David weniger aus dogmatischen, sondern vor allem aus Gründen der spirituellen Praxis ab. Nur wenn wir den Tod als etwas Endgültiges begreifen, können wir der Versuchung widerstehen, notwendige Entscheidungen nicht zu treffen. Vieles wird natürlich scheinbar leichter, wenn man sich einreden kann, dass man ohnehin noch ein Leben haben wird, in dem man es dann besser machen kann. Wenn wir dagegen die Zeit, die uns gegeben ist, als etwas sehr Begrenztes sehen, fällt es uns viel schwerer, die wichtigen Dinge immer wieder aufzuschieben – so lange, bis es zu spät ist. Den Satz „Später ist zu spät" von Ralph Waldo Emerson werden auch die meisten Agnostiker und Atheisten unterschreiben.

Die schlechte Nachricht: Der Tod ist endgültig. Die gute Nachricht: Etwas Neues beginnt.

An Bruder David imponiert mir, dass seine Lehre so pragmatisch an unseren realen Ängsten ansetzt und nichts abgehoben verklärt: So widerspricht er dem schönen Image, dass wir ruhig einschlafen werden, denn Sterben ist für ihn etwas radikal anderes. Er glaubt auch nicht, dass wir, wie wir aus vielen Nahtod-Erfahrungen gehört haben, durch einen langen Tunnel gehen, an dessen Ende wir Licht sehen. Er ist sehr skeptisch gegenüber Begriffen wie Nahtod und Leben nach dem Tod. Wenn der Tod tatsächlich das Ende der Zeit bedeutet, dann kann es kein „Leben danach" geben, dann kann es danach überhaupt nichts mehr geben. Der Tod selbst kennt kein Danach, das hieße die Ernsthaftigkeit und Endgültigkeit des Phänomens des Todes zu verkennen. Für Bruder David wäre es ein zu harmloses Bild, zu glauben, dass unser Körper stirbt und unsere Seele weiterlebt. Gibt es wirklich eine unabhängige Seele, die man so einfach von unserem Körper abtrennen kann? Genau das ist eine Sehnsucht, ja sogar eine Erwartung, die gar nicht so wenige haben, wenn sie darüber nachdenken, wie es nach ihrem Tod weitergehen könnte. Lassen wir uns einmal auf den Gedanken ein, dass der Tod das Ende bedeutet, aber etwas völlig Neues beginnt, in das wir als Ganzes aufgehen, dann kann das durchaus auch eine schöne Vorstellung sein.

Stellen wir uns einmal vor, dass Zeit eine Maßeinheit für die Energie ist, die es braucht, um zu wachsen. Und Wachstum heißt dabei, von einem Zustand in einen anderen überzugehen, eine Phase zu beenden, um eine neue beginnen zu können. So wie das Samenkorn „sterben" muss, um eine Pflanze werden zu können, muss unsere Kindheit „sterben", damit wir Erwachsene werden können. So gesehen bedeutet jeder Tod die Aufgabe von individueller Unabhängigkeit zugunsten von gegenseitiger Abhängigkeit mit anderen.

„Dies fällt uns natürlich sehr schwer, weil wir unsere völlige Unabhängigkeit verteidigen wollen. Wir denken: ‚Ich schulde niemandem irgendetwas', bis wir das erste Mal mit dem Tod konfrontiert werden, mit einem der vielen Tode im Laufe unseres Lebens, wenn wir etwas wirklich aufgeben. Diese Augenblicke erlauben uns, ein Gefühl der Freude zu erleben, die wir empfinden können, wenn wir aus unserer Isolation ausbrechen und Teil von etwas größerem Ganzen werden. Gleichzeitig empfinden wir aber Angst, in diesem Ganzen unsere kostbare Individualität zu verlieren. Richtig verstanden bedeutet der Himmel, das Nirvana, das Göttliche, das Paradies oder wie immer wir es nennen, aber nicht Uniformität, sondern unendlich viel Raum für Unterschied-lichkeit – auch unsere persönliche." So erklärt es uns Bruder David, und ich würde mir sehr wünschen, dass es so ist.

Seit es Menschen gibt, haben sich die Menschen zu wenig Freude gegönnt. Das allein, meine Brüder, ist unsere Erbsünde. Ich möchte an einen Gott glauben, der gut zu tanzen weiß.

Henri Matisse

Denken hilft zwar, nützt aber nichts

Dieses exzellente Buch von Dan Ariely[4] hat mich zur Überschrift dieses Kapitels über den Glauben inspiriert, weil sich hinter dem provokanten Titel keine Verdammung des Denkens an sich ver-birgt, sondern gezeigt wird, wo die Grenzen unseres Denkens liegen. Genau so, wie Dan Ariely zeigt, was man mit Denken er-reichen kann und was nicht, ist dieses Kapitel über den Glauben zu verstehen. Trotz meiner sehr kritischen Worte über die ver-suchte Monopolisierung der letzten Stunde durch die Religionen habe ich tiefen Respekt vor allen Menschen, die an einen persön-lichen Gott glauben. Auf den Punkt gebracht, würde ich es daher so formulieren:

Ehrlicher Glaube kann am Lebensende helfen, weil er Hoff-nung auf ein Weiterleben nach dem Tod gibt. Wenn man aber glaubt, damit die Verantwortung für sein Leben delegieren zu können, nutzt er in der letzten Stunde nichts. Die letzte Stunde teilt die Menschen nicht in die Gläubigen und die Ungläubigen.

Tun sich Gläubige leichter beim Sterben?

Elisabeth Kübler-Ross fand in ihren „Interviews mit Sterbenden" heraus, dass religiöse Patienten sich kaum anders verhielten als solche ohne Glauben. Das hing natürlich auch damit zusammen, dass diese Frage nur schwer von außen zu beurteilen war. Jedenfalls stieß sie nur auf sehr wenige wahrhaft überzeugte Gläubige. Diesen wenigen dürfte ihr tiefer Glaube allerdings durchaus geholfen haben. Selbst bekennende Atheisten verhielten sich ähnlich und fanden interessanterweise auch Halt in ihrer Überzeugung. Die meisten Patienten standen aber zwischen diesen beiden Polen und bekundeten einen Glauben, der im Angesicht des Todes nicht für die innere Befriedung ausreichte. Studien zu diesem Thema dokumentieren, wie komplex dieses Thema ist. So tun sich Menschen mit starker Religiosität und einem barmherzigen Gottesbild in einer lebensbedrohenden Situation leichter als die ebenfalls strenggläubigen, die sich aber vor einem strafenden Gott fürchteten.[5] Die Erfahrungen in Hospizen zeigen auch, dass Menschen am Ende nur sehr selten plötzlich gläubig werden.

Die letzte Stunde des Atheisten ist deshalb schwierig, weil er auf die Nulllinie zugeht und nicht auf etwas Besseres danach hoffen kann. Umso mehr muss die letzte Stunde des Atheisten in sich selbst ruhen, denn er wird sie genau so empfinden, wie er selbst in den Rückbetrachtungen den Weg bis dahin beurteilt. Wenn seine verstandesmäßige Sicht der Welt und sein tatsächliches Verhalten zu sehr auseinandergeklafft haben, wird es sehr eng, weil nicht mehr korrigierbar. Für ihn gibt es kein Jüngstes Gericht, kein Karma, keine weitere Chance, kein Aufgehen in einer höheren Ordnung, er fällt auf sich selbst zurück. Nachdem er alle anderen Beurteilungen außer seiner eigenen ablehnt, was durchaus ein Vorteil sein kann, muss man ihm wünschen, dass seine intellektuelle mit seiner seelischen Reife auf Augenhöhe ist.

Eines verbindet den Atheisten mit dem Tiefgläubigen. Es gibt immer nur zwei Arten von Menschen: die Anständigen und die Unanständigen. Sie kommen in allen Religionen, in allen Kulturen vor, in allen Gesellschaftsschichten, sie dringen in alle Gruppen ein, keine Gemeinschaft besteht nur aus der einen oder der anderen Art. Und es sind immer wir, die entscheiden, zu welcher

Gruppe wir gehören. Die „Goldene Regel" kann uns dabei hilfreich sein.

Die Goldene Regel – eine Ethik, mit der man auf der sicheren Seite ist

Als „Goldene Regel" bezeichnet man seit dem 17. Jahrhundert den alten Grundsatz der praktischen Ethik:

„Behandle andere so, wie Du von ihnen behandelt werden willst. – Behandle andere nicht so, wie Du nicht von ihnen behandelt werden willst."

Diese sehr einfache Regel enthält also keine komplizierten Gebote, sondern ein moralisches Kriterium für alle möglichen Handlungen: Immer soll man dabei Interessen und Lage der Betroffenen sowie die möglichen Folgen einbeziehen und das eigene Handeln danach prüfen. Es fällt mir keine schlechte Handlung in meinem Leben ein, die ich bei Anwendung der „Goldenen Regel" nicht hätte unterlassen müssen. Und wie oft habe ich freudig genau das Gute erleben dürfen, das ich selbst für andere getan habe. Wenn Du der „Goldenen Regel" ein Leben lang gefolgt bist, dann wird sie Dich in Deiner letzten Stunde leiten. Das ist mein Glaube an die „kosmische Gerechtigkeit".

Karen Amstrong, eine der führenden Religionswissenschaftlerinnen der Welt, fand in ihren Forschungen über die Gemeinsamkeiten der Weltreligionen heraus, dass die „Goldene Regel" in allen eine ganz zentrale Rolle spielt.[6] Sie kommt schon in religiös-philosophischen Texten Chinas, Indiens, Persiens, Ägyptens und Griechenlands seit dem 7. Jahrhundert v. Chr. vor.

Ein Urteil, das alle Gläubigen, Suchenden und Atheisten fällen müssen

Ich selbst sehe mich als einen Suchenden, einen Hoffenden, der weder an die Dogmen der Religionen noch an das endgültige Ende der Atheisten glaubt. Meine sehr gläubigen Freunde sehen in mir wohl einen verkappten Agnostiker, die meisten anderen einen spirituellen Menschen, der seine letzten Antworten noch nicht gefunden hat.

Lässt man sich erst einmal auf die Denkweisen von Bruder David ein, wird einem jedenfalls klar, welche radikalen Konsequenzen es hat, zu versuchen, ein wahrhaft religiöser Mensch zu sein. Ob man sich dem Christentum, dem Judentum, dem Islam oder dem Buddhismus zugehörig fühlt, erscheint gar nicht so wichtig, weil so viel Gemeinsames darin steckt. Und das ist sehr gut so, denn die meisten Menschen wurden in ihre Religion hineingeboren und konnten sich nicht aus freien Stücken dafür entscheiden. Nur Dogmatiker beißen sich daher in den sprachlichen und bildlichen Unterschieden zwischen den Religionen fest. Der Gegenentwurf der letzten Stunde zu den Heilsversprechen ist, dass das Leben kein Tauschgeschäft darstellt. Du sollst Deinen Nächsten lieben wie Dich selbst, weil Du gut zu anderen Menschen sein sollst, und nicht, weil Du sonst im Jenseits dafür belohnt oder bestraft wirst. Menschenliebe ist der Grundsatz des Humanismus. Man kann Christ, Moslem, Jude oder Buddhist *und* Humanist sein. Gefährlich sind jene, die bedingungslos ihrer Religion folgen, *ohne* Humanisten zu sein.

Der Weg zu einem spirituellen Leben liegt darin, in allen Formen der Natur und des Menschlichen die göttliche Signatur und den größeren Bauplan zu erkennen. Wenn die katholische Kirche sich vor einem Hightech-Trickfilm wie „Avatar" fürchtet und diesen offiziell kritisiert, nur weil er genau diesen gemeinsamen Ursprung aller Religionen Millionen von Menschen nahebringt, dann stellt sie sich mit ihrem Alleininterpretationsanspruch ins totale Abseits. „Die Wahrheit ist eine, die Weisen nennen sie mit vielen Namen", heißt es schon in den über 3000 Jahre alten indischen Veden.

Ich glaube vor allem an die Eigenverantwortung des Menschen, unabhängig davon, ob er glaubt oder nicht. Der einzige Kronzeuge unseres Lebens sind wir selbst. Folgt man dieser Überzeugung, dann werden wir am Ende des Tages nicht an irgendeinem feststehenden Maßstab gemessen, sondern müssen Antwort auf eine einfache Frage finden: „Was hast Du in Deinem Leben geleistet, und zwar nicht nur in Deinem Beruf, sondern als Mensch, als Vater oder Mutter, als Freund, als Nachbar?"

Wer auf dem Richterstuhl beim Jüngsten Gericht sitzen wird, wissen wir nicht. Aber ich glaube zu ahnen, wer in meiner letzten Stunde darüber entscheiden wird, ob ich das Beste aus meinem Leben gemacht habe. Der höchste Richter ist die Stimme in der eigenen Brust. Der Platz auf dem Richtstuhl wird leer sein. Ich werde ihn wohl selbst erklimmen müssen.

---

1   Die Geschichte ist auszugsweise entnommen aus: Franz Strunz, Voltaires Tod, in: Aufklärung und Kritik 1/2000, S. 116 ff.

2   Das Gespräch fand am 3. Februar 2010 in Rom statt.

3   In meinem Buch „Der verletzte Mensch" habe ich ihm das Kapitel „Die Weisheit des Mönchs – warum für den Benediktiner David Steindl-Rast der Weg zum Herzen über die Dankbarkeit, die Zeit für das Wichtige und das Mitgefühl führt" gewidmet. Seine Aussagen in diesem Kapitel stammen aus unseren persönlichen Begegnungen sowie aus seinem Artikel „Learning to Die", den Sie auf seiner Website www.gratefulness.org unter „Articles" lesen können.

4   Dan Ariely: Denken hilft zwar, nützt aber nichts. Warum wir immer wieder unvernünftige Entscheidungen treffen, München 2010

5   Sebastian Murken: Gottesbeziehung und psychische Gesundheit. Die Entwicklung eines Modells und seine empirische Überprüfung, Münster 1998

6   Die Aussage stammt aus einem Gespräch, das ich mit Karen Amstrong am 22. Juli 2009 in Oxford geführt habe.

Das Ja zum Alter

Es gibt Tage, die geben uns eine Vorahnung davon, was es heißt, den Höhepunkt seiner Kräfte überschritten zu haben. Wir kommen in der Früh fast nicht aus dem Bett, jede Tätigkeit, vom Kaffeemachen bis zum Anziehen, ist mit ungeheurer Anstrengung verbunden, die nur übertroffen wird vom Unwillen beim Gedanken an das, was man sich vorgenommen hat. In jungen Jahren zerbrechen wir uns nicht besonders den Kopf über solche Tage, wir lassen sie einfach vorbeiziehen. Wenn wir älter sind, beschleicht uns eine Frage: Werden wir einfach alt? Können wir uns ein Leben vorstellen, das nur aus solchen Tagen besteht oder diese sogar die guten sind? Könnte unser eigenes Leben einmal jeden Morgen damit beginnen, unsere gesamte Willenskraft zu mobilisieren, um überhaupt in den Tag starten zu können? Wie werden wir die vielen Ziele, die wir noch vor uns haben, in dieser Verfassung bewältigen können?

Obwohl wir manchmal diese erlahmende Energie bei unseren Großeltern und Eltern beobachten konnten, lag es außerhalb unserer Vorstellungsmacht, dass wir selbst einmal davon betroffen sein könnten. Jedenfalls verlangt unsere ganze Willenskraft an solchen Tagen, nicht der Versuchung nachzugeben, ins Bett zurückzukehren, die Decke über den Kopf zu ziehen, die wohlige Wärme zu spüren und uns wie in unserer Schulzeit zu fühlen, wenn wir krank spielten, um nicht in die Schule gehen zu müssen. Im Gegensatz zu unserer Kindheit wissen wir: Wenn wir heute der Schwäche nachgeben und tatsächlich ins Bett zurückkehren, fühlten wir uns danach nur noch mieser als zuvor, weil das schlechte Gewissen über die eigene Schwäche dazugekommen ist. Das gibt uns dann doch die Kraft, aufzustehen und uns schnell in Aktivitäten zu stürzen, die uns helfen, dieses Gefühl möglichst bald zu vergessen. Alt werden schließlich immer nur die anderen.

Manchmal haben wir uns über die aufwendigen Inserate für Vitamine und Stärkungsmittel gewundert, weil uns nie klar war, wer denn all dieses Zeug jemals kaufen sollte. Und auf einmal findet es sich in unserem eigenen Einkaufswagen, wenn wir uns vor der Kassa anstellen. Wie von selbst ist es dort hineingekommen. Doch innerlich wissen wir natürlich ganz genau, dass es kein Mittel dagegen gibt, wenn wir uns schlecht fühlen, obwohl wir medizinisch gesund sind. Das, was man früher mit Midlife-Krise meinte, nämlich eine fundamentale Lebenskrise, in der man alles in Frage stellte, war schon damals ein kollektiver Selbstbetrug. In Wirklichkeit spüren einige dieses Gefühl der Schwäche und der eigenen Unzulänglichkeit oft schon mit Anfang 30 und es hört nie mehr auf, sie immer wieder zu erfassen. Genauso kann die Erkenntnis, dass wir älter werden, jeden Tag ausbrechen, völlig unabhängig von unserem tatsächlichen Alter. Sie kommt über Nacht und ergreift Besitz von unserem Denken. Sie hat nichts mit Wechselbeschwerden, Potenzängsten, Weitsichtigkeit, grauen Haaren, erschlaffenden Brüsten, Kurzatmigkeit, Scheidung oder Jobverlust zu tun, sondern mit Angst. Auch wenn es sich viele nicht eingestehen wollen, das Älterwerden macht zunächst einmal Angst. Es sind vor allem vier Ängste, die unsere Lebensenergie absaugen, wenn wir sie zu lange negieren, anstatt sich ihnen zu stellen:[1]

- Angst davor, ein bedeutungsloses Leben zu leben
- Angst davor, allein zu sein
- Angst davor, verloren zu sein
- Angst vor dem Tod

Es mag vielleicht überraschen, dass die Angst vor dem Tod nicht an erster Stelle steht. Doch die ersten drei Ängste sind die viel konkreteren und blockieren Menschen daher mehr als die abstrakte Angst vor dem Tod. In der ersten Hälfte unseres Lebens sind wir sehr von unseren Zielen und unserem Streben nach Erfolgen getrieben. Das, wonach sich die meisten Menschen in ihrer zweiten Lebenshälfte sehnen, sind emotionale Bindungen. Es herrscht eine große Angst vor dem Alleinsein, dem Vergessenwerden. Das gipfelt in der Furcht vor dem einsamen Sterben, ohne dass sich jemand um einen annimmt. Was leider gar nicht so unbegründet ist. Viele Bewohner in einem Pflegeheim bekommen überhaupt nie Besuch, weil sie niemanden haben, die Kinder im Ausland sind oder die Angehörigen sich ganz einfach nicht kümmern. Natürlich hoffen alle, dass das bei ihnen ganz anders sein wird. Und diese Hoffnung verleitet dazu, den Gedanken an das eigene Älterwerden am besten überhaupt gleich zu verdrängen, als ob es eine ansteckende Krankheit wäre, die schon durch den Gedanken an sie ausgelöst werden könnte.

Alle wollen alt werden, aber niemand will dann alt sein. Altern in Würde bleibt ein schöner Traum. Die einzige politische Auseinandersetzung mit den Alten findet in der jährlichen rituellen Debatte über das Ausmaß der Pensionserhöhung statt. Alle tieferen Fragen wie Einsamkeit, Respekt, Lebenssinn bleiben von der politischen Debatte völlig ausgeklammert. Frank Schirrmacher hat mit seinem Bestseller „Das Methusalem-Komplott" den Finger auf die klaffende, immer größer werdende Wunde der Diskriminierung der Alten gelegt. Seine Thesen wurden heftig diskutiert – seine plausiblen Reformansätze von der Politik nicht einmal ignoriert.

„Völlig unvorbereitet brechen wir in die zweite Lebenshälfte auf, schlimmer noch, wir tun diesen Schritt in der irrigen Annahme, dass unsere Wahrheiten und Ideale uns wie bisher dienlich sein werden. Aber wir können den Lebensnachmittag nicht nach dem Programm des Lebensmorgens leben – denn was am Morgen großartig war, wird am Abend unbedeutend sein, und was am Morgen wahr war, ist bis zum Abend eine Lüge geworden."

C. G. Jung

Genau diese Vorbereitung auf die zweite Lebenshälfte ist die Mission von Richard Leider.[2] Ich besuchte ihn an seinem Wohnort in Minneapolis, um von seiner Erfahrung zu lernen. Er zählt zu den besten Coaches der USA und hat acht Bücher über die Sinnfindung von Menschen in ihrer Lebensmitte geschrieben.

Wie viel ist genug?

Richard Leider veranstaltet Trekking-Safaris durch Tansania, die den Teilnehmern in der zweiten Lebenshälfte helfen sollen, ihre eigene Geschichte neu zu schreiben, statt einfach nur die erste Lebenshälfte zu wiederholen. Leider fuhr als Expeditionsleiter einer Gruppe von zwölf Teilnehmern nach Magaduru, einem kleinen Massaidorf im Hochland über der Serengeti. Dort wurden sie von Thaddeus Ole Koyie, dem Häuptling, begrüßt. Zeitig am Morgen brach die Gruppe unter der Führung von Koyie zum Trekking auf. Richard Leider war besonders stolz auf seinen neuen Hightech-ultraleicht-Rucksack. Dieser war eigens für Lastentrageeffizienz entwickelt worden und mit Schnallen, Reißverschlüssen, Innentaschen, Beuteln, Fächern in den Fächern ein wirklicher Traum und bis oben hin angefüllt. Richard Leider fühlte sich als Leiter der Tour für die Gruppe verantwortlich und war für jedes mögliche Problem bestens vorbereitet. Während sie den ganzen Tag durch die Hitze der Serengeti wanderten, schaute Koyie immer mit großer Verwunderung auf den Rucksack von Leider, während seine eigene Ausrüstung aus einem Lendenschurz und einem Speer bestand. Als sie am Abend das Lager aufschlugen, bat Koyie den völlig erschöpften Leider, ihm einmal zu zeigen, was er denn da so alles in diesem riesigen Gepäcksstück durch die Serengeti schleppte. Stolz öffnete Richard Leider die Schnallen, Reiß- und Klettverschlüsse und breitete seine Schätze vor Koyie aus: Grabinstrumente, Essutensilien, Schneidewerkzeuge, Peilgeräte, Sterngucker, Karten, Schreibzeug und Papier, verschiedene Kleidungsstücke in verschiedenen Größen für unterschiedliche Funktionen, medizinische Ausrüstung, Medikamente und Heilmittel, unzählige Fläschchen in wasserdichten Beuteln und vieles mehr. Die ausgebreitete Ausrüstung sah aus wie das Titelfoto eines Expeditionskatalogs. Und Richard Leider war mächtig stolz auf seine Kollektion, die er so sorgsam ausgewählt hatte. Koyie schien darüber eher sehr amüsiert zu sein, schwieg aber sehr lange und ließ sich keine Reaktion entlocken. Nach einigen Minuten stellte ihm Koyie nur eine einzige Frage: „Macht Dich das alles glücklich?"

Leider traf diese Frage ins Mark. Sie brachte sein gesamtes Wertesystem in einer Sekunde ins Wanken. Die Frage zwang ihn, nicht nur darüber nachzudenken, was er da alles auf der Trekking-Tour mitschleppte, sondern in seinem ganzen Leben. Leider stand vor der Entscheidung, sein mühsam und teuer erworbenes Zeug noch weitere drei Wochen jeden Tag durch die Hitze zu schleppen, um sich zu beweisen, dass … ja, was eigentlich? Er entschied sich, jeden einzelnen Gegenstand zu prüfen und ihn entweder auf den Haufen für den Rucksack oder den, der hierbleiben würde, zu werfen. Das war gar nicht so einfach und dauerte fast die ganze Nacht. Er redete dabei laut mit sich selbst und erklärte Koyie seine Entscheidungen.

Am nächsten Morgen erzählte Leider von der Erfahrung der langen Nacht und empfahl den Mitreisenden, ebenfalls diesen Prozess mit ihrem Gepäck zu machen. Als die ganze Gruppe am Abend deutlich „erleichtert" wieder das Lager aufschlug, bestand ein großes Bedürfnis, ihre Entscheidungen miteinander zu diskutieren. Und natürlich konzentrierten sich die Gespräche immer mehr auf die Frage, wie man im Leben seine Last erleichtern konnte. Sie entdeckten, dass sie von Bindungen gefesselt waren, die längst nicht mehr ihren Bedürfnissen entsprachen, und sie noch immer sehr von Verhaltensmustern geprägt waren, die ihnen geholfen hatten, dahin zu kommen, wo sie jetzt waren, aber sie daran hinderten, dorthin zu kommen, wonach sie sich sehnten.

Einer erzählte, dass bei seinem ersten Umzug mit seiner damaligen Freundin zwei Koffer reichten, der nächste Umzug war nur mehr mit dem großen Wagen eines Freundes möglich, später benötigte man einen Pick-up und bei seinem letzten Umzug luden vier professionelle Möbelpacker einen riesigen Transporter voll. Das Gepäck definierte ihr Leben weit mehr, als ihnen das lieb war. Die Müdigkeit des Älterwerdens hatte ganz offensichtlich weniger mit innerer Schwäche als mit immer größeren äußeren Lasten zu tun. Es wurde ihnen aber auch bewusst, dass es ihre Entscheidung war, sich einmal Zeit zu nehmen, genau hinzusehen und Ballast abzuwerfen, um dann wieder genug Kraft zu haben, um neue Ziele anzusteuern. Dafür braucht man nicht in die Serengeti zu fahren, so reizvoll das auch ist.

Umpacken, bevor man zur nächsten Etappe aufbricht

Die Erfahrung in Tansania half Leider, sein eigenes System zu entwickeln, nach dem er die Dinge in seinem Leben in Zukunft immer wieder auspackte, neu ordnete und umpackte:[3]

- *Dinge, ohne die er nicht leben konnte:* Das sind fundamentale Dinge wie die Kinder, der Partner, das Unternehmen, das er aufgebaut hatte.
- *Dinge, ohne die er nicht leben wollte:* Das waren Dinge, die er behalten wollte, weil sie zur Wertschätzung seiner Lebensgeschichte beitrugen, wie besondere Erinnerungsstücke und Geschenke.
- *Dinge, bei denen er sich nicht sicher war:* Das waren Dinge, wo er noch nicht bereit war, sie loszulassen, aber sie auch nicht wirklich bei der Hand haben musste.
- *Dinge, die er loswerden wollte:* Das waren Dinge, die längst ihre Nützlichkeit verloren hatten, die er nicht mehr als schön empfand oder die ihn sogar belasteten.

Beginnt man damit, in seinem Leben auszupacken, dann stellt sich für viele Menschen heraus, dass sie aus Gründen, die nicht wirklich existieren, weit mehr mit sich tragen, als sie eigentlich wollen.

Einer, für den die Wahl des richtigen Gepäcks nicht nur im übertragenen Sinn überlebensnotwendig ist, ist der Extremkletterer Thomas Bubendorfer:[4] „Man muss ständig umpacken. Man sollte sich ständig fragen: ‚Was brauche ich wirklich und was brauche ich noch?' Albert Precht, eine Kletterlegende aus meiner Gegend, der tausend Erstbegehungen gemacht hat, ist mit extrem reduzierter Ausrüstung ausgekommen. Die Frage des ehemaligen Bergbauernkindes Precht ‚Wofür brauchst Du das alles?' habe ich bis heute noch im Ohr. Seitdem bin ich bei gemeinsamen Touren immer derjenige, der zu wenig mithat, weil ich gelernt habe, dass mich das Zuviel einschläfert und langsam macht. Zu viel macht unfrei. Die meisten Menschen stellen sich diese Fragen nicht, was wirklich notwendig ist." 1983 durchstieg Bubendorfer die berüchtigte Eiger-Nordwand mit 21 Jahren als Erster allein und ohne Seil. Er brauchte dafür nur vier Stunden und fünfzig Minuten. Das war mehr als doppelt so schnell wie der damalige Rekord von zehn Stunden, der 1974 durch Reinhold Messner und Peter Habeler mit einer Seilschafts-Durchsteigung erreicht wurde. Wie konnte er das schaffen? Nur mit einer Optimierung der Ausrüstung und des Kletterstils ließ sich diese Leistung beim besten Willen nicht erreichen. Auch die leichtesten Seile und Haken der Welt wogen damals noch immer drei bis vier Kilogramm. Bubendorfer tat etwas radikal Einfaches: Er ließ die Seile komplett weg, was das Risiko beim Klettern zwar erhöhte, aber dafür das gefährliche Wetterrisiko auf der Eiger-Nordwand ausschaltete, weil er nicht in der Wand biwakieren musste.

Wie oft zögern wir, auch nur ein bisschen Ballast abzuwerfen, wenn wir auf unserem Lebensweg immer langsamer werden und uns wundern, warum wir ehrgeizige Ziele auf einmal nicht mehr erreichen können. Wie sehr sind wir darin gefangen, was wir alles für unverzichtbar halten. Und im Gegensatz zu Buben-dorfer, der mit den Seilen auf das scheinbar Wichtigste verzichte-te, würden wir keineswegs unser Leben riskieren, nur weil wir in eine kleinere Wohnung ziehen, das Zweitauto verkaufen oder eine schon lange beengende Beziehung aufgeben. Um nicht miss-verstanden zu werden: Verzichten und Aufgeben sind wichtige Werte an sich, doch das Umpacken in der Lebensmitte dient ganz schlicht dem Zweck, für neue Ziele beweglich genug zu sein und Platz für genau jene Dinge zu schaffen, die man in der Zukunft braucht.

Mehr Risiken eingehen

Wir alle lieben Überraschungen – aber nicht wirklich. Wir mögen nur angenehme Überraschungen, alles andere sind Probleme. Wenn aber die Überraschungen aus dem Leben schwinden, dann schwindet das Leben aus dem Leben.

Richard Leider fragte in einer Studie ältere Menschen, was sie anders machen würden, könnten sie ihr Leben nochmals begin-nen. Die wichtigste Aussage war: „Ich würde mehr Risiken einge-hen." Dabei ging es um die „kleinen Dinge", wie in einer be-stimmten Situation mehr Zivilcourage gezeigt zu haben, genauso wie um die „großen Dinge", wie die Feigheit, die wahre Berufung nicht einmal gewagt und dafür einen wenig erfüllenden Beruf er-griffen zu haben. Ein Lebensweg, der sich durch Authentizität und Originalität auszeichnet, wird immer ein riskanter und von Widerständen geprägter. Ältere Menschen erzählen, dass die Din-ge, welche sie am meisten in ihrem Leben bereuen, jene sind, die sie nicht getan haben. George E. Vaillant dokumentiert in seinem Buch „Aging Well",[5] dass Menschen, die es sich in der Lebensmit-te zur Aufgabe machen, Spuren zu hinterlassen, in den folgenden Jahren dreimal so glücklich sein können als jene, die das nicht tun.

Retten wir die Universität des Lebens –
solange sie noch steht

Was ist die älteste Universität der Welt? Jüngste Forschungen gehen davon aus, dass diese in der ägyptischen Hafenstadt Alexandria lag, wo allein das bisher ausgegrabene Areal 5000 Lernenden Platz geboten haben musste. Aber die älteste und zweifellos größte Universität ist die Universität des Lebens. Die Lehrenden sind die Väter und Mütter, mindestens so wichtig aber die Großväter und Großmütter. Die Studierenden sind die Kinder. Was die Universität des Lebens neben ihrer Größe so einzigartig macht, ist das herrschende Prinzip des Lernens. Denn die Dozenten, also die ältere Generation, sind gleichzeitig die Lernenden, weil sie von den Jungen mit ihren Fragen immer wieder gefordert sind, ihr Wissen in Frage zu stellen, und die Jungen sind immer auch die Forscher, denn sie stellen die Fragen, wollen Neues entdecken. Die Hörsäle der Universität des Lebens sind die Wohnungen, Häuser, Bauernhöfe und oft auch nur die Hütten der Familien, genauso wie die Parks, Dorfplätze, Wiesen und Wälder, überall dort, wo Junge und Alte sich treffen können.

Doch immer mehr Hörsäle leeren sich, die Studenten und Lehrenden finden nicht mehr zueinander und leiden. Die Dozenten leiden mehr, denn all ihr Wissen und ihre Erfahrung liegen ab dem Zeitpunkt, wo diese besonders reif und wertvoll sind, völlig brach. Wie Felder, die nicht bestellt werden, verrottet die riesige Bibliothek des lebenden Gesamtwissens der Menschheit. Es gibt zwar ehrgeizige Projekte, wie jede Sekunde des Webs zu speichern und so für die Ewigkeit zu sichern, aber im Gedächtnis der Menschheit tauchen immer mehr weiße Flecken auf, für die sich niemand verantwortlich fühlt. Die Jungen sind viel zu beschäftigt mit sich selbst, um begreifen zu können, dass es nicht nur des digitalen, schnell verfügbaren Wissens des Webs, sondern, noch viel wichtiger, des lebenden Wissens einer ganzen Generation bedarf, um zu lernen.

Die Erzählungen der Großmutter, wie es ist, wenn einem zweimal im Lauf seines Lebens alles genommen wird, was man sich aufgebaut hat, entfalten eine andere Wirksamkeit auf das moralische Bewusstsein junger Menschen als die über den Verfall der Ethik in der Wirtschaft diskutierenden Experten in der Talkshow. Ich kann heute noch die Freude mitspüren, von der mir meine Großmutter erzählt hat, als ihr verschollen geglaubter Bruder zwei Jahre nach dem Ersten Weltkrieg plötzlich vor der Tür stand, nachdem er zu Fuß aus den Tiefen Russlands zurückgekehrt war. Immer wieder ließ ich mir als Kind von ihr diese Geschichte erzählen. Das war etwas anderes, als eine Fernsehdokumentation zu sehen oder ein Buch über den Ersten Weltkrieg zu lesen. Und ich werde nie jenen 1. Mai 1986 vergessen, als ich, fünf Tage nach der Katastrophe von Tschernobyl, mit einer Freundin einen Ausflug ins Grüne machte. Unser Umweltminister hatte laut verkündet, dass wir in Österreich völlig ungefährdet von der Strahlung im „weit" entfernten Unglücksort seien. Meine Großmutter warnte mich davor, bat mich, unbedingt zu Hause zu bleiben. In meiner grenzenlosen Naivität war ich davon überzeugt, dass es ein Umweltminister nie wagen würde, bei einer derartigen Gefährdung der Bevölkerung die Wahrheit zu unterschlagen. Nun, wie wir heute alle wissen, hatte meine Großmutter recht. Nicht weil sie hätte wissen können, dass der Regen die radioaktive Strahlung natürlich auch nach Österreich und Deutschland getragen hatte, sondern weil sie zu oft in ihrem Leben von Regierungen in Kriegen angelogen worden war, um ihnen in Krisensituationen noch Glauben zu schenken.

Aber es geht bei Weitem nicht nur um die Vermittlung eines Geschichtsbildes aus der Sicht der Betroffenen, sondern um echtes Wissen. Der amerikanische Philosoph und Schriftsteller Mortimer J. Adler wurde 98 Jahre alt. Wann immer man ihn nach seinem Geheimnis fragte, antwortete er je nach Laune entweder kurz mit „Arbeit" oder länger, seinen Lieblingsphilosophen Aristoteles zitierend: „Lernen ist eine Tätigkeit, die man sowohl im

Alter als auch in jungen Jahren mit voller Kraft ausüben kann."
Er ging nie in den Ruhestand, sondern plante immer das nächste
Buch oder Seminar. Viele bedeutende Wissenschaftler, Künstler
und spirituelle Lehrer sind weit über 70 und arbeiten mit voller
Kraft. Der visionäre Medizin-Nobelpreisträger Christian de Duve
ist 93 Jahre, der wichtigste lebende Leadership-Experte Warren
Bennis 85 Jahre, der von mir so oft zitierte David Steindl-Rast ist
84 Jahre, Frank Gehry, der Architekt des Guggenheim Museums
in Bilbao, 81 Jahre, der Entdecker des *flow*, Mihaly Csikszent-
mihalyi, ist 76 Jahre, der große Künstler Christo, der den Berliner
Reichstag verhüllte und den Central Park in New York verwan-
delte, 75 Jahre. Seit mehr als 20 Jahren arbeitet die 87-jährige
Swetlana Geier an der Übersetzung der fünf großen Romane
Dostojewskis und gilt als größte Übersetzerin russischer Literatur
ins Deutsche. Der berührende Porträtfilm „Die Frau mit den 5
Elefanten" nähert sich ihrer Geschichte, ihrem disziplinierten
Alltag zwischen Kochen, Bügeln und Übersetzen – und verknüpft
dabei all die großen und kleinen, aber jedenfalls gleich bedeu-
tenden Momente zu einem einzigartigen Lebensbild.

Diese ganz verschiedenen Persönlichkeiten verbinden aus
meiner Sicht drei Eigenschaften:

1. Sie werden von gesundheitlichen Leiden geplagt, haben immer mehr Probleme mit dem Reisen, aber sie jammern nicht.
2. Sie haben etwas weiterzugeben und aufgrund ihrer Reputa-
   tion und ihres einzigartigen Talents sind sie gefragte Lehrer
   und Vortragende.
3. Sie alle haben die Stufe des hohen Alters angenommen.

Wäre es nicht eine schöne Vorstellung für jeden von uns, im Alter
etwas weitergeben zu können und zu dürfen? Um an der Universität des Lebens lehren zu können, muss man kein Nobelpreisträ-
ger oder großer Künstler sein. Sowohl für den Einzelnen als auch
für die ganze Kultur einer Gesellschaft ist es wichtig, dass reife

Menschen das weitergeben können, was sie sich angeeignet haben. Für den Einzelnen heißt es, Ja zu dieser Aufgabe zu sagen. Für uns alle heißt es, Ja zu den Alten zu sagen und die Universität des Lebens offen zu halten, auch für die nächste Generation.

Leben heißt Ja sagen

Wie jede Blüte welkt und jede Jugend
Dem Alter weicht, blüht jede Lebensstufe,
Blüht jede Weisheit auch und jede Tugend
Zu ihrer Zeit und darf nicht ewig dauern.
Es muss das Herz bei jedem Lebensrufe
Bereit zum Abschied sein und Neubeginne,
Um sich in Tapferkeit und ohne Trauern
In andre, neue Bindungen zu geben.
Und jedem Anfang wohnt ein Zauber inne,
Der uns beschützt und der uns hilft, zu leben.

Bereits im ersten Absatz seines Gedichts „Stufen" lässt Hermann Hesse erkennen, worin für ihn die Weisheit des Lebens steckt: Dass der Mensch in jeder Phase seines Lebens voll Verlangen nach Glück ist, dieses jedoch nie lange erträgt und daher immer weiter wachsen muss, von Stufe zu Stufe. Und deshalb gehe es darum, jede dieser Stufen im Leben anzunehmen, den Tatendrang, die Ungeduld und die Unwissenheit der Jugend genauso wie eben die Beschwerden, die Einschränkungen, aber auch die Freuden des Alters. Und so sei ein Alter, der die weißen Haare hasst und die Todesnähe fürchtet, genauso ein unwürdiger Vertreter seiner Lebensstufe wie ein Junger, der ständig über die Belastungen des Studiums oder die Mühen seiner täglichen Arbeit klagt. Für Hesse kann jede Stufe die beste Stufe eines Lebens sein. Leben heißt für Hesse immer wieder „Ja" sagen zu sich selbst. Nur der Abschluss einer Stufe befähigt den Menschen, die nächste zu nehmen. Weder verleugnet Hesse die Opfer und den Verzicht, die man im Alter bringen muss, noch idealisiert er die Krankheiten und Beschwerden. Aber für ihn ist auch diese Stufe des Lebens eine wie alle anderen, die es gelte anzunehmen wie sich selbst:

„Um als Alter seinen Sinn zu erfüllen und seiner Aufgabe gerecht zu werden, muss man mit dem Alter und allem, was es mit sich bringt, einverstanden sein, man muss Ja dazu sagen. Ohne dieses Ja, ohne die Hingabe an das, was die Natur von uns fordert, geht uns der Wert und der Sinn unserer Tage – wir mögen alt oder jung sein – verloren, und wir betrügen das Leben."[6]

1   Richard J. Leider – David A. Shapiro: Lass endlich los und lebe, Heidelberg 2004, S. 41

2   Alle Zitate von Richard Leider in diesem Buch, die nicht mit einer Quellenangabe aus seinen eigenen Büchern versehen sind, stammen aus einem mehrstündigen Interview, das ich am 13. November 2009 in Minneapolis mit ihm geführt habe.

3   Richard J. Leider – David A. Shapiro: Lass endlich los und lebe, Heidelberg 2004, S. 204 f.

4   Das Interview mit Thomas Bubendorfer fand am 24. März 2010 statt.

5   George E. Vaillant: Aging Well: Surprising Guideposts to a Happier Life from the Landmark Harvard Study of Adult Development, Boston 2003

6   Hermann Hesse: Lebenszeiten, Frankfurt am Main 1994, S. 223 f.

II.

Die Möglichkeit des Lebens

Die kleinen Todsünden – Unachtsamkeit, Sprachlosigkeit, Lieblosigkeit, Zeitverschwendung und gute Vorsätze

Der Benediktinermönch David Steindl-Rast hielt im November 2009 einen Vortrag in Wien, der um 20.00 Uhr enden sollte. Ich hatte ihn danach als Ehrengast zum Abendessen im Kreis einiger Freunde eingeladen. Es erwies sich aber in der Praxis noch weit schwieriger, Bruder David von seinen Bewunderern, die alle lange mit ihm reden wollten, loszueisen, um ihn zu dem vereinbarten Abendessen zu bringen, als ich das ohnehin erwartet hatte. Jedem Einzelnen schenkte er seine volle Aufmerksamkeit, umarmte ihn, berührte ihn. Anschließend warteten im benachbarten Café ein bekannter Theologe, eine Dissertantin und die Veranstalter auf ihn. Es war in der Zwischenzeit weit nach 21.00 Uhr und ich musste ständig an meine abwesenden Freunde im Restaurant denken. Alle, die noch um den Tisch saßen, empfand ich als gefährliche Bedrohung, weil jeder von ihnen als Nächster eine Frage an Bruder David stellen konnte, die dieser dann freundlich und ausführlich beantworten würde. Andererseits meinte ich auch eine verdeckte Abneigung zu spüren, denn schließlich war ich es ja, der in ihr Territorium eingedrungen war, um ihren begehrten Gast zu entführen.

Der verzweifelte Blick

Nach weiteren 45 Minuten schien es endlich so weit zu sein, das Taxi wartete schon mit laufendem Motor vor der Tür und ich wollte Bruder David gerade sorgsam, aber mit der Entschiedenheit des Bodyguards eines Präsidenten zum Ausgang geleiten, da sprach mich plötzlich eine ältere Frau an und zog mich zur Seite: „Ich muss unbedingt kurz mit Ihnen sprechen." Ich versuchte ihr klarzumachen, dass ich jetzt absolut keine Zeit hätte, gab ihr meine Visitenkarte mit der Bitte mich anzurufen, sah, dass sich schon wieder eine Menschengruppe um Bruder David gebildet hatte, verfiel fast in Panik und musste feststellen, dass sich die Frau einfach nicht abschütteln ließ. Ich konnte meinen Ärger kaum beherrschen. Da sie merkte, dass ich mich wieder abwenden wollte, ergriff sie meine Hand und holte tief Luft, bevor es aus ihr herausbrach: „Ich muss Ihnen einfach Danke sagen, für Ihr Buch und alles, was Sie tun."

Sie brachte mich mit diesem Satz völlig aus der Fassung, wie wenn man einen Schlafenden mitten aus seinen tiefen Träumen durch heftiges Rütteln plötzlich herausreißt. Sie sah mich an und schwieg. Ich fühlte mich beschämt, das merkte sie natürlich. In all dem Trubel um Bruder David hatte ich einen Menschen übersehen, der mir einfach nur Danke sagen wollte. Ich hatte mit meiner totalen Fixierung auf mein Ziel, Bruder David zum Abendessen mit meinen Freunden zu bringen, gegen eines der wichtigsten Dinge verstoßen, die er mich gelehrt hatte: Die Qualität des Lebens liegt im Hinschauen, nicht im Wegschauen, in der Achtsamkeit, nicht in der Unachtsamkeit.

Ich hatte diese Frau nicht einmal eines Blickes gewürdigt. Eine Frau, die sicher gemerkt hatte, wie sehr ich unter Stress stand und trotzdem den Mut gefasst hatte, die Gelegenheit zu nutzen, mich anzusprechen und ein paar Worte mit mir zu wechseln. Was ist wohl in ihr vorgegangen? Wie viel Mut hatte es mich selbst oft gekostet, jemanden für mich Wichtigen nach einer Veranstaltung anzusprechen? Wie groß war immer die Erwartung an diese erste Reaktion in dessen Gesicht, an der ich sofort erkennen konnte, ob es ein ehrliches Interesse für mein Anliegen, vor allem für mich als Mensch gab? Und wie großartig ist dann das Gefühl, wenn sich der andere tatsächlich auf ein Gespräch einlässt, einem in die Augen schaut, das wertschätzt, was man sagt. Und wie frustrierend, ja manchmal erniedrigend ist es, wenn man erkennen muss, dass man abgewiesen wird, entweder mit professioneller Freundlichkeit oder gar mit distanzierter Glätte. In solchen Momenten verfällt man schnell in Selbstzweifel, wenn das davor künstlich aufgeblähte Selbstbewusstsein innerhalb von einer Sekunde zusammenschrumpft wie ein Luftballon, dem die Luft durch ein Loch entweicht. Manchmal schleppt man dieses miese Gefühl dann tagelang mit. Das ursprünglich so positive Gefühl, das man für den anderen hatte, wandelte sich in Zorn und Ärger. Warum kann man so genau das Gesicht eines Menschen lesen, von dem man etwas will, um dann so völlig unfähig zu sein, die Hoffnung eines anderen Menschen, der uns die gleiche Qualität des Hinschauens schenkt, zu erkennen? Genau das hatte ich der Frau angetan, dieser Frau mit dem verzweifelten Blick, den ich noch lange nicht vergessen werde.

Der zweite Eindruck – nicht jeder, der wankt, ist ein Alkoholiker

Human V. arbeitet als Pfleger von MS- (Multiple Sklerose) Patienten in einem speziellen Wohnheim. „Das Allerwichtigste, was ich hier gelernt habe, ist, die Welt ohne Vorurteile zu sehen. Ich habe gleich am Anfang eine Bewohnerin betreut, die ich in meiner Zeit davor öfter bei einer U-Bahn-Station gesehen habe, die bekannt für ihre Drogenszene war. Sie fiel mir vor allem deshalb auf, weil sie so einen unsicheren Gang hatte und manchmal sogar torkelte. Da sich in dieser Gegend die Drogensüchtigen und Gestrandeten tummelten, war ich damals überzeugt, dass auch sie eine Alkoholikerin sei. Erst hier auf der MS-Station habe ich dann herausgefunden, dass sie damals schon schwer an MS erkrankt war und sich einfach so lange wie möglich ohne fremde Hilfe durchschlagen wollte. Sie war in Wahrheit so oft dort, weil sie immer makrobiotische Nahrung in einem Geschäft in der Nähe gekauft hatte. Ich habe sie dann auch darauf angesprochen und ihr gebeichtet, dass ich sie für eine Alkoholikerin hielt. Sie war dankbar für meine Offenheit und sagte dann nur: ‚So geht es mir seit 15 Jahren.'"

Was Human V. anderen weitergeben möchte, ist, dass man Menschen, die man nicht kennt, nicht abstempeln darf. Natürlich können wir uns nicht gegen die Macht des ersten Eindrucks wehren, aber wir sollten zumindest manchmal einen zweiten, genaueren Blick wagen. Erst durch seine intensive Arbeit als Pfleger habe er gesehen, wie viele Menschen aufgrund ihrer Krankheiten auf der Straße nicht gerade gehen können, obwohl sie keine Alkoholiker sind.

Die Unterlassung

Ich habe viel von meinem Geld für Alkohol, Frauen und schnelle Autos ausgegeben. Den Rest habe ich einfach verprasst.

George Best

Wir gehen unseren Lebensweg entlang und begegnen allen möglichen Problemen. Wenn man über eine belebte Einkaufsstraße geht, wird das zum Slalomlauf zwischen den Bettlern. Sie bekommen den Hilfe suchenden Blick eines anderen Menschen und dann müssen Sie die Fortsetzung dieses Blicks in Ihr Inneres weiter verfolgen. Da wird man manchmal müde, den Blick der Bettler überhaupt zu akzeptieren. Man hat ein schlechtes Gewissen, vielleicht denkt man auch daran, dass einem das selbst widerfahren könnte oder rechtfertigt sich mit dem Gedanken daran, dass die meisten zu professionellen Banden gehören und ohnehin fast nichts von dem Geld behalten dürfen. Wenn einen dieser Blick dann doch trifft, funktioniert die Blockade nicht so gut. Das lässt sich nicht auf die Frage reduzieren, ob man einem Bettler etwas gibt oder nicht, das hat viel mehr mit uns selbst zu tun als mit dem Bettler.

Ein guter Freund von mir, der anderen in seinem Umfeld immer sehr geholfen hat, entwickelte eine persönliche Beziehung zu einem Verkäufer einer Obdachlosenzeitung, der stets in der Nähe seines Hauses stand. Er tauschte sich mit ihm über den Gang der „Geschäfte" aus. Einmal beklagte er sich über einen großen Kredit, den ihm seine Hausbank gerade für ein Projekt fällig gestellt hatte. Der Obdachlose antwortete: „Meine Geschäfte gehen in der Krise auch deutlich schlechter." Auf diese Weise fand er heraus, dass der Obdachlose von der Krise durch nachlassende Spendenbereitschaft so getroffen wurde wie er durch die mangelnde Kreditbereitschaft der Banken. Er gab ihm großzügig Geld, aber so maßvoll, das der damit beschaffte Alkohol nicht das Leben seines „Geschäftspartners" gefährden konnte. Dann verschwand dieser trotzdem und kam nie mehr wieder. Mein Freund fand heraus, dass er gestorben war. Und plötzlich machte er sich Vorwürfe, dass er ihn nicht einmal zum Essen eingeladen hatte. Aus meiner Sicht eine ziemlich überzogene Form der moralischen Selbstgeißelung, noch dazu für einen derart sozialen Menschen wie ihn. Aber er aus seiner Sicht hatte das Gefühl, etwas unterlassen zu haben, und das machte ihm zu schaffen. Es dauerte lange, bis ich begriff, worum es ihm ging: Es war seine Überzeugung, dass ihn die Tatsache, dass er es oft richtig gemacht hatte, nicht von der nächsten Prüfung befreite. Das kann bei jedem etwas anderes sein. Es hat immer damit zu tun, sich einer Sache oder eines Menschen anzunehmen. Der eine übernimmt eine Patenschaft für ein Kind, ein anderer arbeitet selbst an der Errichtung eines Spitals mit und ein dritter gibt jemandem, der verzweifelt zu ihm kommt, Hoffnung. Die Angebote im Leben, menschlich nicht zu versagen, sind unvorstellbar reichlich. Der „Ich habe schon gegeben"-Aufkleber schützt zwar davor, nochmals vom Roten Kreuz angesprochen zu werden, aber er beinhaltet die Gefahr, den

Ruf, der für uns bestimmt ist, nicht zu hören. Der erste Schritt ist immer das Erkennen, dass das ein Angebot an uns war: „Du bist gemeint, niemand anderer."

„Wie geht es Dir?"

Hinter der Frage „Wie geht es Dir?" steckt meist die Aufforderung zur Beihilfe zur kleinen Unaufrichtigkeit. Der, der fragt, will natürlich alles, nur ja nicht wissen, wie es dem anderen wirklich geht. Oft ersetzt die Frage auch nur die Grußformel „Guten Tag" oder soll die Peinlichkeit übertünchen, dass man den Namen des anderen vergessen hat. Der andere antwortet reflexartig mit „Danke, sehr gut" und, so er gut erzogen ist, fügt er noch „Und wie geht es Dir?" an, was dem ursprünglich Fragenden die Chance gibt, mit „Danke, sehr gut" zu antworten. Damit ist eigentlich alles gesagt. „Mir geht's gut und wie geht's Dir, geht's Dir genauso gut wie mir?" ist die Kurzformel für das absolute Desinteresse am anderen. Es sei denn, beide fühlen sich verpflichtet, das Gespräch noch ein bisschen auszudehnen. „Hast Du schon gehört, dem Hubert geht es gar nicht gut", wird der Kreis der Belanglosigkeiten dann um eine Runde erweitert. „Das ist aber schade, was hat er denn?" usw.

Überzeugungstäter auf dem Gebiet der konsequenten Nichtkommunikation finden auf Partys und Empfängen besonders geeignete Tatorte. Während sie scheinbar in ein Gespräch vertieft sind, suchen sie ständig nach einer aus ihrer Sicht größeren Beute als der, mit der sie sich gerade unterhalten. Sobald sie ein Opfer entdeckt haben, starten sie grußlos auf dieses zu. In Filmen sieht man oft Soldaten von Eliteeinheiten, die mit Nachtsichtgeräten ausgestattet sind, die es ihnen erlauben, die Feinde in der völligen Dunkelheit zu erkennen. Vielleicht wird es auch einmal eine Brille geben, mit der man den unterschiedlichen sozialen Status von Menschen innerhalb einer großen Menge identifizieren kann. Das würde den sozialen Hochwildjägern die Arbeit deutlich erleichtern. Doch warum spielen fast alle immer mehr oder weniger willig mit bei diesem kindischen Spiel?

Eines der großen Rätsel menschlichen Verhaltens ist, dass wir davon ausgehen, mit unseren Ängsten und Sehnsüchten einzigartig zu sein, und daher versuchen wir diese vor den anderen zu verbergen. Gerade wenn es uns schlecht geht, wenn wir angeschlagen sind, werden wir besonders anfällig für die Annahme, dass es allen anderen großartig geht. Aus Sorge, dass andere unsere Schwächen ausnutzen oder unsere Befürchtungen lächerlich finden könnten, verstecken wir uns hinter oberflächlichen Floskeln und Ritualen. Der große islamische Gelehrte Rumi nannte es das „offene Geheimnis", weil es so offensichtlich ist. Wenn wir einen Bekannten nach längerer Zeit zufällig wiedersehen, steht es um unsere Ehe, die Kinder oder den Job einfach bestens. Das ist dann beim anderen, wenig überraschend, natürlich genauso. Alles reduziert sich daher auf einen Austausch von harmlosen Unehrlichkeiten, dargeboten in der Qualität von ambitionierten Laienschauspielern. Es wäre uns peinlich oder auch zu aufwendig, andere mit unserer tatsächlichen Befindlichkeit zu konfrontieren. Warum sollten wir die Decke, unter der unsere Sorgen, Gefühle, Ängste und Begierden so gut verborgen sind, anderen gegenüber auch nur kurz lüften, nur weil uns jemand „Wie geht es dir?" fragt. So gleichen viele Gespräche des Alltags unbewusst eher den Dialogen in der Sandkiste – „Wenn Du mir Deines nicht zeigst, dann zeige ich Dir auch meines nicht" – als der Kommunikation zwischen erwachsenen Menschen.

Die Ironie ist, dass genau jene Dinge, die wir unbedingt vor anderen verbergen wollen, natürlich kein Geheimnis sind, weil sie jeder Mensch in seinem Herzen trägt. Würden wir unser krampfhaft verstecktes Geheimnis zeigen, käme schnell heraus, dass wir eben alle auch eine dunkle, traurige, ängstliche Seite haben, die uns von unseren Mitmenschen nicht unterscheidet, sondern uns mit ihnen sogar verbindet. Das ist auch der Grund, warum sich ein frisch Geschiedener mit einem wildfremden anderen frisch Geschiedenen sofort vertraut fühlt. Doch dieses Band verbindet nicht nur den Verlassenen mit dem Verlassenen und den Überlebenden mit dem Überlebenden, sondern es könnte alle verbinden. Rumi lehrt uns, dass in dem Augenblick, wo wir aufhören würden, uns vor den anderen zu verstecken, sich eine Türe in beide Richtungen öffnen würde. Rumi verlangt nicht, dass wir diese Türe schnell aufreißen, sondern dass wir ganz vorsichtig einen Blick auf unser Inneres freigeben. Wenn man seine eigene Türe auch nur einen Spalt öffnet, dann gewinnt die Frage „Wie geht es dir?" eine ganz andere Qualität.[1] Denn irgendwann werden wir in jedem Fall vor einer verschlossenen Türe stehen, hinter der wir das große Unbekannte vermuten. Wenn wir bis dahin immer wieder die Gelegenheit genutzt haben, anderen die Türe zu unserem Selbst zu öffnen, wird es uns auch leichter fallen, diese letzte Türe zu öffnen.

Human V. hat mir erzählt, dass ihn einer seiner querschnittgelähmten Bewohner jeden Tag fragte, wie es ihm denn gehe. „‚Sehr gut‘, habe ich immer geantwortet. Meistens war das auch ehrlich, und wenn ich einmal Kopfschmerzen hatte, dann kam mir das so lächerlich vor im Vergleich zu dem, was meine Patienten erdulden mussten. Eines Tages hat mir dieser Mann dann gesagt: ‚Du bist nicht ehrlich zu mir, Human. Es gibt keinen Menschen, dem es 365 Tage im Jahr gut geht. Wenn Du einmal Kopfschmerzen hast, dann ist das auch für Dich eine Beschränkung. Vergleiche Dein Leiden nicht mit anderen.‘" Sogar das mit den Kopfschmerzen hatte der Bewohner richtig erraten, obwohl er es bis dahin gar nie angesprochen hatte. Human V. merkte, dass sich dieser Bewohner wirklich für ihn interessiert hatte und das „Wie geht es dir?" nicht nur eine Floskel war. Er begann sein Verhalten auch anderen Bewohnern gegenüber zu ändern, und auf einmal wurden die Gespräche tiefer, die Patienten freuten sich ehrlich an seinen Urlauben, sogen seine Erzählungen von Meer und Strand auf und konnten an seinen Erfahrungen teilhaben, die ihnen für immer verwehrt bleiben würden. Sie nahmen Anteil an seinem Leben und er an ihrem. Er wagte es dann immer öfter, ihnen ehrlich zu sagen, wenn es ihm einmal wirklich nicht gut ging.

Es gebe viele Beispiele, wo Menschen besonders achtsam miteinander umgehen. So habe er beobachtet, wie ein Bewohner von einem ebenfalls schon alten Freund besucht wurde und sich die beiden im Kaffeehaus getroffen hätten. Der eine fragte den anderen: „Wo möchtest Du sitzen?" Der andere antwortete: „Auf welchem Ohr hörst Du denn besser?" Es ist dieses genaue Hinhören und Hinschauen, das uns die Türen zum anderen öffnet. Das offene Geheimnis des Mitmenschen verbirgt sich in den kleinsten Falten seines Gesichts, in den Zwischentönen seiner Sprache und in den nur erahnbaren Reaktionen seiner Gestik. Wie leicht sind diese zu überhören und übersehen, zum Teil aus Ignoranz, zum Teil aus Unfähigkeit und zum großen Teil, weil wir es einfach nie gelernt haben. Und wenn wir schon so oft an der Kommunikation in den kleinen Dingen scheitern, wie schwer tun wir uns erst, wenn es um die ganz großen geht.

Die nicht kommunizierte Liebe

Der Schmerz einer zerstörten Hoffnung lässt nicht so schnell nach. Trotzdem tun wir uns schwer, dem anderen, der uns so tief getroffen hat, dafür einen Vorwurf zu machen. Nicht weil er aus Ahnungslosigkeit und ohne den Willen, uns zu verletzen, gehandelt hat, können wir ihm nicht die Schuld am Herzstich geben, sondern weil wir die wahre Ursache nur zu genau kennen – unsere Unfähigkeit, Liebe zu kommunizieren. Du lernst jemanden kennen, Du triffst Dich mit ihm, Du entdeckst viele Gemeinsamkeiten, Du gehst ins Kino und der Wunsch, dem anderen Deine Liebe zu gestehen, wird immer größer. Um wie vieles ist es leichter, in der Fantasie gemeinsame Reisen zu planen, als die entscheidenden Worte zu sprechen. Du siehst Dich stolz mit Deinem neuen Lebenspartner durch die Straßen spazieren und stellst ihn Deinen besten Freunden vor. Du bist so richtig verliebt, wagst es aber nicht, dem anderen die entscheidende Frage zu stellen, lieber sprichst Du stundenlang mit einem Vertrauten darüber. Du begehst eine der größten Sünden überhaupt – die Sünde der nicht kommunizierten Liebe; die nicht kommunizierte Liebe zu sich selbst, zu seinem Partner, zum heimlich Geliebten, zu seinen Kindern und zu seinen Eltern. Und so schieben wir das auszusprechen, wonach wir uns am meisten sehnen, ununterbrochen vor uns her, oft bis es zu spät ist. Die „nicht kommunizierte Liebe" kann ein so großes Loch in unser Seelenheil reißen, dass wir sie in unserer letzten Stunde nicht mehr mit einer einfachen Plombe ausfüllen können. Das fühlt sich an wie Zahnschmerzen im Herzen, gegen die es kein Mittel gibt. Ein Leben ohne Liebe ist immer ein unvollendetes Leben. Sprachlosigkeit ist für die letzte Stunde sehr gefährlich. Alle unausgesprochenen Worte der Liebe kommen dann noch einmal hoch.

Ob, wenn wir sterben, unser ganzes Leben nochmals an uns vorüberzieht, wie das viele „Nah-Tote" erzählen, wissen wir nicht. Sicher ist, dass wir alle unerfüllten Wünsche umso stärker spüren, je älter wir werden. Irgendwann kann man Liebe nicht mehr aussprechen oder es ist zu spät, wie bei Cyrano de Bergerac und Roxane. Wir fürchten uns vor der Unumkehrbarkeit des Krebses, aber wir haben keine Ahnung, welche schmerzhafte Not in der Magengrube entstehen kann, wenn wir es aus welchem Grund auch immer nicht zuwege gebracht haben, unsere Liebe rechtzeitig auszudrücken.

Wenn Dir heute der Mut gegenüber einem ganz bestimmten Menschen, der Dir wichtig ist, fehlt, dann hole Dir Deine letzte Stunde als Freund und siehe die Situation aus dieser Perspektive. Das schafft Klarheit. Ist es eine verspielte Laune, Abenteuerlust, der kindische Wunsch nach Selbstbestätigung? Oder geht es um etwas viel Tieferes, von dem man schon jetzt ahnt, dass einen jedes innere Aufflackern dieser nie ausgesprochenen Liebe noch lange das Herz zusammenziehen wird? Es wird dann auf einmal ganz einfach. Allein der Gedanke an die letzte Stunde kann unsere Zunge lösen, lange bevor es zu spät ist.

Das letzte Spiel – wer nach 30 Jahren Ehe zuerst die Wahrheit sagt, hat verloren

Untersuchungen zeigen, dass die durchschnittliche Gesprächszeit zwischen Paaren ab dem 15. Jahr bei weniger als 5 Minuten am Tag liegt. Selbst wenn die letzte Stunde immer näher rückt, ist es für Partner, die seit Jahren in die Sprachlosigkeit abgerutscht sind, schwer, die Kommunikation miteinander wieder aufzunehmen. Dann fordert der kranke Mann zum Beispiel vom Arzt, seiner Frau ja nichts über seinen ernsten Zustand zu sagen, weil diese ihn nicht ertragen könnte. Die Frau wiederum weiß natürlich über seine Krankheit Bescheid und will ihrerseits vom Arzt, dass er ihren Mann mit der Wahrheit verschonen möge. Und das nach 30 Jahren Ehe. Erst ein Seelsorger hilft ihnen, sich endlich ehrlich auszusprechen. Beide waren ungeheuer erleichtert, die Täuschung aufgeben zu können und zumindest in der kurzen Zeit, die ihnen noch blieb, ehrlich miteinander umzugehen und viel von dem zu sagen, was sie einander schon lange sagen wollten. Die letzte Stunde ist kein Anlass, wie in unserer Kindheit „Verstecken" zu spielen.[2]

Gutgemacht

„Gefühle verstecken"-Spielen ist nicht nur ein vertrautes Spiel dem Partner, sondern auch den Eltern und Kindern gegenüber. Das „Mama, ich habe Dich lieb" des Kindes wird im Lauf des Lebens genauso wie das „Ich bin stolz auf Dich" der Eltern immer seltener. Niemand käme auf die Idee, einer Pflanze das Wasser zu verweigern, nur weil sie älter wird. Woher nehmen wir die Gewissheit, dass die Sehnsucht nach Bestätigung der Liebe im Alter ab- und nicht zunimmt, bei Kindern und bei Eltern?

Ich kenne einen sehr erfolgreichen Unternehmer, der trotz schwieriger Startbedingungen als Waisenkind eine unglaubliche Karriere gemacht hat. Natürlich wollte er seinen drei Kindern all das bieten, was er nicht hatte. Beste Privatschulen, ein Studium an einer Top-Universität im Ausland sollten ihnen ein tolles Leben ermöglichen. Zwei Kinder erfüllten diese Erwartungen, ein Sohn ist heute bei einer internationalen Unternehmensberatung tätig, die Tochter eine sehr erfolgreiche Anwältin. Nur der älteste Sohn fiel aus dem Rahmen. Zwar war er der begabteste Schüler seiner Klasse, machte das Abitur seinem Vater zuliebe sogar mit hervorragenden Noten, doch danach weigerte er sich, zu studieren, zog in eine kleine Genossenschaft auf dem Land und lernte das Tischlerhandwerk. Er lebte richtig auf und liebte es, ohne Druck handwerklich hochwertige Produkte herzustellen. Das Verhältnis zu seinem Vater blieb zwar gut, doch wann immer sie sich zu längeren Gesprächen trafen, konnte dieser nicht widerstehen, ihn zu motivieren, ein ertragreicheres Geschäftsmodell für sich zu entwickeln. So könnte er doch die natürlich hergestellten Möbelstücke mit einem Markennamen versehen und direkt über das Internet vertreiben. Die Nachfrage nach Vollholzmöbeln sei steigend, das Marktpotenzial ließe sich mit geringen Vertriebskosten leicht erschließen. Er freue sich, dass sein Sohn so glücklich als Tischler sei, es störe ihn überhaupt nicht, er wolle ihm doch nur helfen, seinen Ertrag zu steigern, um auch zu ein bisschen mehr Wohlstand zu kommen. Der Sohn versuchte dann die Gespräche so schnell wie möglich zu beenden, ohne seinen Vater zu verärgern, der sich in seine Expansionspläne immer mehr hineinsteigerte.

Dann kam die Krise des Jahres 2008. Der Vater verlor fast alles, was er sich in den letzten 30 Jahren aufgebaut hatte. Er fand aber den Mut zum ersten ehrlichen Gespräch mit seinem Sohn seit langer Zeit: „Natürlich habe ich daran gelitten, dass Du nur Tischler geworden bist, das war für mich fast unvorstellbar, obwohl ich es nie direkt ausgesprochen habe. Heute ist eine Entschuldigung angebracht. Vielleicht waren meine Ideen für Dein Geschäftsmodell doch nicht so gut. Ich muss gestehen, dass ich von Dir gelernt habe, auch wenn es mir nicht leicht fällt, mir das einzugestehen. Du bist als Tischler im Augenblick eindeutig besser unterwegs als ich." Der Sohn umarmte seinen Vater und sagte nur einen Satz: „Du hast es gutgemacht."

Richard Leider erzählt mir von der letzten Begegnung mit seiner Mutter, die in der Intensivstation im Koma lag. Er kam gerade rechtzeitig von einem Seminar angereist, um sie noch lebend anzutreffen. Sie war nicht bei Bewusstsein und kämpfte schwer mit dem Atmen. Er war allein mit ihr in dem Zimmer und wusste nicht, was er tun sollte. Da stand er auf, nahm seine Mutter in die Arme und sagte: „Mutter, danke, es ist Zeit, zu gehen." Als er „Danke" gesagt hatte, öffnete sie plötzlich ihre Augen, machte noch zwei Atemzüge und verstarb dann in seinen Armen. „In diesem Augenblick habe ich mehr über Bestimmung gelernt als in all meinen Seminaren und Büchern. Diese Erfahrung war sehr konkret. Am Ende unseres Lebens brauchen wir keinen großen Schlussapplaus, wir brauchen so etwas wie eine Vervollständigung, eine Vollendung. Meine Mutter war ihr Leben lang eine Hausfrau, die sich um die Familie gekümmert hatte. Für sie war daher die Bestätigung wichtig, dass sie ihre Aufgabe gut erfüllt hatte."

„Und sprich nur ein Wort, so wird meine Seele gesund" muss nicht heißen, auf ein Wort Gottes zu warten, denn wenn Gott ständig in uns ist, können wir dieses eine Wort jederzeit selbst zu einem anderen sagen. Man muss kein gläubiger Christ sein, um die Kraft zu verstehen, die in dem einen Satz liegt, den wir einem Menschen sagen können, der sich danach sehnt. Diesen einen Satz irgendwann über seine Lippen zu bringen oder nicht, kann zwei Leben ändern: das eines anderen Menschen und das eigene.

Wir unterschätzen die Macht, die eine Berührung, ein Lächeln, ein freundliches Wort, ein offenes Ohr oder eine ehrliche Anerkennung haben kann. Dafür sollten wir uns alle Zeit der Welt nehmen, denn genau dort liegt unsere größte Sehnsucht. Wer sein Leben lang andere Menschen keines Blickes würdigt, wird in seiner letzten Stunde möglicherweise nicht sehr beachtet werden. Die Summe jeder ehrlichen Frage nach dem Wohl des anderen, jedes tatsächlichen Blickes, jeder aufrichtigen Berührung und jedes mutigen Wortes wird am Ende des Tages wieder zurückkommen.

Zeit ist Leben

„Ich habe keine Zeit gehabt" ist der wohl dümmste Satz, wenn man vor sich selbst ein Leben zu rechtfertigen versuchen will, in dem man all die Dinge, die einem wichtig gewesen wären, verpasst hat. Keine Zeit für etwas zu haben bedeutet nur, dass uns etwas anderes im Augenblick wichtiger ist. Und ein Leben, das aus einer Summe von solchen Augenblicken besteht, ist ein vergeudetes Leben. Die größte Plattheit in unserer Leistungsgesellschaft lautet: „Ab jetzt werde ich mir mehr Zeit nehmen für Freunde, Partner, Kinder usw." Das ist die Lebenslüge schlechthin. Gute Vorsätze gehören zu den schwächsten Motivationen überhaupt, sie funktionieren weder in den großen noch in den kleinen Dingen. „Ein guter Vorsatz ist ein Startschuss, dem meist kein Rennen folgt", hat der Schauspieler Siegfried Lowitz gesagt. So diskutieren wir intensiv darüber, dass die Ressourcen unseres Planeten begrenzt sind – und wir ändern wenig daran, wie wir leben, um diese sorgsamer zu nutzen. Wir wissen fast alles – aber wir tun fast nichts. Die wichtigste Begrenzung unseres eigenen Lebens verdrängen wir noch mehr.

Wir weigern uns, ein Joghurt zu essen, wenn dessen Ablaufdatum deutlich überschritten ist, aus Furcht vor dem ekelhaften

Geschmack verdorbener Milch. Dass wir aber unser eigenes Ablaufdatum gar nicht kennen, macht uns offensichtlich weit weniger Sorgen, wenngleich der bittere Geschmack einer unvorbereiteten letzten Stunde weit schlimmer ist. Das Ablaufdatum des Joghurts ist offensichtlich essenzieller für uns als das unseres Lebens. Wenn wir erkennen, wie wertvoll der Schatz der frei verfügbaren Zeit unseres Lebens ist, dann ist es manchmal zu spät. „Zeit ist eben nicht Geld", sondern „Zeit ist Leben". Die Wurzel unserer Zeitprobleme liegt nicht darin, dass wir zu wenig von dem scheinbar so knappen Rohstoff besitzen, sondern dass wir nie gelernt haben, mit ihm umzugehen.

„Nicht das Leben, das wir empfangen, ist kurz, nein, wir machen es dazu: wir sind nicht zu kurz gekommen; wir sind vielmehr zu verschwenderisch. Wie großer fürstlicher Reichtum in der Hand eines nichtsnutzigen Besitzers, an den er gelangt ist, sich im Augenblick in alle Winde zerstreut, während ein, wenn auch nur mäßiges Vermögen in der Hand eines guten Hüters durch die Art, wie er damit verfährt, sich mehrt, so bietet unser Leben dem, der richtig damit umzugehen weiß, einen weiten Spielraum."[3]

Leben heißt auswählen

„Sie litten alle unter der Angst, keine Zeit für *alles* zu haben, und wussten nicht, dass Zeit haben nichts anderes heißt, als *keine* Zeit für alles zu haben", schreibt Robert Musil in seinem viel zitierten und selten gelesenen Mammutwerk „Der Mann ohne Eigenschaften". Eine seiner wesentlichsten Erkenntnisse lässt sich in einem Satz zusammenfassen: Leben heißt auswählen.

Zeit kann man nicht speichern, nicht vermehren, nicht tauschen und auch nicht kaufen. Diese Tatsachen begründen auch die paradoxe Entdeckung des US-Wissenschaftlers Daniel Hamermesh: Menschen leiden umso mehr unter knapper Zeit, je reicher sie sind.[4] Eigentlich würde man ja genau das Gegenteil vermuten.

Wenn wir Assistentinnen, Haushaltshilfen oder gar einen Chauffeur hätten, würde unser Leben doch einfacher? Nie mehr anstellen, auf Handwerker warten oder in letzter Sekunde zum Supermarkt hetzen. Der naheliegende Grund, warum Reiche und Mächtige mehr unter Zeitdruck leiden als Normalbürger, könnte darin liegen, dass diese mehr und härter arbeiten. Doch Hamermesh entlarvt diese scheinbar plausible Erklärung. Die Wohlhabenden klagen nämlich auch dann unter Zeitmangel, wenn sie gar keiner Erwerbsarbeit nachgehen. Kennen wir nicht die mehr als gut versorgte Ehefrau mit Kindermädchen, die trotzdem ständig über ihren Stress klagt, oder den finanziell mit dem „goldenen Handschlag" verabschiedeten Exmanager, dem der Tag noch immer zu kurz ist?

Die Lösung dieses Widerspruchs liege ganz einfach darin, dass die Reichen viel mehr Möglichkeiten haben, ihre Wünsche zu verwirklichen. Nur wenige Bürger müssen sich den Kopf darüber zerbrechen, ob sie lieber die Geburtstagseinladung eines Freundes in der Toskana oder die Opernpremiere in New York wahrnehmen wollen. Mit einem Mächtigen wollen sich viel mehr Menschen treffen als mit einem Arbeitslosen. Umgekehrt wird gerade dem Arbeitslosen, der scheinbar so reich an Zeit ist, diese zur Last, weil er sich der ihm gewohnten materiellen Möglichkeiten beraubt fühlt, noch schlimmer aber mit seinem Job oft auch seinen Selbstwert verloren hat. Doch hier sollen keine Neidgefühle geschürt werden, denn ein Blick auf die Entwicklung der Lebenseinkommen seit dem Zweiten Weltkrieg zeigt sehr klar, dass wir alle reicher geworden sind, zumindest statistisch gesehen. Und daher haben wir alle mehr Möglichkeiten – und weniger Zeit.[5]

So haben die Bauersfrauen in den 1920er Jahren ohne Elektrizität und Maschinen deutlich weniger Zeit für die Hausarbeit verwendet als die mit Waschmaschine, Elektroherd und einer Armee von Haushaltsgeräten ausgestattete Hightech-Hausfrau des 21. Jahrhunderts. Warum? Die Ansprüche an Sauberkeit haben sich so gewaltig gesteigert, dass sie sich nicht mehr mit dem wöchentlichen Waschtag erfüllen lassen. Und in der Toilette killen wir jede einzelne Bakterie, von deren Existenz wir früher nicht einmal wussten. Denken wir an den Zeitaufwand, um beim Kauf eines Mobiltelefons das beste Gerät mit dem schicksten Design beim günstigsten Netzbetreiber zum billigsten Preis zu optimieren, anschließend die Bedienungsanleitungen zu lernen, das Zubehör auszuwählen, uns mit den zwangsläufigen Reparaturen herumzuschlagen, dann kommen wir schnell zu dem Schluss: Zeitsparende Maschinen und Techniken fressen unsere Zeit.

All das soll keine Verdammung unseres modernen Lebensstils sein, sondern zu der einfachen Erkenntnis zurückführen: Unser Zeitdruck entsteht nicht durch den Mangel an Zeit, sondern weil wir nicht bereit sind, auf etwas zu verzichten. Und so wird aus der Summe jedes einzelnen gestressten Tages in der letzten Stunde ein gehetztes Leben, in dem wir zwar immer beschäftigt waren, aber nie Zeit hatten. Unsere Gesellschaft ist großartig darin, ständig neue Bedürfnisse zu wecken – und die meisten von uns ganz schlecht darin, unsere eigenen noch zu spüren.

Wie man mit drei Tassen Tee die Welt verändert

In seinem Buch „Der Traum vom Frieden: Mein Schulprojekt für Pakistans Kinder" schildert der amerikanische Bergsteiger Greg Mortenson die bewegende Geschichte, wie er nach einem gescheiterten Versuch, den K2 zu besteigen, durch Zufall in einem entlegenen Dorf in Pakistan landete und den Bewohnern versprach, zurückzukehren, um eine Schule für die Kinder zu bauen. In einer beispielhaften Kraftanstrengung sammelte er Spendengelder in seiner Heimat, den USA, kaufte damit Baumaterial, brachte dieses nach Pakistan und hoffte, damit sein Versprechen erfüllt zu haben. Als er wiederkehrte, um das erfolgreich abgeschlossene Projekt mit einem Foto für seinen Sponsor zu dokumentieren, musste er entsetzt feststellen, dass die Dorfbewohner mit dem Material statt einer Schule die aus ihrer Sicht wichtigere Brücke zwischen zwei davor getrennten Ortsteilen gebaut hatten. Es gelang Mortenson trotzdem, seinen wichtigsten Geldgeber an Bord zu halten, wieder Baumaterial aufzutreiben, um dann beim zweiten Versuch den Schulbau persönlich vor Ort zu überwachen. Trotz seiner ständigen Bemühungen, die Dorfbewohner beim Bau der Schule anzutreiben, um seinen immer ungeduldiger werdenden Sponsor zu beruhigen, ging einfach nichts weiter. Als Mortenson völlig verzweifelt nahe am Aufgeben war, nahm ihn der Dorfälteste eines Tages in seine Hütte.

Er servierte ihm in aller Ruhe Tee, um Mortenson schließlich zu eröffnen: „Du machst hier alle verrückt. Wenn Du in Balistan Erfolg haben willst, dann musst Du unsere Lebensweise respektieren. Bei der ersten Tasse Tee mit einem Balti bist Du ein Fremder, bei der zweiten bist Du ein Ehrengast. Und bei der dritten gehörst Du zur Familie. Und für unsere Familie sind wir bereit, alles zu opfern, sogar unser Leben. Dr. Greg, Du musst Dir Zeit nehmen, diese drei Tassen Tee mit uns zu trinken. Wir mögen ungebildet sein, aber wir sind nicht dumm, sonst hätten wir die vielen langen Jahre hier nicht überlebt." In den USA muss immer alles ganz schnell gehen, sogar die Mittagessen dauern nur 20 Minuten. Mortenson lernte von dem Dorfältesten diese ganz andere Kultur kennen, sein Tempo scheinbar hinunterzufahren und dem Aufbau der zwischenmenschlichen Beziehungen genauso viel Aufmerksamkeit zu widmen wie der Umsetzung des Projekts. Die Grundmauern der Schule waren dann übrigens in drei Wochen fertig. Dieser Geschichte verdankt das Buch seinen Originaltitel „Three Cups of Tea".

Reisen wir aus der noch immer mittelalterlichen Gesellschaft der Bergregionen Pakistans in unsere westliche Gesellschaft, dann stellen wir überrascht fest, wie wichtig die Tasse Tee oder Kaffee für uns ist, wenn wir ihren wahren Wert erkennen. Umfragen haben herausgefunden, dass besonders für gestresste Frauen die

Tasse Kaffee am Morgen oft der glücklichste Moment des Tages ist. Diese Tasse Kaffee steht für eine der ganz wenigen Tätigkeiten im Lauf des Tages, die diese Frauen nur um ihrer selbst willen verrichten. Das hat daher wenig mit dem Koffein zu tun, sondern mit der Sehnsucht, der Zeitpeitsche, die sie unerbittlich durch den Tag treibt, zumindest kurz entfliehen zu können. Fühlen wir uns nicht manchmal wie ein Auto, dessen Motor zu viel Standgas eingestellt hat und daher selbst im Leerlauf auf zu hohen Touren läuft? Zu viele Menschen können Stille, Nichtstun und Muße gar nicht mehr aushalten, weil sie so daran gewöhnt sind, ihren gesamten Tag bis ins letzte Detail zu verplanen, in der völlig irrigen Annahme, diesen damit bestmöglich zu nutzen.

Wir sollten wieder lernen, Tätigkeiten zu kultivieren, die wir nur um ihrer selbst willen verfolgen. In der hektischen japanischen Gesellschaft hat sich die Teezeremonie als scheinbar völlig veraltetes Relikt erhalten, weil dieses Ritual Zonen der Langsamkeit und der Tiefe erlaubt. In den drei Tassen Tee in Pakistan, in der Teezeremonie in Japan, in der Tasse Morgenkaffee und in der Kultur der Kaffee- und Teehäuser steckt viel menschliche Weisheit. So ist auch der Spruch des vietnamesischen Mönchs Thich Nhat Hanh zu verstehen, zu anderen statt „Sitz nicht einfach nur da; tu irgendetwas" zu sagen, im Gegenteil „Tu nicht einfach irgendetwas; sitz nur da" von ihnen fordern.

Ist der richtige Umgang mit der Zeit ein Geheimnis, das nur einigen wenigen Weisen und Privilegierten zugänglich ist? Mitnichten. Zeitreich kann jeder werden, der für sich das Geheimnis im Gedicht von Jorge Luis Borges entschlüsseln kann:

Die Zeit ist ein Strom, der Dich mitreißt, aber Du bist der Strom.
Sie ist ein Tiger, der Dich zerfleischt, aber Du bist der Tiger.
Sie ist ein Feuer, das Dich verzehrt, aber Du bist das Feuer.

Ein erster kleiner Schritt, um der Todsünde der Zeitvergeudung abzuschwören, ist ganz einfach. Wenn Sie das nächste Mal „keine

Zeit" haben, stellen Sie sich zwei simple Fragen bezüglich jedes Begehrens, jeder Aktivität, die sich da Platz in Ihrem Leben machen will:

Muss ich es tun?

Will ich es tun?

Gute Vorsätze oder warum der innere Schweinehund jede Schlacht gewinnt – bis auf die letzte

„Der Weg zur Hölle ist mit guten Vorsätzen gepflastert", hat George Bernard Shaw erkannt. Im Vorsatz wissen wir ja ziemlich genau, was richtig wäre. Die Realität weicht dann ab. Es ist wissenschaftlich völlig unbestritten, dass regelmäßige Bewegung, gesunde Ernährung und Nichtrauchen nicht nur unser Leben im Durchschnitt um 7 bis 15 Jahre verlängern, sondern vor allem auch die Lebensqualität im letzten Lebensabschnitt. Obwohl wir das wissen, verstoßen die meisten in ihrem täglichen Leben konsequent gegen diese ganz einfachen Prinzipien. Der Grund, warum wir so oft mit unseren guten Vorsätzen scheitern, ist, dass unser Glaube, uns verändern zu wollen, unseren Willen, uns tatsächlich zu verändern, um ein Vielfaches übersteigt. Wie ein Gummiband werden wir von unseren guten Vorsätzen weg- und zur Selbstsabotage an unserer Gesundheit hingezogen. Das schlechte Gewissen lädt sich wie eine äußerst kurzlebige Batterie immer auf, wenn wir auf die Waage steigen, die letzte Etage ohne Lift nur keuchend erreichen oder am Morgen von Hustenanfällen geschüttelt werden, um dann innerhalb weniger Stunden auf das niedrige Ausgangsniveau zurückzufallen. Nur nach längeren Krankenhausaufenthalten wird das schlechte Gewissen schockartig auf einem hohen Niveau eingefroren, das aber spätestens nach einigen Wochen wieder abfällt. Einfach gesagt: Der innere Schweinehund feiert unser ganzes Leben lang klare Punktesiege über das schlechte Gewissen, kann sich aber nicht ewig über diesen Erfolg freuen, denn irgendwann holt sich das schlechte Gewissen schließlich den obersten Schiedsrichter als Verbündeten, der das Spiel unerwartet für immer beendet.

Auch der tägliche Kampf um den Punktestand in unserer Sozialbilanz ist mindestens so schwierig. Selbst wenn das Wissen, wie wichtig und lebensverlängernd unsere sozialen Kontakte für unsere nächsten Angehörigen und auch für uns selbst sind, noch nicht ganz so verbreitet ist wie die zuvor aufgezeigten Zusammenhänge unserer Gesundheitsbilanz, lassen die Fakten der wissenschaftlichen Langzeitstudien keinen Zweifel daran. Jene Zeit, die wir mit unseren Eltern, Kindern und engsten Freunden verbringen, fettet unsere Sozialbilanz gewaltig auf und kann durch keinen Zuwachs auf unserem Bankkonto ausgeglichen werden. Die „Harakiri-Methode", also die souveräne und dauernde Missachtung aller Prinzipien, um lange und glücklich zu leben, wird gerade in den westlichen Ländern in der täglichen Realität weit konsequenter praktiziert als Fitnesstraining, Yoga, Meditation oder Joggen.

Als ich von den schlimmen Folgen des Trinkens las, gab ich sofort das Lesen auf.

Henny Youngman

Gute Vorsätze sind meist schon aufgrund ihres völlig unrealistischen Anspruchs zum Scheitern verurteilt, wir erhöhen uns in unserer Fantasie und versagen in der Realität des Alltags. Nicht der radikale Weg des Yogi, des Mönchs oder des Fakirs ist den meisten Menschen möglich. Das ist auch gar nicht sinnvoll. Es geht nicht darum, sein Leben radikal zu ändern, das gelingt nur ganz wenigen.

Es geht um die zwei bis drei Prozent, die wir jeden Tag verändern könnten. Wenn ich an den mindestens 30 Jahren, die hoffentlich noch vor mir liegen, nur ein Prozent verändere, dann werde ich 2628 Stunden in einer zusätzlichen Qualität erleben.

2628 Stunden lang die Chance, einen Menschen genauer anzuschauen, in einem Gespräch genauer hinzuhören, zu lachen, mich
über den Sonnenaufgang zu freuen, jemanden anzulächeln und
dafür mit einem freundlichen Lächeln belohnt zu werden, mich
auf die sprudelnde Neugierde eines Kindes einzulassen, die Luft
in einem Wald nach dem Regen einzuatmen, einen geliebten Menschen tief zu berühren und vieles mehr. Es geht nur um dieses eine
Prozent, das uns ein anderes, ein reicheres Leben eröffnen könnte:
Zeit des Hinschauens, Zeit des Zuhörens, Zeit des Verstehens –
Zeit, zu lieben.

---

1 Elizabeth Lesser: Broken Open: How Difficult Times Can Help us Grow,
   New York 2005, S. 25
2 Elisabeth Kübler-Ross: Interviews mit Sterbenden, München 2001, S. 216
3 Seneca: Von der Kürze des Lebens, München 2005, S. 6
4 Daniel Hamermesh: Economics Is Everywhere, New York 2005
5 Stefan Klein: Zeit. Der Stoff, aus dem das Leben ist. Eine Gebrauchsanleitung, Frankfurt am Main 2006, S. 229–238

Anklage auf Hochverrat – wenn wir unsere Lebensträume aufgeben

„Es hat keinen Sinn, es zu versuchen. Man kann nicht an das Unmögliche glauben", sagte Alice. „Ich wage zu behaupten, dass Du darin nicht viel Übung hast", antwortete die Königin. „Als ich in Deinem Alter war, habe ich es immer für eineinhalb Stunden getan. Manchmal habe ich an sechs unmögliche Dinge noch vor dem Frühstück geglaubt."

Lewis Carroll, „Alice im Wunderland"

Als Kinder hatten wir den unglaublichen Luxus, das ganze Leben vor uns zu haben. Wir konnten uns jede verrückte Idee ausmalen, die uns motivierte, große Pläne für unser Leben zu schmieden. Sportheld, Filmstar, Prinzessin, Pferdedoktor, Tiefseeforscher oder Raumschiffkapitän, jeder Weg stand uns offen. Meine offiziellen Berufswünsche begannen mit Baumeister, damit ich meiner Mutter ein schönes Haus errichten könnte. Darauf folgte dann Zahnarzt, weil ich irgendwo gehört hatte, dass diese viel Geld verdienten. In meiner Fantasie schwankte ich zwischen Zorro und Piratenkapitän, aber das behielt ich lieber für mich. Ich verfügte über die wunderbare Fähigkeit, im Traum fliegen zu können. Ich öffnete das Fenster, flog durch die Landschaft und erlebte tolle Abenteuer, in denen ich natürlich immer der Held war. In meinen Träumen siegte fast immer das Gute, und wenn die Gefahr bestand, dass das Böse mich verschlingen würde, verstand ich es, mich selbst aus dem Traum zu holen und aufzuwachen. Irgendwann verlernte ich das Fliegen, konnte nicht mehr abheben. Peter Pan wich aus meinem Leben. Ich wurde erwachsen. Die Fähigkeit, zu träumen, habe ich mir erhalten.

„Ein Mensch darf nie aufhören, zu träumen. Der Traum ist für die Seele, was Nahrung für den Körper bedeutet" ist für mich der wichtigste Satz von Paulo Coelho. Doch je erwachsener wir werden, umso klarer erkennen wir, dass wir unsere Träume gegen die harten Erfahrungen der Realität des Lebens verteidigen müssen. Mit jeder Entscheidung für eine bestimmte Ausbildung opfern wir einige Träume, deren Verwirklichung dadurch nicht mehr möglich scheint. Wenn man Verkäufer lernt, kann man nicht mehr Automechaniker oder Friseur werden, und schon gar nicht Musiker. Mit dem ersten Job, den wir antreten, verschließen wir uns viele andere Wege. Dieser Glaubenssatz ist so einfach wie falsch. Es ist vielmehr die Versuchung, im Zweifel doch das vermeintlich sicherere statt des erträumten Studiums zu wählen, den Job zu nehmen, der uns angeboten wird, statt um den zu kämpfen, der uns erfüllen würde, die uns immer weiter von unseren Träumen wegführt. Wir trösten uns mit dem Gedanken, dass wir ja noch so viel Zeit hätten, unserer wahren Bestimmung zu folgen. Wir finden überzeugende Gründe, warum es vernünftiger ist, die großen Pläne vorerst einmal aufzuschieben. Manche Kindheitsträume erweisen sich auch als unrealistisch und lassen sich ohne große Wehmut abhaken. Wenn man kein Blut sehen kann, wird es wohl nichts mit dem Tierarzt. Kurzsichtigkeit ist keine gute Voraussetzung, um Flugzeugpilot zu werden. Eine dumme Verletzung beendet so manche Sportlerkarriere, bevor sie noch begonnen hat.

Viele Menschen wissen auch nicht, wo ihre natürlichen Talente liegen. Oft verwechseln sie jene Dinge, die sie gerne tun, mit den Dingen, für die sie wirklich begabt sind. „Deutschland sucht den Superstar" zelebriert dieses Missverständnis gnadenlos beim Thema Singen. „Viele fühlen sich berufen, nur wenige sind auserwählt" heißt für mich aber nicht, dass man aufgrund der Chancenlosigkeit seiner Berufung nicht folgen darf, sondern dass man eben genau hinhören und sich kritisch prüfen muss, wofür man tatsächlich auserwählt wurde. Nur die wenigsten haben ein wirklich einzigartiges Talent wie Mozart für Musik, Picasso für Malerei, Mutter Teresa für Mitgefühl, Shakespeare für Dramen, Agatha Christie für Krimis oder Pelé für Fußball. Aber die Art, wie wir unsere natürlichen Talente nutzen, bietet die Gelegenheit für ein einzigartiges Leben. Wenn wir unsere Kindheitsträume eintauchen in das Scheidewasser, das sich aus den Elementen Durchhaltevermögen, Erfahrung und Realitätsbezug zusammensetzt, dann können wir daraus unsere wirklichen Lebensträume destillieren.

Nehmen wir den wunderbaren Traum, kreativ oder künstlerisch arbeiten zu wollen, ja sogar davon leben zu können. Zum Beispiel den Wunsch, ein Buch schreiben zu wollen. Potenzielle Buchautoren teilen sich in zwei Gruppen. Die einen sagen: „Ich würde gerne ein erfolgreicher Schriftsteller sein", die anderen: „Ich würde gerne schreiben." Erstere sehen sich schon als gefragte Gäste auf Cocktailpartys und in Talkshows – sie sehnen sich nach Status und Erfolg. Letztere lieben es, zu schreiben – sie sind gerüstet für die vielen einsamen Stunden am Schreibtisch, das Überwinden der Selbstzweifel und die Angst vor dem leeren Blatt Papier. Die einen wollen etwas werden, die anderen wollen etwas tun.

Man muss nicht Harry Potter lieben, um von J. K. Rowling lernen zu können

Joanne K. Rowling kommt aus einem wenig wohlhabenden Elternhaus. Trotzdem war ihre größte Angst am Beginn ihres Berufslebens nicht jene vor dem Rückfall in die Armut, sondern jene vor dem Scheitern ihrer Lebensträume. Doch genau das passierte, nachdem sie gegen den Willen ihrer Mutter klassische Literatur studiert hatte, ein vermeintlich brotloses Studium. Nach einer sehr kurzen gescheiterten Ehe fand sie sich als allein erziehende Mutter arbeitslos am untersten Ende der britischen Gesellschaft, darunter gab es nur mehr die Obdachlosigkeit. So weit ist die Geschichte der Frau, die mit „Harry Potter" nach der Queen die zweitreichste Frau Großbritanniens wurde, bekannt und tausendfach in der Presse wiedergegeben worden. Ihr ganzes Leben gleicht in der Rückbetrachtung eher einem Märchen als einer wahren Geschichte.

Doch wer ist diese Frau wirklich? Ist sie eine Frau aus Fleisch und Blut? Hat sie auch eine Botschaft, die über ihre Bücher hinausgeht? Ihre Rede vor den Absolventen der Harvard-Universität im Juni 2008 ergreift einen vom ersten Augenblick an und lässt einen bis zum Ende nicht mehr los. Ihre Worte zählen zu den wunderbarsten Beispielen, warum wir den Kampf für unsere Lebensträume nie aufgeben sollten.[1]

„Ich stehe hier nicht, um Ihnen zu erzählen, wie toll das Scheitern ist. Diese Periode meines Lebens war eine dunkle, und ich hatte damals keine Ahnung, dass sich das dann wie im Märchen positiv auflösen würde. Ich hatte keine Ahnung davon, wie lange der Tunnel sein würde, und dass am Ende Licht sein würde, war viel mehr eine Hoffnung als eine realistische Einschätzung. Warum rede ich daher von den Vorteilen des Scheiterns? Einfach deshalb, weil das Scheitern hilft, alles Unwesentliche abzulegen. Ich war gezwungen damit aufzuhören, mir vorzuspielen, dass ich irgendetwas anderes war als ich selbst, und begann meine ganze Energie darauf zu konzentrieren, die einzige Arbeit zu vollenden, die mir wichtig war. Wenn ich irgendwo anders erfolgreich gewesen wäre, hätte ich vielleicht nie die Entschlossenheit gehabt, auf dem einzigen Gebiet erfolgreich zu werden, wo ich wirklich hingehörte. Ich konnte mich nur deshalb befreien, weil meine größte Befürchtung eingetreten war und ich trotzdem weiterlebte, und ich eine Tochter hatte, die ich liebte, und eine alte Schreibmaschine und eine große Idee. Dieser absolute Tiefpunkt war das starke Fundament, auf dem ich mein Leben neu aufbaute."

Man muss kein „Harry Potter"-Fan sein, um ein Joanne-Rowling-Fan zu werden. Nicht das Ausmaß ihres Erfolges sollten wir uns als Maßstab nehmen, da könnten wir nur enttäuscht werden, sondern die Tiefe ihrer Einsicht, dass es eben keine Magie braucht, um seine Lebensträume zu verwirklichen, sondern den Mut, auch am dunkelsten Punkt weiterzugehen. Jeder hat diesen Punkt schon mindestens einmal in seinem Leben erlebt und weiß, wie viel Kraft es kostet, weiterzugehen. Und wenn man überhaupt nicht mehr kann, dann bekommen wir manchmal von völlig unerwarteter Seite Hilfe.

Der Satz „Das wunderbarste Märchen ist das Leben selbst" wurde von Hans Christian Andersen, lange bevor Joanne Rowling geboren wurde, geschrieben. Der Kampf für seinen Lebenstraum ist der Stoff, aus dem die guten Geschichten gemacht werden, im Märchen – wie im Leben.

Im Wartesaal der verpassten Möglichkeiten

Wer erinnert sich nicht daran, wie oft wir in der Schulzeit Gelegenheiten verpasst haben, zum Beispiel wenn gefragt wurde, wer denn die Hauptrolle bei der Aufführung des Schultheaters spielen möchte. Und obwohl wir uns nichts sehnlicher gewünscht hätten, blieb unser Arm wie gelähmt unten, so lange, bis jemand anderer sich gemeldet hat. Wie haben wir dann gelitten, wenn dieser andere, obwohl zweifellos weit weniger begabt als wir, den großen Schlussapplaus bekam? Ist es die Angst, zu versagen? Ist es das uns von den Eltern eingeimpfte „gute Benehmen", sich nicht in den Vordergrund zu drängen? Ich glaube, es gibt zwei Kräfte, die uns daran hindern, gerade jene Chancen, nach denen wir uns besonders sehnen, zu nutzen. Erstens, nichts fürchtet der Mensch mehr als Ablehnung. Es ist die völlig irrationale Furcht, dass die Lehrerin, die die Klasse fragt, wer die Hauptrolle spielen will, uns, nachdem wir aufgezeigt haben, einfach sagt: Du nicht!

Die zweite Angst ist viel absurder – es ist die Angst vor dem Erfolg. Denn wenn wir tatsächlich die Hauptrolle, den Traumjob, den angehimmelten Partner, den großen Auftrag bekommen, also das, wonach wir uns so sehnen, dann besteht natürlich die Gefahr, dass die anderen herausfinden, dass wir gar nicht so großartig sind, wie wir glauben. Erfolg produziert Erwartungshaltungen an uns, denen wir uns vielleicht gar nicht stellen wollen. Erfolg ändert das Verhältnis zu unseren Freunden, unserem Partner und der Gemeinschaft, in der wir leben. Die unbewusste Angst vor der Bewertung durch andere und vor allem durch uns selbst führt dazu, dass wir Chancen ungenutzt an uns vorbeiziehen lassen. Das Leben ruft laut und deutlich unseren Namen, und wir tun so, als ob gar nicht wir gemeint wären.

In der Schule gibt es das wissenschaftlich bewiesene Phänomen der „hochbegabten Versager". Hochbegabte Kinder erkennen schon sehr früh, dass sie sich durch ihre schnelle Auffassungsgabe und durch die für ihr Alter ungewöhnlichen Fragen, die sie stellen, sozial von den anderen isolieren. Da es für Kinder nichts Schlimmeres gibt, als von der Gemeinschaft ausgestoßen zu werden, reduzieren sie systematisch ihre Leistungen oft bis zum Durchfallen, nur um nicht ausgeschlossen zu werden. Man muss gar nicht hochbegabt sein, es reicht manchmal, wenn man einmal etwas Besonderes leistet, und schon richten sich die kritischen Blicke der vermeintlichen Freunde auf einen. Und genau vor diesen Blicken fürchten sich viele. Seine Lebensträume zu verwirklichen bedeutet, immer eine Zeit der Einsamkeit ertragen und mit dem Widerstand der engsten Umgebung leben zu können.

Um die Menschen für uns zu gewinnen, die uns wirklich wichtig sind, um die berufliche Aufgabe zu bekommen, zu der wir uns berufen fühlen, um die Resonanz für unsere Ideen auszulösen, die sie verdienen, bedarf es genau dieses Mutes, unsere Wahl zu treffen, auch wenn alle anderen dagegen sind. Und wann immer wir den Weg wählen, vor dem wir am meisten Angst haben, gehen wir einen Schritt weiter in unserer Entwicklung. Es ist ein Weg der Unsicherheit, der unklaren Sichtverhältnisse, der mit mehr Ablehnungen gepflastert sein kann, als wir glauben, ertragen zu können. Niemand kann uns die Angst abnehmen, dass wir am Ende dieses Weges erkennen müssen, ihn scheinbar umsonst gegangen zu sein. Manchmal erwartet uns etwas ganz anderes, als wir erhofft haben. Nicht der Mangel an Gelegenheiten ist der Hauptgrund, warum so viele Lebensträume einen stillen, fast unbemerkten Tod erleiden, sondern das Übermaß an guten Gründen, warum es nie der richtige Zeitpunkt ist, dem Ruf, es einmal zu wagen, nachzugeben.

Warum ist es so schwer, unsere Komfortzonen zu verlassen?

Jede Veränderung fällt uns deshalb so schwer, weil wir das Risiko scheuen, aus dem Kreis unserer Gewohnheiten auszubrechen. Im Lauf unseres Lebens erreichen wir immer Plateaus, auf denen wir uns sehr wohl fühlen und uns auch ausrasten können. Doch wenn wir dort zu lange verharren, besteht die Gefahr, dass wir bequem und ambitionslos werden. Daher brauchen wir einen Anstoß von außen, der uns von unserem bequemen Plateau aufschreckt und uns zwingt, die Mauer unserer Gewohnheiten zu durchbrechen. Das kann eine Kündigung, eine Krankheit, eine Scheidung, ein Verlust, aber auch ein spannendes Jobangebot sein. Plötzlich kommt wieder Bewegung in unser Leben, die wohl errichtete Ordnung und Routine geraten durcheinander.

Es gibt Menschen, die über keinerlei Praxis verfügen, um mit wirklichen Umbrüchen in ihrem Leben umzugehen, und sie bewegen sich daher immer nur auf den gut gesicherten „japanischen Touristenpfaden". Sie tauschen einen sicheren, aber langweiligen Job nur gegen einen noch sichereren ein, sie heiraten nach einer Scheidung wieder genau den gleichen Typus von Mann oder Frau. Dahinter steht vor allem das Grundbedürfnis des Menschen nach Sicherheit. Gibt man diesem jedoch zu viel

Raum, dann unterdrückt es unser ebenso wichtiges Bedürfnis nach Weiterentwicklung.

Oft sind es auch unsere bestehenden Beziehungen, die uns davon abhalten wollen, neue Wege zu gehen. Die Eltern, die ihre Kinder zu „vernünftigen" Studien oder „sicheren" Jobs zwingen wollen oder – noch schlimmer – diese von klein auf ständig abwerten: „Du bist einfach zu dumm für alles. Wenn Du noch einmal in der Schule versagst, schicke ich Dich in die Fabrik." Dann gibt es Partner, die fürchten, uns zu verlieren, weil wir durch eine neue Aufgabe viele interessante Menschen kennenlernen könnten. Wenn wir nicht stark genug sind, unseren eigenen Sehnsüchten zu folgen, finden wir uns plötzlich mit 45 oder 50 an ein Leben gefesselt, in dem wir alle unsere Träume geopfert haben, ohne dass wir es überhaupt gemerkt haben. Ein Leben, das wir eher erdulden, als es leidenschaftlich zu genießen. Wenn wir unser ganzes Leben mit dem Autopiloten fliegen, werden wir zu völlig passiven Passagieren, die die Kontrolle über die Richtung und die Höhen und Tiefen an andere abgegeben haben. Unser Leben zieht dann an uns vorbei wie eine Pauschalreise, die wir nie gebucht haben, oder wie im Film, in dem wir keine eigene Rolle haben.

Wenn unser Leben zur Seifenoper wird

Alle Menschen werden als Original geboren, doch die meisten sterben als Kopie.

Anonym

Warum akzeptieren so viele Menschen ein triviales Leben, das ihnen von der Gesellschaft vorgegeben wird: der Kauf des Zweitautos, obwohl die Kreditraten des ersten noch nicht abgezahlt sind, der Job, der sinnentleert ist, die kurzzeitige Befriedigung beim Erlegen von Beute im Shoppingcenter, der Urlaub in Hotels, die sich immer mehr gleichen? Wer zwingt uns zur dramatischen Begrenzung unserer Möglichkeiten und zum Leben im Gefängnis hinter unsichtbaren Hochsicherheitsmauern? Es ist unsere Angst vor der Reichweite unserer Erfahrung. Die individuelle Freiheit ist noch immer die größte Bedrohung jeder festgefügten sozialen Ordnung. Jede Gesellschaft legt ihren Mitgliedern bestimmte Fesseln auf. In der Sahara leben die Menschen nach ganz anderen Regeln als die Menschen in New York oder die in Mumbai, aber sie gehorchen eben diesen, ihren Regeln. Und jeder, der gegen diese vorgegebenen Regeln und Traditionen verstößt, wird an den Rand gedrängt, bekämpft und verfolgt. Es ist immer das normal, was in einer bestimmten Gesellschaft akzeptiert ist, sei es für Außenstehende auch noch so absurd. Aber genau diese Normalität gibt uns die Sicherheit, zu leben.

Zu leicht könnte man den Boden unter den Füßen verlieren, wenn man vom gut markierten Weg auch nur ein bisschen abweicht. Zu verlockend ist der sichere Weg, der uns vorgegeben ist, zu bequem haben wir es uns eingerichtet. Man hat sich selbst für die Versklavung entschieden und die Freiheit immer mehr der Sicherheit geopfert. Man spürt, dass dadurch der Sinn immer mehr verloren geht, kann aber die Kraft zum Ausbruch aus dem Kreis der Trivialität nicht mehr finden. Man ist buchstäblich für das Leben gestorben, muss aber noch weiter seine Existenz fristen. Nach außen kann so ein Leben durchaus gelungen und glücklich wirken. Nur selbst kann ein Mensch sich zwar betäuben, aber nicht belügen. Seine wahre Berufung, seine wirklichen Talente, seine Leidenschaften, seine Sehnsüchte brodeln im Untergrund, um in Augenblicken der äußeren Bedrohung des Gewohnten, in Lebenskrisen wie in einem Vulkanschlund ins Bewusstsein geschleudert zu werden.[2]

Der verlorene Traum

Manche Leute drücken nur deshalb ein Auge zu, damit sie besser zielen können.

Billy Wilder

Ein Leben sollte mehr umfassen als das Abhaken von Dingen wie „meine schönste Reise", „mein höchster Berg", „einmal einen Porsche fahren", „ganz in Weiß heiraten", „ein Haus bauen". All das sind Schablonen, die man uns vorgefertigt als Gebrauchsanleitung für ein glückliches Leben anbietet. Nichts spricht dagegen, die eine oder andere auch einmal auszuprobieren. Wenn aber das ganze Leben nur aus der Verwirklichung materieller Werte besteht, bleibt am Schluss auch nur eine materielle Bilanz übrig – schön für die Erben. Die Übung in Seminaren, über die eigene Grabinschrift nachzudenken, klingt banal, so lange, bis man sie das erste Mal selbst versucht hat. „Ich habe mein ganzes Leben lang immer versucht, die schönsten Urlaubsziele anzusteuern und dabei das beste Zimmer zu bekommen", oder „Ich habe den Gewinn meines Unternehmens um 267 Prozent gesteigert", oder „Unser Haus wäre fast in ‚Schöner Wohnen' gekommen" klingen dann doch nicht sehr berauschend. Mit Lebensträumen hat das nichts zu tun, und das wissen wir auch.

Eva, geboren in einem kleinen Dorf in der Provinz, hat als Kind zwei große Träume: einmal in einem Schloss zu wohnen und als Stewardess um die Welt zu fliegen. Mit 19 Jahren erhält sie die Chance, die wichtigste Filiale einer exklusiven Bäckerei in der Innenstadt zu leiten. „Ich war meinem Chef sehr dankbar, das war das erste Mal in meinem Leben, dass ein sehr erfolgreicher Mensch an mich geglaubt hat." Ihr wichtigstes Talent entdeckt sie durch andere: Sie mag Menschen und die Menschen mögen sie. Bei einer Hochzeit sitzt sie einem Flugzeugkapitän einer großen Luftlinie gegenüber und erzählt ihm von ihrem Traum, Stewardess zu werden. Das sei jetzt ein sehr günstiger Zeitpunkt, weil seine Firma gerade wieder Flugbegleiter sucht, antwortet der Pilot. Einige Tage später bringt sie ihre Schwester zum Flughafen. Als Eva einer Boeing 747 beim Abheben zuschaut, wird ihr klar: „Wie schön wäre es, da jetzt mitzufliegen. Das ist das, was ich immer wollte."

Lebensträume erfüllen sich statistisch vernachlässigbar durch den unerwarteten Anruf aus Hollywood oder den Lottogewinn. Aber irgendwann im Leben kommt der Punkt, an dem man die Gelegenheit erhält, etwas Außerordentliches zu tun. Manche greifen dann zu, manche schauen weg. Das und nichts anderes macht den Unterschied, ob aus einem Leben eine gute Geschichte werden kann oder nicht.

Eva schickt noch am selben Tag ein Bewerbungsschreiben ab und wird auch zu einem Gespräch eingeladen. Sie zittert dem Gespräch entgegen, denn sie weiß, dass sie eine unüberwindbare Hürde nehmen muss, die sie bisher abgeschreckt hat, sich jemals als Stewardess zu bewerben. Gefordert sind sehr gute Englischkenntnisse und möglichst eine zweite Fremdsprache. Eva spricht nur sehr schlecht Englisch. Trotzdem überwindet sie sich, geht zum Aufnahmegespräch, das sehr gut verläuft – bis zu dem Augenblick, als der Personalchef ins Englische wechselt, um ihre Sprachkenntnisse zu prüfen. Eva bleibt bei Deutsch und es bricht aus ihr heraus: „Ich kann nicht wirklich gut Englisch. Aber ich weiß, dass ich eine ganz tolle Flugbegleiterin werden kann. Ich verspreche Ihnen, dass ich sofort intensiv Englisch lernen werde." Entgegen allen Aufnahmekriterien wird sie vom Personalchef genommen, eine kluge Entscheidung. Das für diesen Beruf wichtige Talent, Menschen zu mögen, auch sehr schwierige, kann man nicht lernen – Englisch schon. Sie haben wahrscheinlich schon erkannt, wer der zweite Held in dieser Geschichte ist: der Personalchef, der riskiert, eine Leitlinie zu missachten und seiner Intuition zu vertrauen.

Lebensträume kommen immer aus dem Drang, ein Talent auszuüben: Singen, Tanzen, Menschen helfen, Kinder erziehen, neue Wege entdecken, sehr gut zuhören können, Potenziale anderer fördern, Konflikte lösen, Menschen überzeugen, Verbindungen knüpfen, Informationen analysieren, andere zum Lachen bringen, schöne Dinge gestalten, schreiben, Veränderungen managen, Dialoge initiieren, Beziehungen aufbauen, Wunden heilen, Bauwerke schaffen, mit Kindern lernen, Probleme lösen, die Umwelt schützen und vieles mehr.

Jedes Talent ist immer auch eine Verpflichtung. Wenn ein Talent nicht genutzt wird, ist es ein vergeudetes Talent. Es versucht zu haben und damit gescheitert zu sein, ist eine bittere Erfahrung. Aber für unsere gescheiterten Versuche werden wir uns am Ende des Tages nicht anklagen. Hochverrat am eigenen Leben ist, wenn man nie ernsthaft versucht hat, einen Lebenstraum auch zu verwirklichen, wenn man nicht zumindest einmal etwas riskiert hat. Wenn der verlorene Traum in unserer letzten Stunde nochmals hochkommt, geht es uns ganz schlecht. Verpasste Gelegenheiten und ungenutzte Chancen, die wir aus Feigheit und Angst zerstört haben, bilden das Fegefeuer, durch das wir dann durchmüssen.

Unser eigenes Lebenskonzept wagen

Erlauben wir uns einmal die Frage, ob wir wirklich 30 Jahre unseres Lebens den Wünschen nach dem unvermeidlichen Haus im Grünen mit zwei strahlenden Kindern, dem Golden Retriever auf dem Rasen und einer Karriere, in der es nur nach oben gehen darf, nachjagen wollen? Wo hat die Fernsehwerbung schon die Regie für unser Leben übernommen und welche Bilder für die glückliche Zukunft sind unsere eigenen? Wie viele Menschen kennen wir, die das alles für sich realisiert haben, ohne an den Widersprüchen zu zerbrechen? Ist das wirklich unser eigenes Lebenskonzept? Oder wird unser ganz persönlicher Lebenstraum nicht genau zwischen Hamsterrädern einer Traummaschine, die von anderen gesteuert wird, zermahlen?

Mehr Lebensqualität und Freiheit sind die Folge einer bewussten Entscheidung dafür. Zuerst muss die Bereitschaft da sein, das Risiko, aus den gewohnten Lebenszyklen auszubrechen, dann kann man sich über die Früchte dieser Entscheidung freuen. Wie viele Beispiele in Ihrem Bekanntenkreis kennen Sie, die ohne äußeren Zwang durch ihre eigene Entscheidung aus ihrer vorgegebenen Laufbahn ausgebrochen sind, um etwas ganz anderes zu wagen? Bei mir sind es nicht viele, aber das, was sie gemeinsam haben, ist, dass sie es nie bereut haben und sich ihr ursprüngliches Leben heute gar nicht mehr vorstellen können. Sie haben es geschafft, für sich klare Entscheidungen zu treffen. Das hört sich mutig an – und ist es auch. Vor die Wahl gestellt, mehr freie Zeit für sich selbst und seine Familie oder mehr Wohlstand und damit scheinbar mehr Sicherheit zu haben, entscheiden sich nach wie vor die meisten Menschen für das Geld, und zwar unabhängig davon, wie viel sie schon haben. Das ist durchaus legitim, wenn es den eigenen Maßstäben entspricht.

Es geht auch anders. Der Grafiker Stefan Sagmeister betreibt ein sehr erfolgreiches Designstudio in New York und wurde durch seine CD-Cover für die Rolling Stones bekannt.[3] Das, was ihn von anderen unterscheidet, ist, dass er alle sieben Jahre seine Firma mit allen Mitarbeitern für ein ganzes Jahr schließt. In dieser Zeit ist er kompromisslos für keinen Kunden erreichbar, der Laden ist zu. Er habe beschlossen, 5 seiner statistisch erwartbaren 15 Pensionsjahre aus seiner Gesamtlebenssumme auszuschneiden und alle sieben Jahre zwischen die Arbeitsjahre hineinzuschieben. Sein letztes Sabbatical verbrachte er auf Bali. Neben der landschaftlichen Schönheit und dem Zauber seiner Bewohner beeindruckte ihn vor allem, welch hohen Stellenwert das Kunsthandwerk in dieser Gesellschaft hat. Die Idee des Sabbatjahres stammt aus der Bibel: „Sechs Jahre sollst Du Dein Feld besäen und sechs Jahre Deinen Weinberg beschneiden und die Früchte einsammeln. Aber im siebten Jahr soll das Land dem Herrn einen feierlichen Sabbat halten. Da sollst Du Dein Land nicht besäen und auch

149

Deinen Weinberg nicht bearbeiten" (3. Mose 25,1–4). Stefan Sagmeister kann jedenfalls bestätigen, dass dieses uralte Konzept heute noch sehr gut funktioniert. Dieses eine Jahr Auszeit sei immer eine wunderbare Zeit, die seine Lebensfreude wesentlich erhöhe. Daran werden die wenigsten von uns zweifeln, doch wer kann sich das schon leisten? Überraschend ist daher, dass sich das Ganze bisher auch finanziell gerechnet hat, weil durch die Möglichkeit, intensiv nachzudenken, andere Kulturen zu erforschen und Probleme wirklich auf den Grund zu gehen, habe sich die Qualität seiner Arbeit so gesteigert, dass er höhere Preise verlangen kann. Er erhielt 2009 wieder einen Grammy, diesmal für sein Cover des Albums „Everything That Happens Will Happen Today" von David Byrne.

Ein Beispiel aus meinem Freundeskreis, das zeigt, dass es möglich ist, seinen Lebenstraum auch gegen alle Sachzwänge durchzusetzen:

Mit einem abgeschlossenen Doppelstudium von Jus und Betriebswirtschaft, einem MBA der Eliteschmiede INSEAD, internationaler Erfahrung und einem Job als persönlicher Sekretär des Generaldirektors einer Großbank – und das alles mit Anfang 30 – hatte Max perfekte Voraussetzungen, in den Vorstand eines großen Unternehmens zu kommen. Er war damals, wie er heute sagt, sehr gut darin, das zu tun, was man von ihm erwartete. Doch er hatte auch einen Traum. Seine große Liebe galt dem Film. Seit seinem achten Lebensjahr wollte er Filmregisseur werden. Bis zum Ende seiner Studien war er auch höchst engagierter Amateurfilmer. Doch er lernte etwas „Ordentliches", dem eine Karriere folgte, die den Traum, wie es schien, unter sich begraben hatte. Doch der alte Traum lebte mit voller Wucht auf, als Max einen Unternehmensfilm für die Bank zu verantworten hatte, und ließ ihn ab da nicht mehr los. Aber der Schritt schien wahnwitzig. Auch die Umstände der Entscheidung. Max hatte einen unterschriftsreifen Vertrag einer der prestigeträchtigsten internationalen Investmentbanken vor der Nase liegen. Doch statt diesen zu unterschreiben, teilte er den Herren von Goldman Sachs mit, dass er sich entschlossen habe, Filmregisseur zu werden. Max traf diese Entscheidung, wie er sagt, „schweißgebadet und mit vollen Hosen", aber nicht aus einer Laune heraus. Er hatte zuvor ein Sabbatical, eine Auszeit, genommen, in der er einige Monate an einer der besten Filmakademien der Welt verbrachte, an der USC in Los Angeles. Mit dem Ziel herauszufinden, ob sein Wunsch und sein Talent tragfähig genug sind. Die Erfahrung war ermutigend genug, den Sprung zu wagen. Er zog in eine kleinere Wohnung, tauschte den Porsche gegen einen gebrauchten VW, aber vor allem Pflichterfüllung gegen Leidenschaft. Er studierte Drehbuch und Regie in Los Angeles und gewann mit seinem ersten professionellen Drehbuch einen der wichtigsten Drehbuchpreise im deutschen Sprachraum. Heute ist er erfolgreicher Drehbuchautor für Serien wie „Tatort", Regisseur von Fernsehfilmen und Werbespots, hat seinen ersten Spielfilm gedreht, der zahlreiche internationale Auszeichnungen einheimste, und bereitet seinen ersten großen Kinofilm vor.

Max erzählt, dass das am schwierigsten zu Verkraftende an seinem Berufswechsel der Rückschritt in den völligen Status- und Kompetenzverlust war. Wenn man einmal in einem Gebiet ein gewisses Wissen, Erfahrung, eine Position und Kontakte, eben gelebte und wahrgenommene Kompetenz erworben hat und sich dann plötzlich als absoluter Niemand in der zweiten Reihe in der Drehbuchklasse findet, erlebt man das schon als schwere Prüfung in Demut. Doch der Glanz der Hoffnung, die Leidenschaft für das gewählte Gebiet und der Zauber der immer neuen Möglichkeiten trugen über alles hinweg.

Das Archiv der unerfüllten Wünsche

Die Festplatte unseres Computers speichert bekanntlich alle Suchanfragen, die wir täglich eingeben, von ganz banalen wie nach einem Restaurant zu sehr persönlichen wie den Heilungschancen von Knochenkrebs bis zu kriminellen wie der Wirkungsweise von schwer nachzuweisenden Giften. Somit wird die Festplatte zu einer „Datenbank unserer Absichten". Nur völlige Computerlaien glauben, dass man die Inhalte einer Festplatte endgültig löschen kann, alles bleibt gespeichert und kann wieder sichtbar gemacht werden. Unser Gehirn hat bekanntlich eine noch viel größere Kapazität als unser Computer und speichert ebenfalls alle noch so verborgenen Gedanken.

Eine besonders große Datei in unserem Gehirn ist mit „Unerfüllte Wünsche" beschrieben. Sie wächst im Lauf unseres Lebens in riesige Dimensionen. Manchmal in der Nacht öffnet sie sich und dringt in unsere Träume ein. Ich kenne die Geschichte eines sehr erfolgreichen Unternehmensberaters, der hundertprozentig davon überzeugt war, dass er keine Kinder wollte. Eines Nachts träumte er davon, dass er auf einem Hügel stand und auf die weite Prärie blickte, im Hintergrund tönte die Musik von „Bonanza". Neben ihm stand sein Sohn, dem er seine Hand auf die Schulter legte und zu ihm sagte: „Das wird alles einmal Dir gehören." Einen Monat später wurde seine Frau schwanger. Der Mann kann sich heute das Leben ohne seine Kinder nicht mehr vorstellen. Eine Geschichte, die man wohl schwer erfinden kann. In unserer letzten Stunde meldet sich diese Datei mit einem nicht zu übersehenden Blinken und zwingt uns, unsere Aufmerksamkeit auf sie zu richten. Je größer diese Datei ist, umso mehr unserer dann so knappen Zeit nimmt sie in Anspruch.

Wenn man am Ende seines Lebens das Gefühl hat, nicht sein Leben gelebt zu haben, wird man ein sehr bitteres Gefühl haben, wie die von Jack Nicholson gespielte Hauptfigur Warren Schmidt in dem tragisch-komischen Film „About Schmidt":

„Ich bin schwach. Ich bin ein Versager. Da gibt's nichts daran zu rütteln. Ich werde bald sterben … vielleicht in 20 Jahren, vielleicht schon morgen. Es ist egal. Wenn ich tot bin und alle, die ich kannte, gestorben sind, dann ist es so, als hätte es mich nie gege-

152

ben. Welchen Menschen hat mein Leben genützt? Keinem. Überhaupt keinem."

Es kann ein großes Unglück für ein Leben sein, seine Berufung nie zu finden. Das noch viel größere Unglück ist, seine Berufung gespürt zu haben, dieser aber nicht gefolgt zu sein. Am Ende unseres Lebens wollen wir die Bestätigung, dass unser Leben Sinn gehabt hat. Diesen Bestätigungsvermerk können wir uns nur selbst ausstellen. Ohne geglückte Beziehungen zu anderen Menschen und ohne sein Talent wirklich für sich und andere genutzt zu haben, wird das schwer gelingen. Ein Leben ohne Liebe, Sinn und Idealismus kann nicht im Angesicht der letzten Stunde plötzlich an Bedeutung gewinnen. Was es wiegt, das hat es.

Und der Tod kam unerwartet zu dem Menschen.
Und der Mensch fragte: „Ist es wirklich schon so weit?"
„Ja, es ist so weit", antwortete der Tod.
„War das alles?", fragte der Mensch.
„Ja, das war alles, was Du daraus gemacht hast."

---

1 Einfach J. K. Rowling: The fringe benefits of failure googlen.
2 Ernest Becker: Die Überwindung der Todesfurcht, Gütersloh 1976, S. 122 ff.
3 Die Rede von Stefan Sagmeister mit dem Titel „The power of time off" können Sie auf www.ted.com ansehen.

60 Minuten unseres Lebens –
eine Zwischenbilanz

„Vor rund einem Jahr wurde bei mir Bauchspeicheldrüsenkrebs diagnostiziert. Ich wusste damals gar nicht, was die Bauchspeicheldrüse ist. Die Ärzte sagten mir, diese Form einer Krebserkrankung sei mit großer Wahrscheinlichkeit unheilbar, sie gaben mir noch drei bis sechs Monate zu leben. Sie empfahlen mir, nach Hause zu gehen und meine Angelegenheiten zu regeln. Das bedeutet, seinen Kindern in wenigen Monaten all das zu erzählen, was man die nächsten zehn Jahre tun wollte. Es bedeutet, alles so einzurichten, dass Deine Familie es auch ohne Dich möglichst leicht haben würde. Es bedeutet, Abschied zu nehmen.

Ich habe mit dieser Diagnose den ganzen Tag gelebt. Am Abend wurde eine Gewebeprobe entnommen, und dabei stellten die Ärzte unter dem Mikroskop fest, dass ich eine ganz seltene Form des Bauchspeicheldrüsenkrebses hatte, die durch eine Operation heilbar sein könnte. Ich wurde operiert. Und es geht mir heute gut.

Nie war ich dem Tod näher. Und ich hoffe, dass ich die nächsten paar Jahrzehnte nicht mehr so nahe an ihn herankomme. Da ich das Ganze überstanden habe und der Tod jetzt für mich mehr als ein rein intellektuelles Konzept ist, kann ich Euch heute mit Gewissheit sagen: Niemand will sterben.

Selbst Menschen, die in den Himmel kommen möchten, wollen nicht sterben, um dorthin zu gelangen. Und dennoch, der Tod ist die Endstation für uns alle. Niemand ist ihm bisher entkommen. Und so soll es sein, denn der Tod ist mit Sicherheit die beste Erfindung des Lebens. Er ist der Erneuerer des Lebens. Der Tod beseitigt das Alte und schafft Platz für das Neue. Heute seid Ihr das Neue …

Und ganz wichtig: Habt den Mut, Eurem eigenen Herzen und Eingebungen zu folgen. Sie wissen irgendwie bereits, was Ihr wirklich werden möchtet. Alles andere ist zweitrangig. Bleibt hungrig, bleibt unangepasst!"[1]

Das ist das Ende einer Rede, die Steve Jobs am 12. Juni 2005 vor den Absolventen der Stanford-Universität hielt. Er hatte angekündigt, drei Geschichten aus seinem Leben erzählen zu wollen, nichts Besonderes, keine große Sache. In der Zwischenzeit haben Millionen Menschen diese Rede mit dem Titel „Stay hungry, stay foolish!" im Web gesehen. Wäre mir im letzten Jahr eine gute Fee erschienen, dann hätte ich keine Sekunde gezögert, mir diese Rede von Steve Jobs als Vorwort für dieses Buch zu erbitten. Die gute Fee sieht heute ein bisschen anders aus als in den Märchenbüchern unserer Kindheit und hört auf den Namen YouTube. Jeder, der diese Rede noch nicht im Original gesehen hat, braucht nur *steve jobs stay hungry* zu googeln. Es sind 14 Minuten, die es wert sind.

Der von seiner schweren Erkrankung gezeichnete Steve Jobs schildert, dass die Vorstellung, eines Tages tot zu sein, heute für ihn das wichtigste Werkzeug ist, um die großen Entscheidungen des Lebens zu treffen. Ihm sei bewusst geworden, dass beinahe alles – jede äußere Erwartung, jeder Stolz, jede Furcht vor Versagen oder Enttäuschung – angesichts des Todes bedeutungslos wird. Es bleibe nur das, was wirklich zähle.

Warum man die Punkte seines Lebens erst im Nachhinein verbinden kann

Steve Jobs erzählt, wie unglücklich er nach kurzer Zeit auf dem teuren Reed College war, das er gegen den Willen seiner Stiefeltern durchgesetzt hatte. Das hinderte ihn nicht, das Studium bereits nach wenigen Monaten aufzugeben, aber dort weiterhin herumzuhängen. Da er jetzt nicht mehr die vorgeschriebenen Kurse für einen Studienabschluss machen musste, belegte er solche, die ihn interessierten. Er fand heraus, dass das Reed College die besten Kalligrafie-Kurse im ganzen Land anbot. Er lernte über Serifen-Schriften und die Möglichkeiten, sie zu variieren. Steve Jobs studierte mit großer Begeisterung etwas praktisch völlig Sinnloses. Als er zehn Jahre später gemeinsam mit Steve Wozniak den ersten Macintosh-Computer entwarf, tauchte dieses tief in ihm verborgene Wissen wieder auf und war der Grund, warum dies der erste Computer mit einer wunderschönen Typografie und den vielen ästhetischen Wahlmöglichkeiten für den Kunden war. Wenn Jobs nicht sein reguläres Studium abgebrochen und den Typografie-Kurs gemacht hätte, würden die Computer heute vielleicht anders aussehen, so wie die Einheitsschrift der Schreibmaschinen, bei denen niemand auf die Idee kam, hunderte verschiedene Schrifttypen anzubieten.

Natürlich konnte er in seiner Collegezeit die scheinbar willkürlichen Ereignisse seines damals wilden Lebens nicht deuten. Aber zehn Jahre danach wurde alles sehr klar. Genau dieses Grundvertrauen, dass sich die Punkte der Vergangenheit in der Zukunft zu etwas Sinnvollem miteinander verbinden, habe ihm ein so spannendes Leben ermöglicht. Nicht aus jedem Studienabbrecher, der sich in ein scheinbar nutzloses Hobby verrennt, wird später einmal ein großer Computerpionier. Die Botschaft von Steve Jobs ist eine andere, deren Gültigkeit schon der große Philosoph Søren Kierkegaard viele Jahre vor ihm formuliert hat: „Das Leben kann nur in der Schau nach rückwärts verstanden, aber nur in der Schau nach vorwärts gelebt werden."

Immer mehr Menschen sorgen sich, dass ihr Leben scheinbar keine Richtung hat, dass vieles, was sie begonnen haben, nie zu Ende geführt wurde, sie im Vergleich zu anderen nicht zielorientiert genug sind, dass viel zu viel Versuch und Irrtum ihr Leben beherrscht. Das beginnt damit, dass schon Kindern sehr früh die

Angst eingeimpft wird, etwas falsch zu machen. Die Konsequenz ist, dass wir Kinder weg von ihren kreativen Potenzialen erziehen. Gerade jenen, die am brillantesten und kreativsten sind, geben wir in der Schule oft das Gefühl, zu versagen. Dem Schriftsteller, dem Fußballer, dem Opernsänger, dem Kreativdirektor, dem Tänzer jubeln wir als Erwachsene zu, in der Schule lassen wir zu, dass sie gnadenlos aussortiert werden – nur die Härtesten kommen durch. Und noch viel wichtiger: Jene Kinder, die nicht über eine geniale Fähigkeit verfügen, aber alle Voraussetzungen hätten, glückliche, mitfühlende und liebevolle Menschen zu werden, entmutigt man, indem man sie von klein auf in den Vergleich mit anderen zwingt, ihnen immer zeigt, was sie schlechter können als andere. Viele schleppen diesen Rucksack an Selbstzweifeln bis ins Erwachsenenalter mit. Es entsetzt mich zu sehen, wie sich junge Menschen immer früher mit dem Virus des Glaubens an den perfekten Lebenslauf infizieren. Ein beeindruckender Lebenslauf und ein erfülltes Leben sind zwei sehr verschiedene Dinge. Von den vielen großartigen Menschen, die ich in meinem Leben kennenlernen durfte, konnte kein einziger einen makellosen Lebenslauf vorweisen – ganz im Gegenteil:

Paulo Coelho wurde von seinen Eltern zweimal in die Psychiatrie eingewiesen, musste die Folter durch die brasilianischen Militärs überwinden, wurde als Songschreiber populär, um dann nach langen Jahren der Suche und auch der Verirrungen mit seinem „Alchimisten" den Grundstein zu einem der meistgelesenen Autoren der Welt zu legen. Tenzin Palmo, eine Engländerin, die als 18-Jährige den Buddhismus für sich entdeckte, sich nach Lehrzeiten bei tibetischen Mönchen zwölf Jahre in eine Höhle im Himalaya zurückzog, um dann das erste buddhistische Frauenkloster zu gründen und selbst zur weisen Lehrerin zu werden. Isabel Allende, geboren in Lima, Peru, aufgewachsen in Chile, Bolivien und dem Libanon, musste nach dem Militärputsch in Chile, bei dem ihr Onkel Salvador Allende getötet wurde, nach Venezuela flüchten. Als ihr Großvater mit 99 Jahren starb, begann sie Briefe zu schreiben. Diese Briefe waren die Basis für den Welterfolg „Das Geisterhaus". Carl Djerassi, als Jude vor den Nazis in Wien geflüchtet, studierte Chemie in den USA, revolutionierte mit der Entdeckung der Pille das Leben der Frauen, widmete sich später den Künsten, schrieb Theaterstücke und Bücher. Der „Herr der Gene", Craig Venter, langweilte sich in der Schule, ging lieber Surfen, was ihn übrigens mit Chemie-Nobelpreisträger Kary Mullis verbindet, und wurde dann als Sanitäter nach Vietnam eingezogen. Ihm gelang es als erstem Forscher, die menschliche DNA zu entschlüsseln und der Menschheit damit die Türen in ein völlig neues Zeitalter zu öffnen. Heute erforscht er auf seiner Jacht auf den Spuren von Darwin die Tiefen des Meeres, weil für ihn dort seit 3,8 Millionen Jahren der Stein der Weisen der Entschlüsselung menschlichen Lebens liegt. Der Name des Schiffes ist „Sorcerer", das heißt Zauberer. Und diesen Zauber, der in uns allen steckt, müssen wir unser ganzes Leben gegen alle verteidigen, die uns den aus ihrer Sicht für uns besten Lebenslauf aufzwingen wollen.

Eltern, die in ihrer Jugend davon geträumt haben, ihren Leidenschaften zu folgen und Großes zu wagen, drängen jetzt in der Krise ihre eigenen Kinder dazu, etwas „Sicheres und Zukunftsweisendes" zu studieren. Die Hälfte aller Nobelpreise in den Naturwissenschaften wurde übrigens an Forscher vergeben, die in Fachgebieten arbeiteten, die noch gar nicht existierten, als sie selbst studierten. So viel zum Thema „etwas Zukunftssicheres studieren". Und an der These, dass Bankangestellter zwar meist ein ziemlich langweiliger, aber dafür sicherer Job ist, hat sich eher der erste Teil als krisensicher erwiesen. Noch vor wenigen Jahren galt Manager als einer der erstrebenswertesten Berufe. Die Realität sieht heute oft anders aus: Vollgestopfte Flüge um sieben Uhr früh in Städte, in die kein einigermaßen vernünftiger Mensch freiwillig fliegen würde, eingepresst in einen engen Sitz, Business für Manager in Europa gibt es schon lange nicht mehr, ein Stück Sondermüll als Frühstück, um seine E-Mails lesend dort seinen

Job zu tun, an sinnlosen Meetings teilzunehmen, um darüber sinnlose E-Mails zu schreiben, ist das ein Leben? Mit wenigen Ausnahmen waren die Prognosen der Zukunftsforscher des Arbeitsmarktes ähnlich treffsicher wie die der Börsenanalysten. Über das papierlose Büro im Computerzeitalter, das man uns vor 20 Jahren vorhergesagt hat, kann heute jeder Angestellte nur lachen. Wir ersticken in Papier *und* E-Mails. Die Wahrheit ist, dass niemand eine Ahnung davon hat, wie unsere Zukunft aussehen wird. Prognosen sind meist falsch, besonders wenn sie sich auf die Zukunft beziehen ...

Wir erhalten bei unserer Geburt leider keine Gebrauchsanleitung dafür, sinnvoll mit unserem Leben umzugehen. Wir können diese Fertigkeit aber lernen. Schenken wir Steve Jobs' wichtigster Erkenntnis, die er im Angesicht seiner nahen letzten Stunde hatte, noch einmal kurz Beachtung:

Wir können die wichtigsten Punkte unseres bisherigen Lebens immer erst im Nachhinein verbinden, um zu erkennen, ob und was Sinn gemacht hat.

Wenn wir dem folgen, werden wir erkennen, wie oft es die Umwege, die Niederlagen, die Wege, vor denen wir die größte Angst hatten, waren, die zu unseren größten Erfolgen geführt haben. Das Streben nach Erfolg ist nichts Schlechtes, solange es unsere eigene Vorstellung von Erfolg ist. Die meisten laufen ihr Leben lang Erfolgsvorstellungen nach, die sie von anderen vorgegeben bekommen haben. „Auf einem Dampfer, der in die falsche Richtung fährt, kann man nicht sehr weit in die richtige Richtung gehen", hat Michael Ende so wunderbar gesagt. Eine Lebensbilanz beginnt daher mit der Frage: Was macht mich aus?

Zeit, Bilanz zu ziehen. Warum nehmen wir uns nicht eine Stunde Zeit, um unser bisheriges Leben anzuschauen; nicht um in Vergangenheitsverklärung zu versinken, sondern um Gesetzmäßigkeiten darin erkennen zu können. Nennen wir es eine Zwischenbilanz: Denken wir an einige entscheidende Punkte in unserer Vergangenheit wie Siege, Niederlagen, Verletzungen,

Wendepunkte, Erfolge, Krankheiten, Schicksalsschläge und suchen wir die Bedeutung dahinter. Gehen wir einmal davon aus, dass nicht alles Zufall war, sondern dass es einen roten Faden gibt, der diese Punkte verbindet. Machen wir uns auf die Suche nach dem „Da Vinci Code" unseres Lebens. Ich möchte nicht zu etwas auffordern, das ich nicht selbst versucht habe. Hier ist das Beispiel, wie ich es angegangen bin.

In 30 Jahren durch mein Leben – hin und zurück

Viele gute Geschichten beginnen mit einer großen Enttäuschung. Nachdem ich als 17-jähriger Schüler alle Auswahlverfahren für ein Auslandsjahr in den USA als AFS-Austauschschüler überstanden hatte, erhielt ich drei Wochen vor meiner geplanten Abreise die Nachricht, dass man leider keine Familie für mich gefunden hätte. Ich fiel aus den Wolken meiner pubertären Träume von „den Amis Fußball beibringen", „tollen College Girls" und „der Sonne Kaliforniens". In meiner Verzweiflung ging ich in eine Buchhandlung, um mich abzulenken, und stieß auf ein Buch mit dem verheißungsvollen Titel „Alles ist erreichbar". Das war genau das, was ich wollte. „Ob Erfolg im privaten oder beruflichen Bereich – alles was man dazu braucht, sind Papier, Bleistift und ein bisschen Ehrlichkeit sich selbst gegenüber", versprach der Klappentext. Die erste Aufgabe bestand darin, zehn Ziele zu formulieren. Deren Erreichung konnte im Augenblick noch so unrealistisch sein, wichtig war, dass sie einen mit Leidenschaft erfüllten. Nun, ich hatte keinen Mangel an unrealistischen Zielen und stürzte mich leidenschaftlich in diese Aufgabe.

Um eine lange Geschichte ganz kurz zu machen: Seit meinem 17. Lebensjahr praktiziere ich diese Übung. Ich kann also auf über 30 Jahre erfüllte und zerstörte Hoffnungen zurückblicken, nachlesen, wie bestimmte Sehnsüchte mein ganzes Leben durchzogen und andere sich plötzlich in Luft aufgelöst haben, als hätte ich sie nicht gehabt. Diese Dokumentation meines Lebens in karierten A-4-Schulheften erleichtert mir jetzt die Aufgabe: Was waren die entscheidenden Punkte in meinem Leben und gibt es einen roten Faden, der sie verbindet?

Nachdem ich mich einmal auf diese Abenteuerreise „in einer Stunde durch 30 Jahre meines Lebens" eingelassen habe, beginne ich in meiner Fantasie mit den Ergebnissen zu spielen. Was würde der heute 49-jährige Andreas Salcher dem damals 17-Jährigen an weisen Ratschlägen für sein Leben geben? Doch ich erkenne schnell, dass der damals 17-jährige Teenager sich seine Träume nicht durch kluge Ratschläge eines fast 50-Jährigen hätte nehmen lassen. Wild und maßlos wollte ich damals meine eigenen Erfahrungen machen. Und für einen 17-Jährigen ist ein fast 50-Jähriger außerdem knapp vor der Vergreisung. Erschreckt von der Uneinsichtigkeit des 17-Jährigen, kehre ich also in die Gegenwart zurück und versuche heute den roten Faden, der die wichtigsten Punkte meiner vergangenen 30 Jahre verbindet, als Richtschnur für meine nächsten 30 Jahre zu verwenden. Und siehe da, das funktioniert deutlich besser. Zwar spüre ich durchaus Widerstand gegen die eine oder andere Erkenntnis, aber nicht weil ich an deren Richtigkeit zweifle, sondern weil sie ein bisschen schmerzt. Die Wahrheit tut oft weh.

Was kann der heute 49-Jährige für die nächsten 30 Jahre lernen:

1. *Freue Dich jeden Tag an dem, was Du hast, statt daran zu leiden, was dir fehlt.* Freue Dich über das, was Du tun darfst: Sei ungeheuer dankbar dafür, dass so viele Menschen Deine Bücher lesen, davon hast Du 30 Jahre lang geträumt. Nutze Deine Unabhängigkeit als Single und leide nicht daran, dass Du im Augenblick keine Beziehung hast. Vergiss nicht Deine Gesundheit, sie ist absolut nichts Selbstverständliches. Zu oft schon hast Du in Deinem unmittelbaren Freundeskreis erleben müssen, dass es fast keinen fundamentaleren Eingriff in

unser Leben gibt, als wenn plötzlich unsere Gesundheit angegriffen wird.

2. *Denke nicht nur an Dich, sondern auch an andere.* Wie viele
Menschen hast Du schon enttäuscht, nur weil Du sie überhaupt nicht wahrgenommen hast? Und jetzt wird es ganz
peinlich: Wie oft hast Du schon jemandem beim Umzug geholfen, auf ein Kind aufgepasst oder einen Kranken gepflegt?
Jetzt ist keine Büßerkutte gefragt oder die langwierige Suche
nach dem schlechten Gewissen. Einfach etwas tun: Du hast so
wunderbare Freunde, tue mehr für sie und genieße die Zeit
mit ihnen. Spüre die Verantwortung, die Du für die Talente
der Kinder in diesem Land hast, beantworte jeden Anruf einer
verzweifelten Mutter, auch wenn es gerade Sonntag ist. Es ist
ein riesiges Geschenk, dass so viele Menschen Hoffnung in
Dich setzen. Und bilde Dir ja nicht zu viel darauf ein, sonst
bekommst Du eine vom Leben übergezogen.

3. *Überlege Dir nicht nur, auf welchen Gebieten Du erfolgreich
sein willst, sondern vor allem, womit.* Was hilft es den Menschen ganz konkret, wenn sie ein Buch über ihre letzte Stunde
lesen? Wenn Du Dich für bessere Schulen engagierst, dann
denke noch viel genauer darüber nach, was Schüler, Lehrer
und Eltern jeden Tag tun können. Lasse Dich nicht verlocken
zu versuchen, ein ganzes System zu verändern, es geht darum,
einmal in der Woche das Talent eines Kindes zu retten, einen
guten Lehrer zu bestärken und eine Mutter aufzurichten.

4. *Konzentriere Dich auf die Dinge, wo Du Talent hast, und
vergiss die Gebiete, die Dir nicht in die Wiege gelegt sind.* Du
wirst kein großer Sportler, Dein Körper wird alles andere als
perfekt sein, Du wirst Menschen nicht mit Deiner physischen
Präsenz beeindrucken. Du hast unglaubliche Talente, die Dir
in die Wiege gelegt wurden. Nutze diese vor allem für andere.

Du kannst mächtige Menschen für idealistische Ziele begeistern. Du kannst den wichtigen Themen mehr Aufmerksamkeit verleihen, durch Deine Bücher und durch Deine öffentliche Stimme. Nimm Dich selbst ein bisschen weniger wichtig und sorge dafür, dass mehr Licht auf jene fällt, die es verdienen.

5. *Du liegst in den wesentlichen Dingen ganz richtig. Du wirst fast alles von dem erreichen, was Du Dir für die nächsten 30 Jahre wirklich wünschst.* Auch Dein größter Wunsch, wieder die Liebe zu finden, wird sich erfüllen, wenn es für Dich richtig ist. Tue dann das Dir Mögliche, um dieser Beziehung den Raum und den Stellenwert in Deinem Leben zu geben, den sie verdient, und diese Frau wird Dich reich beschenken. Du wirst aber schnell merken, dass sich Deine Getriebenheit nicht ändert, dass die Sehnsucht nach dem Rückzug und Aufbruch wächst, je mehr Zeit Du mit Deiner Partnerin verbringst. Du bist ein „Clint". Du musst ausreiten, aber Du musst auch zurückkehren und dann wirklich daheim sein. Auch wenn Du das alles tust, wirst Du wieder alles verlieren, darunter leiden, neu anfangen und daran wachsen. Das ist das Spiel des Lebens.

Die große Herausforderung für die nächste Lebensphase wird sein, mich vom *„Ich bin, was mich liebenswert macht"* zum *„Ich bin, was ich bereit bin zu geben"* weiterzuentwickeln. Es wird viel Schwerarbeit bedeuten, die riesige Kluft, die zwischen diesen beiden Sätzen liegt, ein bisschen kleiner zu machen. Denn das heißt, sich langsam von dem zu lösen, das ich mit aller Macht in meinem Leben erreichen wollte, und immer mehr das zu erkennen, was meine wahre Lebensaufgabe ist. Unsere frühen Lebensziele haben sehr viel mit uns selbst zu tun, unsere Lebensaufgabe hat viel mit anderen zu tun. Wenn wir unsere Lebensziele aufgeben, öffnen wir uns unserer Lebensaufgabe.

Wir bekommen nur das, was wir aufgeben. Freiwillig geben wir natürlich fast nie etwas auf, von dem wir glauben, dass es uns wichtig ist. Das tun andere und das Leben. Wenn ich irgendein Muster in meinem bisherigen Leben erkennen kann, dann das, dass sich die meisten schmerzhaften Verluste später als Auslöser für große Erfolge entpuppt haben. Wenn Dinge, in die ich viele Jahre meines Lebens investiert hatte, plötzlich weg waren, fand ich zu dem zurück, was mich wirklich ausmachte: Ein schüchterner kleiner Junge, der es gut machen will, und der tief in seinem Innersten daran glaubt, dass er das auch kann.

Das Ziel „Du bist, was Du zu geben bereit bist" liegt wie mein persönlicher Mount Everest fast unbezwingbar vor mir, mit dem Fernglas klar erkennbar, aber mit jedem Schritt, mit dem ich mich anzunähern versuche, wird die Luft dünner, der Weg rutschiger und die Sicht schlechter. Noch viel schlimmer als die äußeren Bedingungen sind meine inneren Ängste:

- Ich bin nicht gut genug, um meine Ziele zu erreichen.
- Ich kann die Liebe, die ich suche, nicht finden.
- Ich lebe kein außergewöhnliches Leben, sondern versinke im Alltagstrott.

Meine emotionalen Fähigkeiten sind so beschränkt wie die mangelhafte technische Ausstattung der Bergsteiger im 18. Jahrhundert. Das, was mich mit ihnen verbindet, ist Sehnsucht, einmal dort oben zu stehen.

Diese Erkenntnisse habe ich gewonnen, als ich die Punkte meiner letzten 30 Jahre zu verbinden versucht habe. Das hat mich 60 Minuten meiner Zeit gekostet. Um ehrlich zu sein, habe ich schon für weniger wichtige Dinge in meinem Leben eine Stunde Zeit aufgewendet.

Wäre ich ein amerikanischer Autor, dann würde ich Sie genau an dieser Stelle auffordern, jetzt sofort ein Blatt Papier zu nehmen und das Gleiche zu tun, totale Erfolgsgarantie inklusive und mit 14 Tagen Rückgaberecht. Wir Europäer ticken anders. Wir machen die Dinge, wenn wir selbst spüren, dass der richtige Augenblick dafür gekommen ist, und vor allem tun wir sie in der Form, die uns angenehm ist.

Die Fragen des Aristoteles

Ehrlich gesagt, ich weiß nicht, wie ich Sie dazu motivieren kann, sich eine Stunde lang Zeit zu nehmen, um erst zurück und dann weit nach vorne in Ihr Leben zu schauen. Versuchen wir es mit einigen Fragen. Diese stammen von Aristoteles,[2] der sich sehr intensiv mit der Frage auseinandergesetzt hat, mit welchem Maßstab man sein eigenes Leben bewerten soll, um mehr Klarheit über das, was uns im Leben glücklich macht, zu gewinnen. Aristoteles war kein weltfremder Philosoph, sondern gestand dem Menschen durchaus das genussvolle Ausleben seiner Begierden zu, aber immer mit Maß und ohne sich davon abhängig zu machen. Er war vor allem zutiefst davon überzeugt, dass Selbstdisziplin und menschliche Tugenden keinen Verzicht bedeuteten, sondern im Gegenteil die Voraussetzungen für ein erfülltes Leben wären. Aristoteles erhob nie den moralischen Zeigefinger, sondern machte überzeugend klar, dass es insbesondere für das eigene Glück sinnvoll ist, sich bestimmte Fragen rechtzeitig zu stellen:

- Was heißt für mich ein glückliches Leben?
- Wie kann ich mich zwischen dem entscheiden, das mir kurzfristig Vergnügen bereitet, und dem, was im Augenblick wenig Freude macht, das ich aber langfristig brauche, um glücklich zu sein?
- Wie hoch ist der Anspruch an die Qualität meiner Arbeit und wie setze ich diesen um?
- Wie kann ich bei dem, was ich beruflich tue, immer besser werden, ohne gleichzeitig meine vielen anderen Interessen zu vernachlässigen?

- Wie wichtig sind Liebe, Freunde, Gesundheit und Spiritualität bei meinem Streben, glücklich zu werden?
- Was sollte ich für mein langfristiges Glück tun, das ich bisher verabsäumt habe? Und mit welchen Gewohnheiten sollte ich aufhören, da sie dieses Glück in meiner Zukunft gefährden?
- Wie viel Wohlstand brauche ich wirklich für ein glückliches Leben?

---

1 Steve Jobs: „Bleibt hungrig, bleibt unangepasst!", wiedergegeben nach Gerhard Jelinek: Reden, die die Welt veränderten, Salzburg 2009, S. 287 f.
2 James O'Toole: Creating the Good Life. Applying Aristotle's Wisdom to Find Meaning and Happiness, London 2005, S. 10 f.

Kann das schon alles gewesen sein – vom Sinn und Zweck des Lebens

„Was Sie hier sehen, ist ein Röntgenbild. Der Magen darauf gehört Kanji Watanabe, dem Helden unserer Geschichte. Man kann deutlich die ersten Anzeichen von Magenkrebs erkennen. Er weiß noch nichts davon. Herr Watanabe ist Beamter in der Stadtverwaltung. Seit 20 Jahren nimmt er die Beschwerden der kleinen Leute entgegen. Diese Dienststelle unterscheidet sich durch nichts von jenen, die Sie auch kennen. Und Herr Watanabe ist ein Beamter wie viele andere. Seit 20 Jahren sitzt er auf dem gleichen Stuhl, gibt Beschwerden weiter, legt sie zu den Akten. So angestaubt wie die Papierbündel, die er angehäuft hat, ist sein Leben. Eigentlich ist er schon längst gestorben. Für seinen Posten erträgt er seit 20 Jahren die tödliche Langeweile eines Bürotages. Bevor er diese Stelle angenommen hat, hat er noch gelebt. Nicht intensiv, aber immerhin, er lebte. Der unnütze Papierkrieg und seine unnütze, aber zeitaufwendige Beschäftigung haben ihn aufgerieben. Er ist beschäftigt, wahnsinnig beschäftigt. Aber in Wahrheit kennt dieser Mann nichts als den Ehrgeiz, seinen Platz zu behaupten. Und weil er nicht dumm ist, hat er bald gemerkt, dass er hier am sichersten auf seinem Stuhl sitzt, wenn man nicht durch besondere Leistungen auffällt. Es wird noch viel sinnlos verbrachte Zeit vergehen, die Magenschmerzen dieses Mannes müssen noch viel schlimmer werden, ehe er begreifen wird, dass man bei den Pensionsansprüchen und dem Posten eines Abteilungsleiters eines nicht vergessen darf: wirklich zu leben."

Mit diesen Worten, fast wie in einem Märchen, lässt uns der große japanische Regisseur Akira Kurosawa am Schicksal des unscheinbaren Bürokraten Kanji Watanabe teilhaben. Das Urteil

Magenkrebs weckt ihn aus seinem todesähnlichen Schlaf auf, den er bis dahin für sein Leben gehalten hat. Er geht nicht mehr ins Büro, sondern stürzt sich panikartig in schnelle Vergnügungen, die er sich bis dahin versagt hat. Doch schnell erkennt er, dass weder der Alkohol noch die Begegnungen mit leichten Mädchen oder das Glücksspiel ihm Zuflucht vor seiner großen Einsamkeit gewähren. Da erinnert er sich an eine der vielen Akten, die er als Leiter der Beschwerdeabteilung in das sich mit unendlicher Langsamkeit drehende Räderwerk der alles zermalmenden Bürokratie weitergeleitet hatte: Es war das Ansuchen, einen von Moskitos verseuchten Tümpel, der die spielenden Kinder krank machte, zu beseitigen und darauf einen echten Spielplatz zu errichten. Dieses eine Aktenstück mit den Beschwerden der Mütter, die er bisher mit stoischer Teilnahmslosigkeit abgewimmelt hatte, wird plötzlich zum wichtigsten Anliegen seines nur mehr sehr kurzen Lebens. Je mehr er körperlich verfällt, umso größer wird der Glanz in seinen Augen, umso mutiger kämpft er für etwas, von dem er spürt, dass es seine letzte Chance ist, seinem Leben doch noch Sinn zu geben: Ein einziges Mal will er etwas verändern und nicht nur verwalten.

Die eindringlichen Schwarz-Weiß-Bilder von Kurosawas stillem Meisterwerk „Einmal wirklich leben" entfalten eine Wirkung, der man sich vom ersten Augenblick an nicht entziehen kann. Keinerlei unnötige Spannungselemente lenken von dem Thema ab, das so existenziell ist, dass es uns direkt ins Herz trifft. Es ist die Frage, ob man einem bedeutungslosen Leben doch noch Sinn geben kann. So fremd uns auch Japan und dieser seltsame Herr Watanabe sein mögen, wir fühlen uns ihm verbunden, wir leiden mit ihm und wir wachsen mit ihm. Herr Watanabe wird nicht wie durch ein Wunder gerettet, sondern er stirbt genau zum erwarteten Zeitpunkt an Magenkrebs. Er wird eines Morgens auf seinem gerade fertiggestellten Spielplatz auf einer Schaukel sitzend von einem Polizisten gefunden. Kurosawa will uns nicht sagen, dass wir durch ein großes Ziel den Tod überwinden können, sondern etwas viel Wichtigeres: Dass es nie zu spät ist. Auch in seinen letzten sechs Monaten kann man noch etwas Bedeutendes tun. Dann wird der Blick auf das eigene Leben sanftmütiger ausfallen, denn es bleibt doch etwas von einem. Es ist nicht die kleine Erbschaft, die Herr Watanabe seinem undankbaren Sohn und der gierigen Schwiegertochter hinterlässt, es sind die Gedanken der Mütter, die genau wissen, wem sie den Spielplatz verdanken, auf dem jetzt ihre Kinder glücklich spielen können. Sie sind es auch, die nicht zulassen, dass der ehrgeizige Bürgermeister diesen im Nachhinein im Wahlkampf für sich reklamieren kann.

Die Geschichte des Kanji Watanabe ist eine erfundene, die aber deshalb beeindruckt, weil sie so lebensähnlich ist, weil sie genau so hätte passieren können. Wie jede gute Geschichte ist sie eine Behauptung über das Leben: Es ist nie zu spät.

Der stolzeste Maturant

Das Thema, das Phillip Höfner bei seiner Deutschmatura wählte, war die „Türhüterlegende" aus Franz Kafkas Roman „Der Prozess". Sie handelt von einem Mann vom Lande, dem der Zugang zum Gesetz durch einen Türhüter verwehrt bleibt. Nachdem jedoch der Türhüter die Möglichkeit eines späteren Eintritts in Aussicht gestellt hat, verbringt der Mann den Rest seines Lebens damit, vor dem Eingang zu warten. Knapp vor seinem Tode, schon fast blind, sammeln sich in seinem Kopf alle Erfahrungen der ganzen Zeit zu einer Frage, die er bisher dem Türhüter noch nicht gestellt hat: „Alle streben doch nach dem Gesetz", sagt der Mann, „wieso kommt es, dass in den vielen Jahren niemand außer mir Einlass verlangt hat?" Der Türhüter erkennt, dass der Mann an seinem Ende ist, und, um sein vergehendes Gehör noch zu erreichen, brüllt er ihn an: „Hier konnte niemand sonst Einlass erhalten, denn dieser Eingang war nur für Dich bestimmt. Ich gehe jetzt und schließe ihn." Phillip sieht sich selbst in dem alten Mann, der seinem Schicksal ohnmächtig ausgeliefert ist, während der Türhüter die höhere Macht repräsentiert, deren Gesetze einem Sterblichen immer verschlossen bleiben werden.

Die Geschichte des Maturanten Phillip Höfner ist kein Märchen wie jene von Kanji Watanabe. Hier geht es um einen jungen Menschen, der das ganze Leben scheinbar noch vor sich hatte, der nichts falsch gemacht hatte, der nichts verschwendet hatte, der sich nichts vorzuwerfen hatte.

Phillip war 16 Jahre, als man bei ihm einen Krebs fand. Zuerst hieß es, dass er eine sehr gute Chance auf Heilung hätte. Er absolvierte die 10. Schulstufe, danach kam es immer wieder zu Rückfällen. Zwei Jahre machte er eine Hochschaubahn von Hoffnungen und bitteren Enttäuschungen durch, bevor ihm die Ärzte eine ungeheuerliche Botschaft mitteilen mussten: „Wir können nichts mehr für Dich tun." Er nahm diese ohne jede Reaktion an, fuhr sofort zu seinen Kollegen in die Schule und teilte diesen seine Entscheidung mit, dass er trotz dieser Diagnose weiter am regulären Unterricht teilnehmen werde. Phillip mobilisierte außerordentliche Energien und trat trotz einer Vielzahl von auftretenden schmerzhaften Folgeerkrankungen wie Gürtelrose zur Matura an. Die Matura oder das Abitur, wie es in Deutschland heißt, bescheinigt einem jungen Menschen die Reife, selbst die Verantwortung für seine Zukunft zu übernehmen. Die 25 Mitschüler von Phillip wurden zu einer Schicksalsgemeinschaft, die vor allem menschlich sehr reifte. Einer, der um sein Leben kämpft, forderte den anderen Schülern eine „Reifeprüfung" ab, die weit über die sonst üblichen fachlichen Anforderungen hinausging. Während der mündlichen Prüfungen war Phillip so schwach, dass er sieben Stunden im selben Raum bleiben musste, weil er nicht fähig war, das Stockwerk zu verlassen.

Man kann sich wohl kaum die Gefühle vorstellen, mit denen Phillip fünf Stunden an der „Türhüterlegende" arbeitete. Nach bestandenem Abschluss bat man ihn, die Rede im Namen aller

Maturanten zu halten. „Ich bin der stolzeste Maturant von ganz Österreich" war sein erster Satz. Die meisten jungen Menschen täten ihm sehr leid, weil sie nicht wüssten, was sie vom Leben wollten, sagte er. Er selbst kenne seine Ziele ganz genau, nämlich gesund zu werden, zu studieren und weiterzuleben. Er gab die Hoffnung nie auf, obwohl man ihm offen im Spital gesagt hatte, dass er keine Chance hätte. Erst hätten sie ihm gesagt, dass alles gut gehen werde, jetzt war auf einmal alles anders, warum sollten sie auf einmal recht haben? Er haderte nie mit seinem Schicksal und fuhr noch mit seinen Kollegen auf Maturareise, allein, ohne Lehrer. Alle seine Kollegen wollten, dass er mit ihnen mitfährt, wissend, welche Verantwortung sie damit übernehmen müssten, und dass das keine Maturareise nur mit Sonne und Spaß werden würde. Drei Monate danach verstarb er. „Er war ein ganz toller junger Mann", sagt seine Lehrerin Gertraud Fädler über ihn und man spürt, wie sehr Phillip noch heute in ihren Gedanken weiterlebt.

In jenem Augenblick, wenn ein Mensch erkennt, dass sein Leben ein Ablaufdatum hat, eine „deadline", wie es im Englischen heißt, gewinnt er offenkundig große Klarheit über das, was noch zu tun ist, völlig unabhängig davon, wie lange er bis dahin schon gelebt hat. Für Herrn Watanabe wird auf einmal der bis dahin verborgene Sinn seiner bürokratischen Routinearbeit sichtbar, aus der stupiden Pflichterfüllung wird eine konkrete Aufgabe, die er heroisch bis zu seinem Ende erfüllt. Die Matura wird für Phillip zu einem verheißungsvollen Ziel, dessen Erreichen ihn hoffen lässt, dass es auch danach weitergehen wird.

Natürlich reizt es zu Widerspruch, das fiktive Leben eines älteren japanischen Beamten und das eines tatsächlich tragisch verstorbenen 18-jährigen Schülers zu vergleichen. Als Außenstehender kann man sein Urteil darüber abgeben, ob in dem einen Fall das Schicksal besonders grausam war und im anderen – na ja, der war ja doch schon alt ... Doch was ist mit uns selbst? Wäre der jetzige Zeitpunkt gerecht, richtig, fair, um aus dem Leben

gerissen zu werden? Die Wahrheit ist, wir, die wir uns der Endlichkeit unseres Seins zwar vielleicht theoretisch bewusst sind,
aber diesen Zeitpunkt irgendwann in unbestimmter Ferne sehen,
stellen uns die Frage nach dem Sinn meist nur in Lebenskrisen, in
Phasen der Leere und großen Unzufriedenheit. Die Frage, ob das
Leben einen Sinn hat, stellen nie die „Befristeten", sondern jene,
die den Wert des Lebens nicht mehr zu erkennen glauben, weil es
ihnen selbstverständlich erscheint.

Warum man den Sinn des Lebens nicht wie einen verlorenen Schlüssel suchen kann

Es ist leichter, zum Mars vorzudringen, als zu sich selbst.
C. G. Jung

Die Beurteilung der Sinnhaftigkeit des Lebens ist eine schwanken-
de Größe. Es sind primär die Phasen der Erschütterung, in denen
wir den Sinn zu suchen beginnen. Wenn wir uns gut fühlen, wenn
wir lieben und geliebt werden, zweifeln wir selten am Sinn unseres Lebens. Es sind die Stunden der Einsamkeit nach schweren
Enttäuschungen und Niederlagen, in denen wir den bis dahin sicher geglaubten Sinn wieder in Frage stellen.

Es kann daher nicht den *einen* Sinn für unser Leben geben,
sondern dieser setzt sich aus Bausteinen zusammen, die sich im
Lauf der Zeit immer wieder ändern können. So entsteht Sinn
durch das Setzen und Erreichen von immer neuen Zielen. Watanabe kämpft für seinen Kinderspielplatz, für Phillip Höfner
wird die Matura zur Hoffnung, dass es vielleicht doch weitergeht.
Doch Ziele allein reichen bei Weitem nicht aus. Wir brauchen
eigene Wertvorstellungen, die uns in den Krisenzeiten helfen, unserem Leben Halt zu geben. Das können Religionen, Ideologien,
Philosophien oder ein individuell zusammengemischter Cocktail
aus all diesen Bestandteilen sein. Zielsetzungen und eigene Wert-

vorstellungen haben ihrerseits nur Sinn, wenn sie von der Erfahrung getragen werden, dass man seine Geschicke auch selbst beeinflussen kann und nicht völlig willkürlich den Kräften anderer oder des Schicksals ausgeliefert ist. Aus all dem zusammen entsteht das Gefühl, dass unser Leben Bedeutung und Wert hat, dass wir anerkannt werden für das, was wir sind und tun.[1]

Das Gefühl, den Sinn verloren zu haben, lässt sich nicht dadurch lösen, dass man beginnt, den *einen* Sinn seines Lebens wie einen verlorenen Schlüssel zu finden. Jeder Versuch, den individuellen Sinn seines Lebens auf einer abstrakten Ebene wiederentdecken zu wollen, führt nicht zum Sinn, sondern ins Absurde. Sinn ist immer eine konkrete Erfahrung, die eben nur über Beruf, Liebe, Familie, Kunst, Wissenschaft, Pflichten, Neigungen, Mitgefühl, Engagement usw. empfunden werden kann.[2] Der Sinn des Lebens ist das, was man aus den vielen Möglichkeiten, die einem das Leben bietet, macht, oder wie Albert Camus formuliert: Die Antwort auf die Frage, ob sich das Lebe lohne, hängt mehr an den *nächsten* Dingen als an den *letzten*.

Es ist die Blindheit oder die Verneinung gegenüber diesen Möglichkeiten, die uns in manchen Augenblicken an dem Sinn unseres Lebens zweifeln lässt. Dann müssen manche vielleicht erkennen, dass trotz der mit so viel Anstrengung erreichten Ziele wie Status, Wohlstand und Familienglück ein Gefühl der Leere entstehen kann. Oder es bricht einfach einer der wesentlichen Bausteine bei einer Scheidung oder einem Jobverlust plötzlich weg und dieser Verlust wird so schmerzhaft empfunden, dass er alles in Frage stellt. Denn bewusst oder unbewusst wird man daran erinnert, dass irgendwann der größte Verlust stehen wird. Wenn wir uns vor allem über unsere Nützlichkeit und Unersetzbarkeit definiert haben, ist das gesamte mühsam errichtete Bildnis von uns selbst massiv einsturzgefährdet, sobald wir erkennen, dass niemand unersetzbar ist, schon gar nicht wir selbst. Die entscheidende Frage lautet daher: Wenn wir den scheinbaren Zweck unseres Lebens erfüllt haben oder wenn wir diesen nicht mehr weiter ausfüllen können, wie kann unser Leben dann noch weiter Sinn haben?

Unsere Lebensaufgabe oder die acht Stufen des Lebens

Die erste Hälfte unseres Lebens sind wir sehr von der Frage „Was will ich vom Leben?" getrieben. In der zweiten Lebenshälfte gewinnt eine andere Frage immer stärkere Bedeutung für uns: „Was will das Leben von mir?" Ersteres erfordert den Mut, seine Stimme zu erheben und für seine Ziele zu kämpfen, Letzteres die Bereitschaft, genau hinzuhören.

Die Fähigkeit, zwischen dem, was wir vom Leben wollen, und dem, was das Leben von uns will, unterscheiden zu können, ändert sich mit zunehmender Reife. Diesen psychosozialen Entwicklungsprozess hat der deutschamerikanische Psychoanalytiker Erik H. Erikson in seinem Acht-Stufen-Modell schlüssig beschrieben.[3] Für Erikson entwickelt sich die menschliche Identität in dem ständigen Spannungsfeld zwischen unseren Bedürfnissen und Wünschen auf der einen Seite und den sich im Lauf der Entwicklung permanent verändernden Anforderungen der sozialen Umwelt auf der anderen. Innerhalb seiner Entwicklung durchläuft der Mensch phasenspezifische Krisen und Konflikte, welche durch die Konfrontation mit den gegensätzlichen Anforderungen und Bedürfnissen ausgelöst werden.

Jede der acht Stufen stellt einen Konflikt dar, mit dem das Individuum sich aktiv auseinandersetzen muss. Die Bewältigung dieser Konflikte bezeichnet Erikson als Entwicklungsaufgabe. Ich werde mich in dieser Darstellung auf die 6. bis 8. Stufe konzentrieren, weil sich die große Mehrheit der Leser dort wiederfinden sollte. Sie können selbst beurteilen, wie weit Sie sich mit der Stufe, die Ihre gegenwärtige Lebensphase beschreibt, identifizieren.

Stufe 1: Urvertrauen vs. Urmisstrauen (1. Lebensjahr)
„Ich bin, was man mir gibt."

Stufe 2: Autonomie vs. Scham und Zweifel (2. bis 3. Lebensjahr)
„Ich bin, was ich will."

Stufe 3: Initiative vs. Schuldgefühl (3. bis 6. Lebensjahr)
„Ich bin, was ich mir vorstellen kann zu werden."

Stufe 4: Kompetenz vs. Minderwertigkeitsgefühl (6. Lebensjahr
bis Pubertät)
„Ich bin, was ich lerne."

Stufe 5: Pubertät
„Ich bin, was ich bin."

Stufe 6: Intimität vs. Isolierung (Frühes Erwachsenenalter)
„Ich bin, was mich liebenswert macht."

Aufgabe dieser Entwicklungsstufe ist es, ein gewisses Maß an Intimität zu erreichen, anstatt isoliert zu bleiben. Die totale Fixierung auf Status, Wohlstand und Karriere steht dem Aufbau von Intimität entgegen. Das Verständnis dieser Phase, die immerhin 20 bis 30 Jahre unseres Lebens bestimmt, kann uns helfen zu verstehen, dass die tiefere Motivation, warum wir so erfolgreich sein wollen, nicht im Status oder im Geld liegt, sondern in dem Wunsch, uns damit liebenswerter zu machen. Je geringer unser tatsächliches inneres Selbstwertgefühl ist, umso größer kann der ständige Drang sein, es durch Bestätigung von außen zu erhöhen. Genau diese einseitige Ausrichtung auf die äußere Welt kann uns daran hindern, eine intime Beziehung zu anderen, aber auch zu uns selbst zu finden. Wird zu wenig Wert auf den Aufbau intimer Beziehungen zum Partner, den Kindern und auch Freunden gelegt, kann das schnell zur Isolierung führen. Nur wer als junger Erwachsener die

Stufe der Intimität meistert, wird überhaupt erst zur Liebe fähig, die so entscheidend für ein glückliches Leben ist.

Stufe 7: Großzügigkeit vs. Stagnation (Mittleres Erwachsenen-alter)
„Ich bin, was ich bereit bin zu geben."

Unter Großzügigkeit (Generativität) versteht Erikson die Aufgabe, die Liebe in die Zukunft zu tragen und sich um zukünftige Generationen zu kümmern. Doch es geht dabei nicht nur darum, für die eigenen Kinder zu sorgen, es zählt dazu jede Form der Wissensweitergabe, die Auseinandersetzung mit Kunst sowie soziales Engagement. Stagnation ist das genaue Gegenteil von Großzügigkeit: sich um sich selbst kümmern und um sonst niemanden. Stagnation führt dazu, dass andere uns ablehnen und wir andere. Niemand ist so wichtig wie wir selbst. Zu viel Großzügigkeit heißt wiederum, dass man sich selbst vernachlässigt zum Wohle anderer. Das sind dann Menschen, die am Ende ihres Lebens enttäuscht feststellen, dass sie selbst eigentlich nie etwas vom Leben hatten, sondern immer nur für andere da waren. Wird diese Phase dagegen erfolgreich abgeschlossen, hat man die Fähigkeit zur Fürsorge für andere erlangt, ohne sich selbst dabei aus den Augen zu verlieren. Die siebte Stufe ist die Großzügigkeit, etwas einzubringen, was für die nächste Generation „brauchbar" sein könnte.

Stufe 8: Ich-Integrität vs. Verzweiflung (Hohes Erwachsenenalter/Reife)
„Ich bin, was ich mir angeeignet habe."

Der letzte Lebensabschnitt stellt den Menschen vor die Aufgabe, auf sein Leben zurückzublicken. Anzunehmen, was er getan hat und geworden ist, und den Tod als sein Ende nicht zu fürchten. Setzt sich der Mensch in dieser Phase nicht mit Alter und Tod auseinander, kann das zur Verachtung dem Leben gegenüber führen, dem eigenen und dem aller anderen. Die negativen Konsequenzen zeigen sich in Abscheu vor sich und anderen Menschen sowie in unbewusster Todesfurcht. Wird diese Phase erfolgreich gemeistert, erlangt der Mensch das, was Erikson Weisheit nennt – dem Tod ohne Furcht entgegensehen, sein Leben annehmen und trotz der Fehler das Glück darin sehen können.

Das Modell von Erikson kann uns helfen, den zuvor nur sehr grundsätzlich beschriebenen Übergang der Phase vom „Was will ich vom Leben?" zu jener des „Was will das Leben von mir?" genauer begreiflich zu machen.

Die meisten Leser werden sich in einer der drei Phasen

„Ich bin, was mich liebenswert macht."
„Ich bin, was ich bereit bin zu geben."
„Ich bin, was ich mir angeeignet habe."

beziehungsweise im Übergang zwischen zwei dieser Phasen befinden. Der Übergang von einer zur nächsten Lebensphase heißt, auch immer etwas aufzugeben. Ein Kind, das sich nicht von der Abhängigkeit von seinen Eltern lösen kann, wird in der Pubertät kein eigenes Selbstbild finden können. Jemand, der auch als Erwachsener immer wieder in die heftigen Gefühlsschübe der Pubertät zurückfällt, wird keine stabilen intimen Beziehungen eingehen können. Das heißt aber auch sich einzugestehen, dass man die eigene Jugend einmal abschließen muss und eben „erwachsen zu werden." Man ist nur einmal jung, aber manche bleiben ihr Leben lang unreif. Die große Herausforderung für das mittlere Erwachsenenalter besteht darin, viel an die nächste Generation großzügig weiterzugeben, statt das erworbene Wissen und den Wohlstand krampfhaft für sich allein behalten zu wollen. Bestimmte Dinge, die einem besonders wertvoll sind, werden einem vom Leben einfach genommen, ohne dass uns jemand um unser Einverständnis fragt. Das kann die Gesundheit, einen geliebten Menschen oder eine wichtige Position betreffen. Die Herausforderung des Lebens besteht in dieser Phase darin, großzügig von dem zu geben, was man sich angeeignet hat, und an dem, was einem genommen wurde, nicht zu zerbrechen, sondern es als eine Möglichkeit zum Lernen und Wachsen zu sehen.

Genau diese beiden Fähigkeiten, großzügig gegeben zu haben und gelernt zu haben, an Verlusten zu wachsen, sind entscheidend für die Qualität der letzten Lebensphase, dem reifen Erwachsenenalter. Dann sind wir wieder abhängig davon, dass andere uns Zuneigung, Liebe und Mitgefühl um unserer selbst willen schenken, und nicht, weil wir so attraktiv sind oder eine bedeutende Position einnehmen. So kann sich der Kreis, der mit viel Nehmen als Kind begonnen hat, später mit immer mehr Geben weitergeführt wurde, im hohen Alter mit dem Nehmen wieder schließen.

Das ist natürlich eine idealtypische Beschreibung eines Modells, das in der Wirklichkeit eines Lebens nie zu erreichen sein wird. Es wird immer wieder Phasen des Rückschlags geben, wo wir in frühere, längst überwunden geglaubte Phasen zurückfallen, um uns später mit viel Willenskraft und der gewonnenen Erfahrung wieder weiterentwickeln. Manche werden vielleicht viele Phasen fast spielend bewältigen, um dann in einer besonders lange hängen zu bleiben. Wir kennen alle diese „Und täglich grüßt das Murmeltier"-Zeiten im Leben, in denen wir glauben, dass überhaupt nichts mehr weitergeht. Es wird auch solche geben, die erst sehr spät in ihrem Leben erkennen, was das wirklich Wichtige in ihrem Leben ist.

Es ist nie zu spät, das zu werden, was man hätte sein können.
George Eliot

Vom Geben zum Aufgeben

Zu lernen, im Leben in richtigem Ausmaß zu geben und zu nehmen, ist eine schwer zu erwerbende Weisheit. Denn es gibt zu viele Beispiele der besonders Erfolgreichen und Berühmten, die uns ständig vermitteln wollen, dass jene, die vor allem nehmen, die Klugen, und jene, die nur geben, die Dummen sind. Und dann gibt es die völlig abgehobenen idealisierten „Heiligenfiguren", die sich immer nur für andere aufgeopfert haben, in denen wir aber wenig Lebensähnlichkeit entdecken können. Das Leben ist eben nicht schwarz und weiß.

Man tut sich natürlich wesentlich leichter, materiellen Besitz aufzugeben, sich nicht mehr von spontanen Kaufreizen treiben zu lassen, wenn man das schon alles gehabt hat. Der Wunsch, einmal im Leben einen Porsche zu fahren, eine Luxusuhr und ein schönes Haus zu besitzen, ist ein viel stärkerer, wenn man das alles noch nicht erlebt hat. Der gute Rat von jemandem, der von fünf Autos auf zwei, eines davon sogar mit Hybridantrieb, umgestiegen ist, dass Autos ohnehin nicht wichtig sind, lässt bei jemandem, der immer nur mit der vollgestopften U-Bahn fährt, doch eher Aggression über so viel Unverständnis und Arroganz aufkommen.

Ich will nicht in den Chor jener einstimmen, die bei jeder Gelegenheit unsere materielle Wohlstandsgesellschaft geißeln. Jene, die schon alles haben, tun sich sehr leicht, anderen das Sein statt des Habens zu predigen. Ein Leben, in dem nie Platz für Unsinn, Fehltritte, Spontankäufe und Dummheiten war, kann wohl kein sehr lustvolles gewesen sein. Die buddhistische Idee, sich vom Haben-Wollen und vom Begehren völlig frei machen zu können, ist ein so schönes Ideal wie die christliche Nächstenliebe, das man immer ehrlich anstreben sollte, aber es zur Richtschnur seines täglichen Lebens zu machen, wird für den Großteil der Menschen zu ständigem schlechten Gewissen führen. Die Frage lautet nicht: Sein *oder* Haben?, sondern: Wie kann ich Sein *und* Haben in ein ausgewogenes Verhältnis bringen? Das hat übrigens auch Erich Fromm, der durchaus in Wohlstand zu leben wusste, bestens für sich vereint. Dagegen ist auch gar nichts einzuwenden, es soll nur einmal mehr aufzeigen, wohin die Verabsolutierung von eigenen moralischen Ansprüchen an andere meist führt. Der Weg des anspruchslosen Eremiten ist nur für wenige gangbar, und der Weg des reinen Materialisten führt in die emotionale Verwahrlosung.

Es verlangt viel Selbsterkenntnis, um ein Prinzip des Lebens zu verstehen, das auch in den letzten drei Phasen des Modells von Erikson immer deutlich in den Vordergrund tritt: Dieses Prinzip lautet: *Wir bekommen nur das, was wir aufgeben.*

Klingt das nicht zu altruistisch? Oder sind das nicht sogar esoterische Fantasien von einer idealen Welt, die mit der realen nichts gemeinsam hat? Interessanterweise wurde dieses Prinzip durch die Wissenschaft immer wieder bestätigt. Zwei praktische Beispiele sollen zeigen, dass hinter diesem Gesetz kein moralisierender Appell, sondern eine sehr nachvollziehbare Handlungsanleitung steht, die dem, der ihr folgt, mehr Glück und Freude in seinem Leben bringen kann.

Denken Sie an etwas, das sich in Ihrem Besitz befunden hat, etwas, das Ihnen sehr viel bedeutet hat, unabhängig von seinem materiellen Wert. Und dann gab es diesen Augenblick, wo Sie überlegt haben, es einem Freund zu reichen, von dem Sie wussten, dass er es sich sehr gewünscht hat. Wenn Sie einmal tatsächlich diesem spontanen Impuls gefolgt sind und es Ihrem Freund, für diesen völlig unerwartet, geschenkt haben, kam vielleicht ein Augenblick des Schmerzes über den Verlust. Doch nach kurzer Zeit wandelte er sich in ein großartiges Glücksgefühl, das Sie immer in Ihrer Erinnerung zurückholen können. Von dem Augenblick des Aufgebens an gehörte es wirklich Ihnen und niemand konnte es Ihnen je wieder wegnehmen.

Ein Experiment, das schon hunderte Male wiederholt wurde, beweist die große Kraft, die hinter dem Gedanken des Freudeschenkens steht. Eine Gruppe von Menschen wird in zwei gleich große Untergruppen geteilt. Jeder erhält 15 Euro und wird in den nächsten Ort geschickt. Die eine Gruppe erhält den Auftrag, dass sich dort jeder Einzelne etwas kaufen soll, das ihm Freude macht. Die Aufgabe für jedes Mitglied der zweiten Gruppe ist, die 15 Euro jemand Fremdem zu geben, damit der sich einen Wunsch erfüllen kann. Danach kommen wieder alle zurück und berichten von ihren Erlebnissen. Es führt immer zu dem Ergebnis, dass die Mitglieder der zweiten Gruppe sich deutlich glücklicher fühlen als die der ersten.

Du hast nicht gelebt, ehe Du nicht jemandem geholfen hast, der Dir nichts zurückgeben kann.

John Bunyan

Viele Wege führen zum Sinn – nur einen einzigen zu gehen, ist meist Unsinn

In vielen Seminaren und Ratgebern wird unser Verstand als Haupthindernis auf dem Weg zur Selbsterkenntnis identifiziert, und das führt dann zu der Aufforderung, uns von diesem Verstand zu befreien. Natürlich leben wir gerade in unserem Kulturkreis in einer Gesellschaft, die den Verstand überbetont und den Körper und die Seele des Menschen häufig vergisst. Aber die Lösung kann nicht darin liegen, uns deshalb unseres kritischen Denkens zu berauben. Von der Übersinnlichkeit ist es oft nur ein kleiner Schritt zur Widersinnigkeit. Neben Weisheit und persönlicher Integrität verfügen große spirituelle Lehrer vor allem über eines: einen scharfen Verstand, und sie verstehen diesen zu nutzen.

Worauf ich hinaus will, ist, dass es wie zuvor beschrieben weder den *einen* Sinn des Lebens gibt, noch den *einen* Weg dorthin. Und egal, welchen Weg wir auch gehen, unseren Verstand sollten wir nie ganz zu Hause lassen. Dieser wird uns auch daran erinnern, dass wir vor allem in Zeiten großer Unzufriedenheit oder Traurigkeit besonders anfällig für Lehren sind, die uns versprechen, dass wir uns nur von unserem falschen Ego trennen müssten, damit das wahre wunderbare Selbst zum Vorschein kommt. Wenn wir dagegen besonders erfolgreich oder glücklich verliebt sind, dann verspüren wir wohl keinerlei Neigung, uns von diesem sehr positiv empfundenen Selbst zu trennen. Ich habe Zweifel daran, dass es ein einziges wahres Selbst gibt, das einer idealisierten, bedürfnislosen, unendlich gütigen Form von uns entspricht. Viel plausibler erscheint, dass ständig verschiedene „Ichs" in uns um die Vorherrschaft kämpfen, die manchmal in unterschiedliche Richtungen ziehen und wir uns dann wie ein Kutscher fühlen, dem die Pferde durchgehen.

Das sollte uns nie daran hindern, die vielen Möglichkeiten, den Sinn im Augenblick zu finden, zu sehen: Mitgefühl für einen anderen, Schönheit der Natur, etwas mit Freude tun, Jüngeren etwas beibringen, etwas für Schwächere tun. Besondere Augenblicke sind gerade deshalb so kostbar, weil wir sie nicht festhalten, auch nicht wiederholen können. Offen für diesen besonderen Augenblick zu sein heißt nicht, keine Pläne für die Zukunft zu haben, keine großen Träume für unser Leben, kein Herzklopfen vor dem ersten Rendezvous mit einem möglichen Liebespartner. Und es liegt auch nichts Verwerfliches darin, gelegentlich im reichen Schatz der schönen Erinnerungen unserer Vergangenheit zu schweifen. Ja, das Leben findet nur im Jetzt statt. Aber trotzdem hat jeder von uns eine Vergangenheit, die wir weder abstreifen können noch sollen, denn sie ist ein untrennbarer Bestandteil unserer Persönlichkeit. Und jeder hat eine ungewisse Zukunft vor sich, auf die Einfluss zu nehmen wir uns von niemandem ausreden lassen sollten, weil darin der Reiz des Lebens liegt. Die Weisheit des Mottos „Carpe diem", „Nutze den Tag" oder „Pflücke den Tag", liegt darin, die Kürze des Lebens zu erkennen und keine Zeit zu vergeuden, vor allem Dinge, die wir heute tun können, nicht auf morgen zu verschieben, weil wir nie sicher wissen können, ob es überhaupt ein Morgen geben wird. „Carpe diem" richtig verstanden ist aber keine Aufforderung zum hemmungslosen Hedonismus, weil dieser auf Dauer immer unbefriedigend ist. Stets ist es die Ausgewogenheit und nicht die Einseitigkeit, die in Summe ein erfülltes Leben ergibt.

Julian Baggini[4] untersucht in seinem sehr klugen Buch „Der Sinn des Lebens" viele der scheinbar einleuchtenden und durchaus vielversprechenden Lebensphilosophien: Leben im Vertrauen darauf, dass wir im Himmel für unsere guten Taten belohnt werden, Leben, um große Ziele zu erreichen, Leben, um anderen Menschen zu helfen, Leben, um glücklich zu werden, Leben, um den Augenblick zu genießen, Leben, um sich von seinem Ego zu lösen und sein wahres Selbst zu entdecken. Bei genauerer Betrachtung zeigt sich, dass jede eindimensionale oder gar dogmatische Lebensweise nicht der Natur des Menschen entspricht und höchstens für eine ganz kleine Minderheit als Lebenskonzept tauglich ist. Es gibt keine Blaupause, die für jedes Leben taugt. Jedes menschliche Leben selbst ist die Quelle und der Maßstab seines Wertes. Wir alle haben die Möglichkeit, den Sinn des Lebens für uns zu entdecken, und können versuchen, unser Leben danach auszurichten. Ob man das Leben als ewigen Kampf oder spannendes Spiel interpretiert, liegt wohl an der eigenen Persönlichkeit.

Wir können erkennen, dass Glück wertvoll, aber nie von Dauer ist. Das macht es uns leichter, jene Phasen zu ertragen, in denen es sich uns entzogen hat. Wir können lernen, die Vergnügungen des Lebens auszukosten, ohne uns von unseren Gelüsten und Trieben versklaven zu lassen, weil sich diese nie völlig befriedigen lassen. So kam der Philosoph John Stuart Mill zu folgender Erkenntnis: „Es ist besser, ein unzufriedener Mensch zu sein als ein zufriedenes Schwein." Wir werden uns über äußere Erfolge im Beruf oder Privatleben freuen und unser Selbstwertgefühl daran aufbauen können, um die Zeiten, in denen es nicht so gut läuft, besser durchstehen zu können. Wir werden unsere Fähigkeit trainieren, uns immer wieder ganz auf unser Leben im Jetzt einzulassen, und besondere Augenblicke dankbar annehmen, ohne daraus eine zwanghafte Ideologie zu machen. Wir werden uns daran freuen, im Leben immer wieder großzügig zu geben, ohne uns von einem vermeintlich selbstlosen Altruismus auffressen zu lassen. Wir werden den Sinn unseres Tuns immer wieder hinterfragen, aber manchmal auch einfach das erledigen, was ansteht oder von uns verlangt wird. Und wenn wir kurzzeitig völlig die Orientierung verlieren und in Gefahr geraten, von unseren so unterschiedlichen Gefühlen, Gedanken, kurzfristigen Gelüsten und langfristigen Zielen völlig zerrissen zu werden, können wir der stärksten Kraft in uns vertrauen und ihr die Kontrolle überlassen: der Liebe.

Zwei Antworten können wir finden, wenn wir am Sinn des Weiterlebens zweifeln, lehrt uns Viktor E. Frankl: „Jene Einmaligkeit und Einzigartigkeit, die jeden einzelnen Menschen auszeichnet und jedem einzelnen Dasein erst Sinn verleiht, kommt also sowohl in Bezug auf sein Werk oder eine schöpferische Leistung zur Geltung, als auch in Bezug auf einen anderen Menschen und dessen Liebe. Ein Mensch, der sich dieser Verantwortung bewusst geworden ist, die er gegenüber dem auf ihn wartenden Werk oder einem auf ihn wartenden liebenden Menschen hat, ein solcher Mensch wird nie imstande sein, sein Leben hinzuwerfen."[5]

Die Liebe zu einem anderen Menschen oder der Dienst an einer Sache ermöglicht es uns, in etwas aufzugehen, das größer ist als wir selbst. Hat man diesen Sinn für sich gefunden, nach schweren Krisen wiederentdeckt, in hoffnungslosen Augenblicken heldenhaft verteidigt, dann hat unser Leben unter allen Umständen Sinn, auch im Leiden und im Angesicht des Todes.

---

1 Heiko Ernst: Sinn: Suchet und ihr werdet finden!, in: Psychologie Heute, April 2010, S. 20–27

2 Vgl. Odo Marquard: Zur Diätetik der Sinnerwartung, in: Apologie des Zufälligen, Stuttgart 2001

3 Quelle Wikipedia

4 Julian Baggini: Der Sinn des Lebens. Philosophie im Alltag, München 2005, S. 193 f.

5 Viktor E. Frankl: Der Mensch vor der Frage nach dem Sinn, München – Zürich 1985, S. 171–174

Ein Lob der Arbeit

Viele Menschen fühlen eine innere Unrast und verplanen ihre Zeit ständig mit Erledigungslisten und exakten Plänen. Sie glauben, die Zeit managen zu können. Alles, was nicht mit Aktivität angefüllt ist, sorgt für große Nervosität. Je mehr sie ihre Tagespläne optimieren, umso unauthentischer und ausgelaugter fühlen sie sich. Die Energie soll dann durch genau eingeteilte Sport- und Fitness-Stunden wieder zurückgewonnen werden, „workout" nennen das die Amerikaner, ohne die Ironie zu erkennen.

Andere beten die Freizeit an. Unterstützt von Radioprogrammen, die den Montag als absoluten Leidenstag zelebrieren, weil er den Anfang einer langen Durststrecke bis zum Wochenende markiert, stimmen sie sich ab Mittwoch schon geistig auf die Freizeit ein, nennen den Donnerstag freudig Feierabend und nutzen den Freitag eigentlich nur mehr zum Abfeiern der absolvierten Arbeitswoche. „Warten auf Freitag!", genannt auch das „Robinson-Crusoe-Syndrom", erfasst immer mehr sinnentleerte Organisationen.

Der Tanz um das Goldene Kalb Freizeit

Mit allen Tricks erkämpfen sich manche Menschen immer mehr Freizeit, um immer weniger freie Zeit zu haben. Die Freizeit wird zum Götzen. Die eigene Arbeit verdammt man zur Strafe Gottes, die man so schnell wie möglich hinter sich zu bringen sucht, ohne zu merken, dass man damit wesentliche Teile seiner eigenen Lebenszeit verbrennt. Wer Montage hasst, sollte sich einmal einen Augenblick lang überlegen, dass ein Siebentel seines Lebens aus Montagen besteht. Und ein Siebentel seines Lebens einfach wegzuwerfen, ist wohl keine so gute Idee. Dabei könnte der Montag der wichtigste Tag der Woche sein und nicht der Feind des Menschen. Wer den Montag liebt, hat mehr vom Leben. Die „Sonntagsdepression" überfällt umgekehrt vor allem Menschen, die genau dann, wenn die große Betriebsamkeit Pause hat, auf sich selbst zurückgeworfen werden und Einsamkeit und Sinnlosigkeit ertragen müssen.

Und dann gibt es jene, die am Abend so erschöpft nach Hause kommen, dass sie ihre freie Zeit überhaupt nicht nutzen können. Die Fernsehfernbedienung wird zum großen „Sesam, schließe dich", mit dem sie jede Gelegenheit für Lebendigkeit, Spannung oder Überraschung auch in ihrer Freizeit aus ihrem Leben ausschließen. Fernsehen ist deshalb so ein erfolgreicher Räuber unserer kostbaren Lebenszeit, weil es eine Zone ohne Erinnerung schafft. Große Stücke unseres Lebens werden darin wie von einem schwarzen Loch verschluckt. Das trifft natürlich genauso auf die vor dem Computer verbrachte Zeit zu. Böse formuliert kann man sagen, dass elektronische Unterhaltung unser Leben verkürzt.[1] Ich bin mir sicher, sollten sich tatsächlich eines Tages Außerirdische auf unsere Erde verirren, dann werden sie sich fragen, warum die Menschen jeden Tag eine flimmernde Mattscheibe stundenlang schweigend anstarren. Wenn die Außerirdischen sehr geduldig sind, werden sie herausfinden, dass ein 75-jähriger Deutscher durchschnittlich neun Jahre seines Lebens sitzend vor diesem sprechenden Rechteck mit den bunten Bildern verbringt. Sie werden dahinter einen religiösen Kult oder eine geheimnisvolle Energieübertragung vermuten, auf die nüchterne Wahrheit werden sie wohl nicht kommen ...

Berufswunsch Pensionist

Lebt man so ein Leben der gleichförmigen Ereignislosigkeit, wird die Pension zum erträumten Paradies. Ich habe in meiner Studentenzeit als Ferienarbeiter bei der Post erlebt, wie dort fast jeder Beamte einen über Jahre hinausreichenden „Stundenfresser" bis zur Pension hatte. Wie in einem guten Spionagefilm hätte man sie um vier Uhr früh aufwecken können und sie hätten nicht nur ihren Namen, sondern auch das exakte Datum ihres Pensionsantritts wiedergeben können. Bei manchen hatte ich den Eindruck, dass sie eigentlich von Geburt an davon träumten, in Pension zu gehen. Ihr heimlicher Berufswunsch war von Anfang an, Pensionist zu werden. Jugend, Familie und Arbeit stellten für sie nur lästige Zwischenstationen auf dem Weg ins Ruhestandsparadies dar. Die Studien zur Lebenszufriedenheit zeigen nun ganz eindeutig, dass Menschen, die nicht ihr ganzes Lebens aktiv und bewusst gelebt haben, dazu leider auch in der Pension nicht fähig sind. Die einfache Wahrheit lautet: Wer nicht mit Freude arbeiten kann, kann auch seine freie Zeit nicht genießen. „Wer nicht genießt, ist ungenießbar", singt Konstantin Wecker.

Wenn man Arbeit nur als notwendiges Übel sieht, wird man alles tun, um diese so schnell wie möglich hinter sich zu bringen. Doch wenn wir die Stunden zusammenzählen, die wir in unserem Leben damit verbracht haben, etwas hinter uns zu bringen, machen die wohl bald die Hälfte unserer Lebenszeit aus. Vor allem gestandene Gewerkschafter haben ihr biblisches Verständnis von Arbeit als „Strafe Gottes" nie überwunden: „Im Schweiße Deines Angesichts sollst Du Dein Brot essen, bis dass Du in den Himmel der Pension eingehst." Dass für viele Menschen ihr Beruf etwas ist, das ihnen Freude macht und ihrem Leben Sinn verleiht, ist für sie schlicht unvorstellbar. Immer mehr Menschen denken nicht nur in Jobs und Karrieren, sondern sehnen sich nach Sinn und Selbstbestimmung in ihrer Arbeit. Die gute Nachricht ist, dass sinnvolle Arbeit kein knappes Gut sein müsste: Einsamkeit, Umweltbedrohung, Unwissenheit genauso wie das Suchen nach sozialen, künstlerischen und technischen Innovationen – es gibt wahrlich genug zu tun. Wir sollten nur aufhören, noch mehr von den falschen Dingen zu tun. „Geschäftstätigkeit, die nichts zum menschlichen Wohlergehen beiträgt, ist es nicht wert, getan zu werden, unabhängig davon, wie viel Gewinn sie in kurzer Zeit abwirft", sagt der Glücksforscher Mihaly Csikszentmihalyi.[2] Als ersten Schritt könnten wir den Kindergärtnerinnen, Lehrern und Altenpflegern jenen Stellenwert geben, den sie verdienen.

Lob, Lust und Frust

Will man ein erfülltes Leben führen, ist die strikte Trennung zwischen Arbeits- und Freizeit völlig unbrauchbar. Jeden Tag, wenn wir aufstehen, geht es um eine ganz andere Frage: Werden wir alles geben, das in uns steckt? So geht es beim Tischler um seinen Anspruch an einen Tisch oder Sessel, um die bestmögliche Qualität, die er sich vorstellen kann, weil sie ihm wichtig ist. Leider gibt es immer Menschen, die etwas machen, bei dem ihnen in Wirklichkeit völlig egal ist, ob das Ergebnis gut ist oder nicht. Sie betrügen nicht nur andere, sondern vor allem sich selbst. Das betrifft alle Formen des Schaffens, unabhängig vom Status und vom Einkommen: von der Verkäuferin, die den Kunden ehrlich berät oder schnell zum Abschluss kommen will, über den Lehrer, der auf Kinder eingeht oder nur seinen Stoff durchpaukt, und dem Busfahrer, der auf den Passagier wartet oder ihm die Tür vor der Nase zuknallt, bis hin zu Mutter und Vater, die ihrem Kind helfen, jeden Tag die Welt ein bisschen besser zu verstehen oder sich missmutig dessen Neugier verweigern, weil es sie zu sehr anstrengt.

Die eine Seite ist der Anspruch an die eigene Arbeit, die andere, welche Wertschätzung wir der Arbeit anderer entgegenbringen. Bei einigen tun wir uns da ganz leicht: Der Dirigent und das Orchester erhalten oft minutenlangen Applaus für die vielen Stunden des täglichen Trainings, aber auch für ihre Anstrengung, einer Komposition immer eine neue Dimension zu entlocken. Auch bei Ärzten fällt es uns ganz leicht, ehrliches Lob zu spenden, wenn sie uns von einer Krankheit geheilt oder gar mit einer Operation das Leben gerettet haben. Feuerwehrmänner sind seit 9/11 überall auf der Welt große Helden. Doch in wie vielen Berufen erhalten Menschen für ihre Bereitschaft, ihr Bestes zu geben, nie ein einziges Wort der Bestätigung, weder von ihren Vorgesetzten noch von ihren Kunden? So wird das Bemühen einer Verkäuferin, jeden Tag auch im ärgsten Stress freundlich zu sein, als völlig selbstverständlich genommen. Wenn ihr mal ein Fehler unterläuft, rasten manche Kunden wegen einer Kleinigkeit völlig aus. Statt zu urteilen und verurteilen, sollten wir andere ermutigen, vor allem wenn sie ihre Arbeit mit Herz tun. Es ist unglaublich, welche Reaktionen man erhält, wenn man Menschen darin bestärkt, wie sie ihre Arbeit verrichten.

Kann man überhaupt in jeder Arbeit Freude finden? Ist das nicht nur wenigen Menschen in privilegierten Berufen möglich, die einfach das Glück hatten, dort zu landen, wo sie sich entfalten konnten? Das von mir hoch geschätzte Wirtschaftsmagazin „brand eins" schildert oft Lebenswege von Menschen, die ganz andere Verläufe haben als die Karrieren, die immer nur von unten nach oben führen, von weniger Status zu mehr, von weniger Geld zu mehr, von weniger Mitarbeitern zu mehr. Die zwei ausgewählten Beispiele zeigen, dass es viele Wege von weniger Glück zu mehr gibt. Man muss sie nur für sich entdecken, die Freude am eigenen Tun.

Die Diva

„Als ich 50 war, starb mein Agent. Von da an war ich ein Auslaufmodell. In dieser Branche investiert kein Mensch in einen Sänger, der vielleicht noch ein paar gute Jahre hat. Ich war sehr gut, aber ich war kein Weltstar. Heut kriegst du sogar nach 30 nicht einmal mehr ein Vorsingen. Ich hab' mit 32 das erste Engagement gehabt, das wäre in dieser hastigen Zeit kaum noch möglich." Das, was man auf den ersten Blick als wehmütige Anklage über die Undankbarkeit der Welt interpretieren könnte, entpuppt sich bei genauerem Hinsehen als eine Erfolgsgeschichte der anderen Art. Längst im Rentenalter und 15 Jahre nach ihrem letzten Bühnenauftritt als umjubelte Violetta in Verdis „La Traviata" an der Breslauer Oper, schlägt die amerikanische Sopranistin Julie Griffeth dem Schicksal ein Schnippchen, sucht und findet ihr Publikum fern der großen Opernsäle auf kleinstädtischen Bühnen und in Versammlungssälen. Etwaige Zweifel, einen Abend an eine alternde Operndiva verschwendet zu haben, erstickt sie bereits nach den ersten Takten mit ihrer kraftvollen, jung und geschmeidig klingenden Stimme im Keim. Nichts klingt forciert oder ältlich, diese Frau singt auch gegen die Zeit und gegen das Vergessen an. Das berührt ihr Publikum. Zum Abschluss ihres „etwas anderen Liederabends" im mecklenburgischen Städtchen Wittenburg singt sie die Arie Eboli aus Verdis „Don Carlos" mit so viel Energie, dass ihre Stimme die Wände des kleinen Rathaussaals vibrieren lässt. Nur noch übertönt vom langen Schlussapplaus und den Bravo-Rufen der zirka 60 musikinteressierten Kleinstädter. Wie schafft Julie Griffeth das?

„Üben", sagt sie, denn Können sei das Produkt aus Talent und Fleiß. Vier Monate hat sie täglich geübt, um Körper und Seele für diesen Auftritt vorzubereiten. Natürlich hilft ihr auch die jahrelange Erfahrung, die perfekte Beherrschung der Technik. „Eine gute Technik ist die Veredelung des Urschreis, der aus der Mitte des Körpers und des Wesens kommt. Und wenn du richtig singst, sagt dein Körper Ja." Das Wunderbare an der Kunst ist für Julie Griffeth die Möglichkeit, sich immer weiter zu entwickeln. So sei der berühmte Pianist Arthur Rubinstein bis in seine 90er Jahre nicht müde geworden, neue Fingertechniken zu entwickeln.

Doch empfindet sie ihre Auftritte in Rathaussälen und in Provinztheatern nicht als Abstieg? Wie kann man das tun, ohne seine Würde zu verlieren? Woher nimmt sie die Motivation, sich dem auszusetzen? „Auch auf bescheidenen Bühnen musst du in barer Münze zahlen. Ich verwalte eine gottgegebene Stimme. Wenn du auf die Bühne trittst und ein Ereignis sein musst, weil dein Name der Name der Oper ist, musst du ein weißes Licht in dir haben. Ich kann das nicht beschreiben, aber es ist so. Du darfst dich nicht so wichtig nehmen. Durch dein Ego wird die Energie gekappt, die du brauchst, damit etwas gelingt."[3]

Der Lkw-Fahrer

„Ich bin Lkw-Fahrer. Nichts anderes." Das sagt Markus Studer manchmal fröhlich und manchmal ein bisschen verärgert, als sei es etwas Unanständiges, Lkw zu fahren. Wenn das Transportgewerbe stehen würde, stockte die ganze Wirtschaft. Es kränke seine Trucker-Ehre, wenn er daran denke, wie schlecht manche Menschen über Lkw-Fahrer reden. Er genieße den Blick durch die große Panoramascheibe seiner 460 PS starken Mercedes-Zugmaschine auf die im Minutentakt vorbeiziehenden Täler, Brücken, Weinberge, die schöne Landschaft, die sich bei jedem Wetter anders entfaltet. Einen guten Lkw-Fahrer zeichne aus, dass er nach vorne schaue, das Ganze im Blick habe. Studer hat zwei DIN-A-4-Seiten angelegt, auf denen er die unterschiedlichen Streckeneigenschaften und die Abfertigungsmodalitäten an Grenzen notiert hat. Intelligent zu fahren heiße vor allem, Staus rechtzeitig auszuweichen.

Der 61 Jahre alte Lkw-Fahrer Markus Studer arbeitet erst seit viereinhalb Jahren in dem Beruf. Er ist ein Quereinsteiger. Davor war er Arzt, und nicht irgendeiner. In der Königsdisziplin der Medizin, der Herzchirurgie, war er Oberarzt an der Universitätsklinik Zürich und leitender Partner des privaten Zürcher Herzzentrums Hirslanden. 4000 Brustkörbe hat er fachmännisch geöffnet, um danach Herzen freizulegen und sie mit Klappen und Bypässen zu versehen. Den Grund, warum er aufgehört hat, beschreibt er mit zwei Kurven. Die Erfahrungskurve eines Chirurgen geht von unten nach oben, die Leistungs- und Konzentrationskurve steige zwar auch erst steil an, um dann aber abzufallen. An jenem Punkt, wo diese beiden Kurven sich schneiden, soll man aufhören, und genau das habe er getan. Er empfindet seine neue Tätigkeit als Lkw-Fahrer keineswegs als Abstieg, denn er hat in seinem ersten Leben genug verdient, um für sich und seine Familie das Auslangen zu finden. Daher fährt er jede Woche nur fünf Tage. „Es ist schon ein Privileg, neu anfangen zu können." Nun kann er am Wochenende genug Zeit mit seiner Frau verbringen, mit der er seit 33 Jahren verheiratet ist (die drei Kinder sind schon aus dem Haus), am Wochenende spazieren gehen, ohne ständig auf Ausflügen auf sein Mobiltelefon oder seinen Pager achten zu müssen. Niemals käme er auf die Idee, seinen Doktortitel zu seinem Namen auf die Brusttasche seines blauen Fahrer-Polohemds sticken zu lassen oder sich gar als Arzt vorzustellen. Er hat seinen Zenit als Herzchirurg überschritten und arbeitet daran, seinen Zenit als Lkw-Fahrer zu erreichen. Eine mehr als ungewöhnliche Karriere, zu der es sehr viel Mut bedurfte. Das muss eine andere Art von Mut sein, als trotz der inneren Gewissheit der nachlassenden Konzentrationsfähigkeit weiter am offenen Herzen anderer Menschen zu operieren.[4]

Das Leben als Kunstwerk

Kein Satz des Aktionskünstlers Joseph Beuys hat mehr Widerspruch ausgelöst als dieser: „Jeder Mensch ist ein Künstler." Er hat damit natürlich nicht gemeint, dass jeder Mensch Malen, Schreiben, Fotografieren oder Tanzen als Beruf ausüben soll. Er wollte auf die Möglichkeit hinweisen, dass in jeder Tätigkeit ein Hauch von Kreativität, Fantasie und Großartigkeit steckt.

Lass Dich fallen.

Lerne Schlangen zu beobachten.

Pflanze unmögliche Gärten.

Lade jemand Gefährlichen zum Tee ein.

Mache kleine Zeichen, die „Ja" sagen

Und verteile sie überall in Deinem Haus.

Werde ein Freund von Freiheit und Unsicherheit.

Freue Dich auf Träume.

Weine bei Kinofilmen.

Schaukel so hoch Du kannst mit einer Schaukel bei Mondlicht.

Pflege verschiedene Stimmungen.

Verweigere Dich, „verantwortlich zu sein".

Tu es aus Liebe.

Mach eine Menge Nickerchen.

Gib Geld weiter. Mach es jetzt. Das Geld wird folgen.

Glaube an Zauberei.

Lache eine Menge.

Bade im Mondlicht.

Träume wilde, fantasievolle Träume.

Zeichne auf die Wände.

Lies jeden Tag.

Stell Dir vor, Du wärst verzaubert.

Kicher mit Kindern. Höre alten Leuten zu.

Öffne Dich. Tauche ein. Sei frei.

Preise Dich selbst.

Lass die Angst fallen.

Spiele mit allem.

Unterhalte das Kind in Dir.

Du bist unschuldig.

Baue eine Burg aus Decken.

Werde nass.

Umarme Bäume.

Schreibe Liebesbriefe.

Joseph Beuys zugeschrieben

Für 90 Prozent aller, die davon träumen, etwas Kreatives oder Künstlerisches zu tun, ist bald erkennbar, dass ihr Talent eben nicht ausreicht, um ein Star zu werden. Sollen sie deshalb ihre Gabe einfach aufgeben, ihr Talent wegschmeißen? Gibt es zum Superstar nur die Alternative des ständig mit dem Überleben kämpfenden unbekannten Handlungsreisenden in Sachen Mittelmäßigkeit? Oder ist der Weg des leidenschaftlichen Amateurs, der Freude am Theaterspielen, Malen, Schreiben, Tanzen, Singen und Filmen hat, nicht vielleicht doch eine reizvolle Alternative? Findet sich die Freude am eigenen Schaffen nicht eben genau in den riesigen Räumen, die sich zwischen dem Alles oder Nichts auftun? Darf eine Karriere wirklich nur immer nach oben führen und darf man nie von einem sozial angeseheneren Beruf, der einen nicht mehr erfüllt, in einen mit weniger Status wechseln, der einen mit Freude erfüllt? Viele spannende Lebensgeschichten finden abseits dieser engen Trampelpfade statt.

In Seattle gibt es eine Truppe von Fischhändlern, die es mit ihrer Show beim täglichen Fischverkauf von lokaler Bekanntheit zu Weltruhm gebracht haben. Ihre Geschichte erzählen das Buch und der Film „FISH!". In New York gibt es einen Taxifahrer, der seinen Gästen eine Auswahl von Zeitungen und Erfrischungen anbietet. Er hat sich zum Ziel gesetzt, der beste Taxifahrer von New York zu sein. In Wien gab es den legendären Herrn Robert, der im Café Landtmann die begehrten Fenstertische wie ein Herrscher in seinem Reich verteilte. Man konnte Millionär, Minister oder Popstar sein, wenn einen der Herr Robert nicht erkannte, dann war man niemand in Wien. Hätte eine ausländische Macht möglichst schnell einen Überblick über alle Staatsgeheimnisse, Wirtschaftsskandale und Affären gewinnen wollen, sie hätte nur den Herrn Robert entführen müssen, er wusste alles. Zu seinem Abschiedsfest kamen der Wiener Bürgermeister, die halbe Bundesregierung, die Chefredakteure der führenden Medien, Filmstars, alles was Rang und Namen hatte oder es zumindest glaubte, um ihm die Aufwartung zu machen. Es gibt in jeder Stadt und in jedem Dorf Menschen, die ihren ganz normalen Beruf ein bisschen anders ausüben, ihm ihren ganz persönlichen Stempel aufdrücken. Auch wenn das manche seltsam finden, sie haben ihre Freude daran – und ihre Kunden auch. Für mich haben sie etwas gemeinsam mit dem Zen-Meister Suzuki, der gesagt hat: „Ich bin ein Lebenskünstler, und mein Kunstwerk ist mein Leben."

Die vergängliche Schönheit eines Regenbogens

Am 16. November 2009 erzählte Christo in seiner New Yorker Wohnung in bester Stimmung zwei Stunden lang über bulgarische Geschichte und sein neues Projekt „Over The River". Seine Frau und künstlerische Partnerin Jeanne-Claude entschuldigte er, da sie die für den nächsten Tag geplante Reise nach Washington D. C. vorbereiten müsse. Für Christo und Jeanne-Claude besteht Kunst aus keinen Dingen, die man kaufen kann, sondern aus dem Prozess der Vorarbeit und den Gefühlen, die sie bei den Menschen auslösen. 24 Jahre dauerte es, bis sie ihr Projekt „Verhüllter Reichstag" verwirklichen konnten. Alle, die live dabei waren, bestätigten die fast heilige Atmosphäre, die auf dem Platz herrschte. Noch länger dauerte es, bis sie den New Yorker Central Park im Jahr 2005 mit den safrangelben „Gates" in ein Gesamtkunstwerk verwandeln durften. Jeder Schritt, den man im Central Park machte, veränderte die individuelle Perspektive und damit auch das Kunstwerk. 16 Tage lang waren die 7503 „Gates" im Central Park zu sehen. 26 Jahre hatten sie dafür gekämpft. „Die Kunst ist eine Sache des Augenblicks", sagten Christo und Jeanne-Claude, „so wie auch im Leben nur der Augenblick zählt."

Ich war tief getroffen, als ich erfahren musste, dass Jeanne-Claude zwei Tage nach meinem Besuch völlig unerwartet verstorben war. Jeanne-Claude hat immer davon gesprochen, dass dadurch, dass ihre Werke nie von Dauer seien, eine Dringlichkeit entstehe, sie zu sehen. Wenn man jemandem einen Regenbogen zeige, dann werde er auch nicht antworten: „Den schaue ich mir erst morgen an." Das Sichtbare im Werk von Christo und Jeanne-Claude ist immer nur wenige Tage zu sehen, die Wirkung des Unsichtbaren wird sie beide lange überleben.

Vom Sichtbaren und vom Unsichtbaren

Eine Geschichte erzählt von einem Mönch im Mittelalter, der weit über zehn Jahre an einer Christusstatue gearbeitet hatte, um seine Arbeit nach ihrer Vollendung stolz dem Abt des Klosters zu präsentieren. Der Abt war überwältigt von der Genauigkeit und Schönheit des Meisterwerks der Holzschnitzkunst. Er habe noch nie in seinem Leben etwas so Wundervolles gesehen, gestand er dem Mönch. Gemeinsam gingen sie in die Stiftskirche zum Hochaltar und mauerten die Statue an der vorgesehenen Stelle im Seitentrakt ein. Nachdem beide gebetet hatten und der Abt die Statue gesegnet hatte, fragte er den Mönch: „Du hast ja genau gewusst, dass wir die Statue so anbringen werden, dass die Rückseite nie von jemandem gesehen werden kann. Trotzdem hast Du viele Jahre mit dem gleichen Aufwand an der Rückseite wie an der Vorderseite gearbeitet. Warum hast Du das getan?" – „Gott sieht es", antwortete der Mönch.

Wir sollten nie vergessen, irgendwer sieht uns immer zu, auch wenn wir es gerade nicht bemerken. Nur Menschen, die den scheinbar unsichtbaren Teil ihrer Arbeit mit dem gleichen Anspruch leisten wie den sichtbaren, werden insgesamt die höchste Qualität erzielen. Wer den Kompromiss schon von Beginn an einbaut und sich nur auf das Sichtbare konzentriert, wird nichts Unverwechselbares schaffen können.

Nicht alles, was wir tun, wird perfekt sein, aber wer sein ganzes Leben die höchste Qualität anstrebt, wird sie auch in der letzten Stunde erleben. Denn in der letzten Stunde wird das Unsichtbare in unserem Tun sichtbar und spürbar. Wenn wir nur unsere Zeit absitzen und diszipliniert unsere Aufgaben erfüllen, bleibt am Ende auch nur diese Pflichterfüllung übrig. Viele sind ständig um ihren Lebensunterhalt besorgt, aber selten um ihr Leben. Gerade was unsere Arbeit betrifft, sollten wir uns rechtzeitig fragen:

- Würden wir unseren Job auch machen, wenn wir nicht dafür bezahlt würden?
- Was würden wir gerne tun, wenn wir finanziell völlig unabhängig wären?

Versuch und Scheitern

Alle, die den Film über die verunglückte Mondmission der Apollo 13 mit Tom Hanks gesehen haben, kennen das wichtigste Prinzip der NASA: Scheitern ist keine Option. Im Leben ist das anders. Fehler sind notwendig. Keine bedeutende Innovation, kein Kunstwerk, keine Entdeckung wurde ohne Risiken erreicht. Bei allem, was wir tun, müssen wir das Scheitern immer als eine Möglichkeit einkalkulieren. „Jeder kann alles erreichen, er muss nur wollen", versuchen uns oberflächliche Ratgeberbücher oder eindimensionale Seminare zu vermitteln. Das stimmt leider nicht. Die Wahrheit ist: Jeder kann alles versuchen. Und jeder kann so mutig sein, sich nicht vor dem Scheitern zu fürchten.

Der Extremkletterer Thomas Bubendorfer erzählt über seinen Umgang mit dem Scheitern:[5] „Der Mensch hat die Aufgabe aufzubrechen, um das, was nur er selbst sieht, zu erobern. Aber der Weg von dieser Vorstellung zur Realisierung ist unsichtbar. Genau darin liegt das Abenteuer des Lebens, sich auf dieses Ungewisse einzulassen. Das ist bei einer neuen Besteigung immer ein Herantasten, ein Hinauf und wieder Hinunter, nie wissend, ob das, was ich mir vorgenommen habe, auch tatsächlich so erreichbar ist. Dadurch, dass ich oft gescheitert bin mit Projekten, habe ich lernen müssen, dieses Unsichtbare zuzulassen. Man kann nicht mit dem Kopf durch die Wand, man muss mit dem Herzen durch die Wand gehen.

Letztes Jahr bin ich super auftrainiert nach Patagonien gefahren, um einen Winteralleingang zu wagen. Zuerst fliegt man nach Buenos Aires und von dort 3000 Kilometer weiter nach Calafate. Ich hatte drei Gepäcksstücke zu je 48 Kilogramm in einer Tonne. Als ich am Förderband wartete, kam alles, nur nicht meine Tonne. Die Lufthansa informierte mich, dass meine Tonne in Buenos Aires liegen geblieben war, aber sicher am nächsten Tag kommen würde. Die ersten drei Tage belagerte ich den Lufthansa-Schalter, aber es gab einfach niemanden, an dem ich meinen Zorn auslassen konnte. Eine Woche herrliches Wetter, klare Sicht, kein Niederschlag und keine Tonne. Am siebten Tag kam dann die Tonne und ich startete sofort mit voller Kraft hin zum Berg. Am Morgen des achten Tages sah ich gar nichts. Es begann das schlechte Wetter, das so schlecht war, dass man kaum gehen geschweige denn klettern konnte, 14 Tage lang. Nach drei Wochen fuhr ich samt meiner Tonne wieder heim. Nach meiner Rückkunft bedauerten alle diese Katastrophe. Ich gab zu, dass ich die ersten drei Tage ganz schlecht drauf war, aber dann erkannte ich, dass ich mehr über mich gelernt hatte, als wenn ich den 99. Rekord geklettert wäre, was niemanden überrascht hätte. Es würde wohl zu weit gehen, zu sagen, dass das meine interessanteste Expedition war, aber sicher eine äußerst lehrreiche. Früher wäre ich völlig verzweifelt gewesen, weil ich jeden Schlechtwettereinbruch als Verschwörung des Schicksals gegen mich aufgefasst hätte. Heute weiß ich, dass nicht alles immer Sein oder Nichtsein ist, sondern dass es immer Sein ist."

Wir brauchen uns selbst keine Grenzen zu setzen, das tun ohnehin andere für uns. Am Ende Deines Lebens wirst Du keine Stunde bereuen, in der Du in ehrlicher Absicht gute Arbeit geleistet hast – für Deine Kunden, für Deine Kinder, bezahlt oder unbezahlt. Es geht um einfache Fragen: Was tue ich? Wie tue ich es? Mit welcher Begeisterung gehe ich auf meine Aufgaben zu? Wie hoch ist mein eigener Anspruch? Es sind diese vielen kleinen Entscheidungen, die darüber bestimmen, ob wir Sinn in unserem Tun finden.

Wenn ich am Ende meines Lebens vor Gott stehe, dann wollte ich, dass mir kein einziges Fitzelchen Talent mehr übrig bliebe und ich sagen könnte: „Ich habe alles aufgebraucht, was Du mir gegeben hast."

Erma Bombeck

---

1 Stefan Klein: Zeit. Der Stoff, aus dem das Leben ist. Eine Gebrauchsanleitung, Frankfurt am Main 2006, S. 146

2 Mihaly Csikszentmihalyi: Flow im Beruf. Das Geheimnis des Glücks am Arbeitsplatz, Stuttgart 2004, S. 53

3 brand eins, November 2007, S. 112–114

4 brand eins, November 2007, S.126–129

5 Das Interview mit Thomas Bubendorfer fand am 24. März 2010 statt.

Liebe – die Essenz des Lebens

Um einen Liebesbrief zu schreiben, musst Du anfangen, ohne zu wissen, was Du sagen willst, und endigen, ohne zu wissen, was Du gesagt hast.

Jean-Jacques Rousseau

In der letzten Stunde wird es ganz einfach: Man hat geliebt – oder nicht. Fragt man Menschen nach dem glücklichsten Augenblick ihres Lebens, erhält man oft zwei Antworten: „Ich liebe Dich" von einem geliebten Menschen gesagt zu bekommen und das erste Mal das eigene Kind nach der Geburt zu sehen. Liebe umfasst noch mehr. Die Liebe zu anderen, die Liebe zum Leben und die für viele schwierigste Liebe: die Liebe zu sich selbst.

Betrachtet man die größte Liebe seines bisherigen Lebens aus der Perspektive der letzten Stunde und kehrt mit all diesen Gefühlen wieder in die Gegenwart zurück, kann man vielleicht einige Herzschläge lang erleben, wie sehr sich die Wahrnehmung der Welt verändert. Liebe ist immer neu, auch wenn wir glauben, sie schon gut zu kennen, sie ist immer größer, als wir uns vorstellen können, und sie überrascht uns manchmal an Orten, an die wir uns nie freiwillig begeben würden.

Liebe im Härtetest – eine Expedition in eine verdrängte Welt

Bei mir war es eine einfache Frage, die mich nach St. Anna führte: Gehen Kinder anders mit dem Tod um als Erwachsene? Diese Frage war schnell beantwortet: Ja, Kinder gehen anders mit dem

Tod um als Erwachsene, viel heldenhafter, weil sie fest davon überzeugt sind, dass sie danach als Engel in den Himmel kommen. Wenn Kinder sterben müssen, sind sie nicht traurig über ihr eigenes Schicksal, sondern darüber, dass sie ihren Eltern Leiden verursachen. Sie klammern sich mit letzter Kraft an ihr Leben, weil sie ihre Mama nicht weinen sehen wollen. Sie wollen ihre Eltern vor Leid schützen, dafür verbergen sie sogar ihre eigenen Schmerzen. Kinder haben keine letzten Wünsche für sich selbst, sondern nur für andere. Sie wollen, dass Mama und Papa zusammenbleiben und nicht streiten, dass sie noch ein Kind bekommen. Sie machen genaue Listen mit Geschenken, wer was von ihren Sachen erhalten soll. Krebskranken Kindern kann man sich nicht entziehen, sie rühren einen zu Tränen. Man bewundert den ungeheuren Überlebenswillen dieser ganz jungen Menschen und das Durchhaltevermögen ihrer Väter und Mütter.

Das St. Anna Kinderspital in Wien ist ein Ort, für den man gerne spendet, um den man aber lieber einen Umweg macht. Zu stark wirkt die unbewusste Angst, dem, was hinter den Mauern lauert, zu nahe zu kommen. St. Anna steht für etwas, das Menschen an ihrem Glauben zweifeln lässt. St. Anna konfrontiert uns mit einer Tatsache, die wir nicht akzeptieren können: Dass es Kinder gibt, die an Krebs erkranken und daran sterben. Krebskranke Kinder passen nicht in diese Welt, in der alles machbar ist.

Wenn man einem tabuisierten Ort nicht ausweicht, sondern ihn betritt, wird man zuerst mit seinen Vorurteilen konfrontiert. Bereits nach einer Stunde im St. Anna Kinderspital hatte ich erkannt, dass fast alles, was ich bis dahin zu wissen geglaubt hatte, sachlich falsch war. In Österreich erkranken jedes Jahr „nur" 250 Kinder, in Deutschland 1800. Und jetzt gleich die gute Nachricht: Sie haben eine Überlebenschance von 70 Prozent. Man hat mir ein Buch geschenkt, geschrieben von der Mutter eines überlebenden Kindes, das Kinder und Eltern auf dem Weg durch die Therapie leiten soll. Sehr, sehr gut gemacht, man versteht sofort, worum es geht. „Hannah, Du schaffst es!" heißt das Buch und natürlich gehört Hannah zu jenen drei von vier Kindern, die es schaffen.

Mir ist auch das strahlende Lächeln, die sehr positive Ausstrahlung der Schwestern und Ärzte aufgefallen. Man spürt ihre Fähigkeit zu ehrlichem Mitgefühl. Und dann packt es einen selbst, man kommt sich moralisch unzureichend vor, mit seinen kleinen Sorgen und Verletzungen, seinen Jammereien über die Ärgernisse des Alltags. Das schlechte Gewissen meldet sich, weil man noch nie Knochenmark oder Blutplättchen gespendet hat, wo man doch damit zumindest ein Leben irgendwo auf der Welt retten könnte. Denn im Gegensatz zum Blutspenden sind Stammzellen extrem individuell, und diese Therapie kann nur funktionieren, wenn es Millionen von Spenderzellen zur Auswahl gibt, um die eine passende zu finden. Würde nicht schon allein das Wissen, dass man einem Kind das Leben gerettet hat, die Frage nach dem Sinn des eigenen Lebens leichter machen?[1]

Es war ein Detail, das mich darauf stieß, warum ich eigentlich dort war. Der kurze Blick in eines der Zimmer, in denen immer zwei Betten standen, eines für das Kind und eines für die Mutter, zeigte mir deutlich, warum ich tiefer in diese verdrängte Welt eindringen sollte. Trotz der Leere des Zimmers spürte man das starke Band zwischen Mutter und Kind, konnte man sofort nachfühlen, wie sehr man sich selbst in dieser Situation die ständige Nähe der geliebten Mutter wünschte, auch das, was in einer Mutter vorgehen musste, die bis zuletzt gehofft hatte, dass sich alles als ein böser Albtraum oder Irrtum herausstellen würde. Um dann die Stimme des Arztes nur mehr in weiter Ferne zu hören, während sie den Boden unter den Füßen verlor, und minutenlang ohne Halt frei nach unten zu fallen, als ob man sie aus einem Flugzeug geworfen hätte. Von einer Minute auf die andere stülpt sich das Leben völlig um und irgendwann findet sich die Mutter in der ersten Nacht in einem dieser Zimmer wieder, nachdem man sie davon überzeugt hatte, dass sie mit ihrem

Kind nicht mehr nach Hause durfte, sondern sofort hierbleiben musste.

Mir wurde klar, dass ich an diesen Ort geführt worden war, um etwas über die stärkste Kraft des Menschen zu lernen, dass ich sie hier am besten begreifen konnte, wo das Unbegreifliche tägliche Realität war: die selbstlose Liebe in ihrer reinsten Form. Nirgends zeigt sich so deutlich, wie stark die Kraft der Liebe sein kann, als wenn Mütter den Kampf um das Überleben ihrer Kinder aufnehmen. Das klingt vielleicht allzu selbstverständlich – eine Mutter bleibt bei ihrem Kind –, aber dieses Miteinander-Leben in einem zehn Quadratmeter großen Zimmer geht über jede Grenze des Vorstellbaren. Es bedeutet für die Mütter, ohne zu zögern ihr normales Leben, ihren Beruf aufzugeben, ihre Beziehung zu riskieren, um ein, zwei, manchmal auch fünf Jahre lang um das Leben ihres Kindes zu kämpfen. Von Vätern wird erwartet, trotz der emotionalen Betroffenheit, im Beruf weiterhin perfekt zu funktionieren, um die wirtschaftliche Existenz nicht zu gefährden. Die betroffenen Eltern entwickeln auf einmal so ungeheure Kräfte, dass sie sich nachher selbst fragen, wie sie das schaffen konnten. Offensichtlich besitzen wir Kraftreserven, die uns helfen, über uns hinaus zu wachsen und auch schwierigste Situationen zu meistern.

Doris Koller, Seelsorgerin von St. Anna, ist kein einziger Fall in Erinnerung, wo eine Familie in der Phase der Prüfung zerbrochen ist. Die Liebe mobilisiert unglaubliche Energien im Menschen, aber Wunder kann sie keine bewirken. Nein, die Liebe überwindet nicht den Tod. Liebe kann auch heißen, das eigene Kind gehen zu lassen, ihm zu sagen, dass es nicht mehr für Mama und Papa kämpfen müsse. Eine letzte Stunde hat sich bei mir besonders eingeprägt: Die Tochter saß in einem Fernsehsessel, zwischen ihrem Vater und ihrer Mutter, und schaute auf ein selbst gemaltes Bild, das eine Sommerwiese darstellte. Sie sagte dann: „Seht, da bin ich jetzt ganz am Rand. Ein bisschen dauert es noch, aber ich bin schon auf der Wiese." Der Vater und die Mutter weinten natürlich in dieser Situation, viele Taschentücher wurden gebraucht. Dann verlangte auch die Tochter, dass man ihr ein Taschentuch in den Pyjama steckte – zum Winken. Davor bat sie noch ihre Eltern, immer füreinander da zu sein und auf ihren Bruder gut aufzupassen.

Allem Anschein nach ist die mütterliche Fürsorge die Ursprungsquelle der Liebe. Sie baut auf der umfassendsten Erfahrung menschlicher Verbundenheit auf. Dieses Band wird in den ersten Lebensmonaten geschmiedet und alle späteren intimen Erfahrungen mit Partnern auf seelischer, emotionaler und körperlicher Ebene werden von der Sehnsucht nach diesem glücklichen Urzustand geprägt.[2]

„Wann kommst Du wieder zu mir?"

Der Film „Elle s'appelle Sabine" von Sandrine Bonnaire über ihre 38-jährige Schwester Sabine, die seit ihrer Kindheit an Autismus leidet, zeigt die Besuche des französischen Filmstars in Sabines Pflegeheim, wo diese nach einem fünfjährigen Aufenthalt in einem psychiatrischen Spital endlich einen passenden Platz gefunden hat. Diese Bilder, die sie durch den Alltag begleiten, werden immer wieder von alten Familienaufnahmen unterbrochen, die eine andere, frühere Sabine zeigen: Momente des Glücks, aber auch der Ungewissheit über den Weiterverlauf der Krankheit.

„Was bedeutet Liebe für Dich?", fragt Sandrine Bonnaire einmal gegen Ende des Filmes ihre Schwester, und diese antwortet mit einfachen Worten: „Sie macht mich glücklich." Immer wieder stellt Sabine die Frage, wann denn der nächste Besuch ihrer Schwester anstünde und ob der jetzige noch andauern würde. Das war der Moment, wo ich dachte, der ganze Film sei nur für mich gedreht worden, um mich an meine Mutter zu erinnern, die sich immer sehnsüchtig auf das nächste Treffen freut. „Wann kommst Du wieder zu mir?" ist wohl eine Frage, mit der fast jeder irgendwann im Lauf seines Lebens umzugehen lernen muss. „Wann kommst Du?" und „Ein bisschen kannst Du noch bleiben": Zwischen diesen beiden Sätzen liegen die Zeit des schlechten Gewissens und die vielen kurzen Anrufe, um dieses zu beruhigen. Kleine Geschenke und Aufmerksamkeiten sind die Bestechungsversuche, mit denen wir uns selbst davon ablenken wollen, dass wir den uns Anvertrauten zu wenig von dem einzig wirklich Wichtigen geben – unsere Zeit.

„Elle s'appelle Sabine" ist ein mutiger Film, der auch ein großes Stück vom privaten Leben der populären Schauspielerin preisgibt. In der Publikumsdiskussion nach dem Film wird Sandrine Bonnaire gefragt, ob sie Schuldgefühle gegenüber ihrer Schwester hätte. Sie verneint und weist auf die großen Probleme hin, die sie trotz ihrer Bekanntheit hatte, einen geeigneten Platz für Sabine zu finden. Dass Sandrine Bonnaire eine großartige Schauspielerin ist, wusste ich schon vor diesem Abend, dass sie auch ein beeindruckender Mensch ist, habe ich dazugelernt.[3] Und dass jeder seine Prüfungen im Leben zu bestehen hat, ganz egal, wie prominent er ist. Vor allem habe ich aber gesehen, dass es nicht um schlechtes Gewissen geht, sondern um die einfache Entscheidung, das Richtige zu tun – und viel Freude daran zu haben. Meine unzähligen Rechtfertigungen vor mir selbst, warum ich oft mit dem Einfachen und Zumutbaren so zu kämpfen hatte, kamen mir auf einmal sehr kläglich vor. Das Beispiel von Sandrine Bonnaire zeigt, dass es einen Weg gibt zwischen der totalen Selbstaufgabe und dem Wegschieben eines lieben Menschen, der der Zuneigung und Hilfe bedarf. Es ist ein Weg des Herzens *und* der Vernunft. Das war der Tag, an dem ich beschlossen habe, aus meinem Ritual „Ich habe ohnehin jeden Tag meine Mutter angerufen" auszusteigen.

Die einfache Wahrheit lautet: Meine Mutter braucht mich nicht täglich am Telefon, sondern möglichst oft bei sich. Im Alter werden wir offensichtlich wieder zu Kindern. So wie wir uns im Ferienheim über den Besuch von Mutter und Vater gefreut haben, warten wir im Alter sehnsüchtig auf die Besuche unserer Kinder und Enkelkinder. Die Vernunft lehrt einen, dass sich im Lauf der Jahre der Spielraum der Möglichkeiten, sinnvoll Zeit miteinander zu verbringen, dramatisch verringert. Die so lange hinausgeschobene gemeinsame Reise wird dann aus gesundheitlichen Gründen gar nicht mehr möglich, ja selbst der Ausflug ins Grüne erweist sich als nicht mehr realisierbar, wenn wir es uns selbst vielleicht am meisten wünschen würden. Moralische Appelle an uns selbst tun das, was sie immer tun, sie verhallen ungehört. Und je mehr wir darüber nachdenken, umso schlechter fühlen wir uns. Ich erkannte, dass ich mein Wesen, wie ich an wichtige Dinge in meinem Leben heranging, auch im Verhältnis zu meiner Mutter nicht verleugnen konnte, sondern es im Gegenteil dafür nutzen sollte. Ich ging es auf meine Art an und auf einmal fluteten die Ideen und, was noch wichtiger war, ich spürte Freude und Energie.

Hat man einmal begonnen, aus einer sozialen Verpflichtung ein Abenteuer zu machen, fühlt man sich auch sofort wieder mit der Urquelle der Liebe gegenüber seinen Eltern verbunden. Nehmen wir die hohe Kunst des Schenkens als Beispiel: Meine Mutter hat immer gerne geschenkt und jetzt an ihre Betreuungswohnung gebunden, kann sie nicht mehr in Geschäften stöbern und auswählen. Das größte Geschenk, das man ihr daher machen kann, ist herauszufinden, wem sie etwas schenken will. Und in dem Augenblick, in dem man den Schalter in seinem Innersten von Pflichterfüllung auf Liebeschenken umgelegt hat, empfindet man auf einmal selbst viel Freude. Warum konnte man glauben, dass nur der geliebte Partner in der Phase der Verliebtheit empfänglich für jedes noch so kleine Geschenk ist, und nicht die eigene Mutter?

Es sind nicht die großen Gesten, es geht um das Handhalten, um das Eingehängt-Gehen, um das Umarmen beim Begrüßen und Abschiednehmen. Man erkennt, wie sehr es die kleinen Wegzehrungen des Lebens sind, die Nahrung für die Seele bedeuten.

Es geht um die Energie, mit der wir auf das Zimmer des zu Besuchenden zueilen. Gerade wenn wir bei der Anreise in einen Stau geraten sind, wollen wir in sinnloser Eile möglichst schnell die Treppen hinaufstürmen, als könnten wir die verlorene Zeit wieder einholen. Dann sollten wir uns angewöhnen, diesen einen Augenblick zu verharren, nicht auf der ersten, nicht auf der zweiten, vielleicht auf der dritten Stufe, um bewusst zu atmen, und uns genau vorstellen, wie wir dann auf den anderen zugehen werden, wie wir unseren Stress und unsere Sorgen hinter der Tür zu seinem Zimmer lassen, um ihm die ganze Aufmerksamkeit und Fürsorge zu schenken. Dass man sich bückt, um jenem Menschen die Schuhe zu binden, der uns selbst so oft die Schuhe gebunden hat, ist selbstverständlich, entscheidend ist die Qualität, in der man es tut. Aus der Pflicht kann immer eine Möglichkeit werden, jede Begegnung so zu gestalten, dass sie Raum für Freude und Überraschung bietet – für meine Mutter und auch für mich.

Geliebt werden, so wie wir sind

Die Liebe gibt uns das Gefühl, einzigartig zu sein. Geliebt zu werden hebt unser Selbstwertgefühl in lichte Höhen und hilft uns, in Phasen der Niederlagen nicht zu zerbrechen. Im Positiven kann uns die Liebe zu beeindruckenden moralischen Leistungen bis zum Selbstopfer motivieren, im Negativen zu Hass, Eifersucht, Krieg und Zerstörung führen. Helena und Penelope in den Homerschen Epen stehen für beide Seiten dieser Medaille. Die größten Helden Griechenlands und Trojas wurden der Liebe des jungen Prinzen Paris zu Helena geopfert. Und Odysseus ließ sich auch nach sieben Jahren auf der Insel von Kalypso nicht davon abbringen, zu seiner geliebten Penelope zurückkehren zu wollen. Selbst ihr letztes Angebot, die Unsterblichkeit, konnte ihn nicht umstimmen. Penelope wartete ihrerseits wiederum entgegen allen Wahrscheinlichkeiten auf die Rückkehr des verschollenen Geliebten. So klischeehaft diese alten Mythen auch erscheinen, so sehr beweist sich ihre Lebenswahrheit jeden Tag in den Zeitungsberichten über groteske Eifersuchtsmorde und berührende Liebesgeschichten.

So wird der laute Christoph Schlingensief auf einmal ganz leise, wenn er in dem Buch über seine Erkrankung beschreibt, wie sich seine Freundin Aino liebevoll um ihn kümmert, wie er seinen Kopf auf ihren Schoß legt und sie dann beide einschlafen. Das sei sehr, sehr schön gewesen. Hier werden die Ursehnsüchte angesprochen, und auf einmal spielt es keine Rolle mehr, ob man in Schlingensief einen gnadenlosen Provokateur oder einen genialen Künstler sieht, man freut sich nur mit ihm, dass es diesen Schoß gibt, in den er seinen Kopf legen kann. Wir verstehen auch seine Urangst, dass die Freundin ihn verlassen könnte, weil wir alle schon einmal Angst hatten, dass unsere Mutter, die uns pflegte, auf einmal nicht mehr kommen könnte. Und wir freuen uns über die schönen Momente, wenn er mit seiner Aino friedlich nebeneinander liegt und Händchen hält.[4]

Wenn wir die wahren Motivationen hinter den Dingen, die wir mit so großem Einsatz anstreben, wie Geld verdienen, Macht vermehren, berühmt werden, die Welt erobern usw., alle in einen Kochtopf werfen und so lange einkochen würden, bis nur eine Essenz übrig bliebe, dann wäre es diese: Wir wollen geliebt werden. Vor allem wollen wir so geliebt werden, wie wir sind. Das verlangt den Mut zur Wahrheit uns selbst gegenüber und Offenheit gegenüber dem anderen. Oft tun wir aber genau das Gegenteil. Wir stopfen immer mehr in unser Leben hinein, um unseren Partner, unsere Familie und oft sogar völlig fremde Menschen dazu zu bringen, uns zu lieben. Dabei müssten wir unsere Herzen und unseren Mund öffnen und aussprechen, was wir fühlen, was wir hoffen, was wir träumen. Genau deshalb macht uns die Liebe auch so verletzlich. Wir fürchten wieder dort verletzt zu werden, wo uns schon einmal jemand sehr wehgetan hat, und gleichzeitig sehnen wir uns nach Liebe. Nur ein verletzbares Herz kann ein liebendes sein.[5] Liebe ohne Risiko kann es nicht geben, genauso wenig wie es Leben ohne Risiko gibt.

211

Das einzig Wichtige im Leben sind die Spuren der Liebe, die wir hinterlassen, wenn wir gehen.

Albert Schweitzer

Liebe muss erreichbar sein

„Glück ist überall da, wo Menschen starke Gefühle haben, diese nicht vergewaltigen und vertreiben, sondern pflegen und genießen. Schönheit beglückt nicht den, der sie besitzt, sondern den, der sie lieben und anbeten kann. Es gibt scheinbar viele Gefühle, aber im Grunde nur eines: Die Liebe. Glück ist Liebe und nichts anderes. Wer lieben kann, ist glücklich. Jede Bewegung unserer Seele, in der sie sich selbst spürt, ist Liebe. Glücklich ist der, der zu lieben vermag, nicht nur andere, auch sich selbst. Es ist aber wichtig, zwischen Liebe und Begehren zu unterscheiden. Liebe will nicht haben oder besitzen, sie will nur lieben. Man könnte sagen: Liebe ist weise gewordene Begierde."[6]

So wunderschön diese Beschreibung von Hermann Hesse auch sein mag, so oft wir dieser reinen Form auch in Phasen der Verliebtheit nahe gekommen sein mögen, sie legt uns die Latte unserer Erwartungen so hoch, dass wir sie in der Realität eines langen Lebens nicht immer meistern können. Ja, es besteht sogar die Gefahr, dass wir nach einigen Fehlversuchen überhaupt aufgeben und im schlimmsten aller Fälle gar nicht mehr den Anlauf wagen. Am ehesten ist die selbstlose Liebe wahrscheinlich am Urquell der Liebe, nämlich der Liebe der Eltern zu den Kindern, zu finden. Den idealen Liebenden, der selbst nichts für sich will, alles dankbar annimmt, was gerade da ist, und immer nur gibt, ohne zu erwarten, der uns so angepriesen wird, gibt es zumindest in meinem Freundeskreis nicht. Unter meinen durchaus sorgsam ausgewählten Freunden hält sich der Anteil an „weise Begehrenden" oder selbstlos Liebenden in engen Grenzen, eigentlich fällt mir keiner ein. Dafür gibt es reale Menschen mit ihren Stärken und Schwächen, mit ihren Lust- und

Unlustgefühlen und mit sehr klaren Erwartungen an ihren Partner. Wenn diese dauerhaft in einer Beziehung nicht erfüllt werden, trennt man sich. Und die meisten leben eher eine Zeit lang allein, als Partnerschaften einzugehen, wo schon am Anfang klar ist, dass die Unlustgefühle bald die Lustgefühle überwiegen werden.

Gerade beim Thema Liebe, dem wichtigsten, sollte der Blick auf das eigene Leben nie gnadenlos sein. Wenn wir unsere bestehenden und ehemaligen Partnerschaften, die wir selbst mit dem Prädikat „Liebe" versehen, betrachten, sollten wir diese nicht am Maßstab von Hollywoodfilmen oder von PR-Agenturen retuschierten Liebesgeschichten in Hochglanzmagazinen bewerten, das wird fast immer frustrierend ausgehen. Da sind die Beziehungen und Ehen unserer Freunde ein viel ehrlicherer Vergleich. Gerade weil die Liebe etwas so Himmlisches sein kann, sollten wir sie in unserem eigenen Leben nach den irdischen Möglichkeiten messen. Liebe ist vor allem zutiefst menschlich. „Tatsächlich suchen wir in der Liebe Nähe *und* Distanz, intuitives Verständnis *und* Rückzugsräume, Sanftheit *und* Härte, Macht *und* Ohnmacht, Heilige *und* Hure, Großwildjäger *und* Familienvater. Und manchmal suchen wir nicht das eine nach dem anderen, sondern alles durcheinander, schwer zu entwirren, gleichzeitig und irgendwie doch nicht gleichzeitig."[7] Die Herausforderung einer Liebesbeziehung besteht nicht darin, die eigenen Interessen für den anderen zu opfern, sondern die Spannung zwischen dem Eigeninteresse und der Selbstlosigkeit, die Liebe verlangt, aushalten zu lernen – darin liegt auf Dauer auch die Spannung.[8]

Die meisten Singles geben „Meine Ansprüche sind zu hoch" als Hauptgrund für ihr Alleinsein an. Es ist durchaus berechtigt, bei der Wahl seiner Lebenspartner sehr genau zu sein, um nicht in der Katastrophe oder mindestens so schlimm in der Leere zu landen. Wir haben keinen Einfluss darauf, wen wir begehrenswert finden. Die Strategie, sich jemanden einen Abend lang „schön zu trinken", führt am Morgen im besten Fall nur zu einem schlechten Gefühl im Magen ohne dauerhafte Folgen. Ob wir uns in jemanden verlieben, können wir schon ein bisschen besser beeinflussen. Es ist gar nicht so einfach, der Falle, die Ansprüche an den anderen ständig hochzuschrauben und dann über die reale Erfahrung der Liebe immer mehr enttäuscht zu sein, zu entgehen. Aber „Meine Ansprüche waren zu hoch" wird keine gute Antwort auf die Frage nach der Liebe in unserem Leben sein. Wann immer wir uns auf die Suche nach der Liebe machen, macht auch sie sich auf, uns zu finden. Sie ist eine Einstellung, mit der man durchs Leben geht.

Es ist Unsinn
sagt die Vernunft
Es ist was es ist
sagt die Liebe

Es ist Unglück
sagt die Berechnung
Es ist nichts als Schmerz
sagt die Angst
Es ist aussichtslos
sagt die Einsicht
Es ist was es ist
sagt die Liebe

Es ist lächerlich
sagt der Stolz
Es ist leichtsinnig
sagt die Vorsicht
Es ist unmöglich
sagt die Erfahrung
Es ist was es ist
sagt die Liebe
Erich Fried*

---

* Erich Fried: Was es ist, aus: Es ist was es ist, © Verlag Klaus Wagenbach, Berlin 1983.

Wir suchen alles und immer auch gleich das Gegenteil davon, und wundern uns dann, wenn wir enttäuscht werden: Die Geborgenheit einer Partnerschaft und die Fremdheit einer wilden Liebesaffäre, Nähe, um das Alleinsein zu überwinden, und Distanz, um uns weiterentwickeln zu können, Stärke, um uns anlehnen zu können, wenn es uns gerade schlecht geht, und Schwäche, um dem anderen Mitgefühl zeigen zu können, Harmonie im Alltag und Abenteuer auf Reisen, all das mit demselben Partner und ohne uns selbst dabei zu verändern. In dieser Überschätzung der eigenen Veränderungsfähigkeit und auch der des Partners liegt der Keim zur Überforderung unserer Vorstellung von Liebe. Dann verlieben wir uns in ein Konstrukt von Liebe, das dem Vergleich mit dem Tatsächlichen nie standhalten kann. Unser Glück erleben wir nur im Traum und damit berauben wir die Liebe ihrer Macht. Liebe findet immer nur im wirklichen Leben statt, an wunderschönen Orten genauso wie zuvor beschrieben im Kinderspital. Liebe beginnt immer mit dem Willen zur Hingabe an einen ganz konkreten Menschen. Im besten aller Fälle geben wir einen Teil, aber eben nur einen Teil, unserer Individualität auf, um mehr zu werden. Wir erweitern unsere Möglichkeiten zu fühlen, zu sehen, zu denken, zu handeln und zu leben.

Ein Kriterium, das Psychologen in Langzeitstudien über glückliche Ehen herausgefunden haben, ist mir in Erinnerung geblieben, weil es so einleuchtend einfach ist: Die Innigkeit und Dauer der täglichen Begrüßungen und Verabschiedungen seien der Barometer für das Ausmaß an Liebe, das in jeder Beziehung herrsche. An der Art, wie Paare sich in diesen wenigen Augenblicken anschauen, sich berühren und miteinander umgehen, können selbst Außenstehende den Zustand der Beziehung erkennen.

Die Liebe erhellt unseren Wunsch nach Glück. Auch wenn wir die Sehnsucht nach Liebe nicht auf das Streben nach Glück reduzieren sollten, kann ein Leben, das von Liebe erfüllt war, nie ein unglückliches gewesen sein. Die letzte Stunde ist das Spiegelbild der gesamten Liebe unseres Lebens. Wenn Du nicht geliebt hast, wird es in der letzten Stunde auch wenig Liebe geben. Liebe ist etwas fundamental anderes als Respekt, Freundschaft, Achtung, Bekanntheit, Ruhm. Liebe kann nicht erzwungen oder gekauft werden. Liebe kann durch nichts ersetzt werden. Am Ende ist es die Summe der Liebe, die über das Glück in unserem Leben entscheidet, und das geht weit über die Liebe zu unserem Partner und unseren Kindern hinaus, wie Hermann Hesse so schön formuliert: „Für Jeden ist das Wichtigste auf der Welt sein eigenes Innerstes – seine Seele – seine Liebesfähigkeit ... Wenn man dem Guten im Menschen zum Durchbruch verhelfen will, dann muss man ihn vor allem dabei unterstützen, glücksfähig zu werden. Und glücklich ist der Mensch vor allem wenn er liebt. Der Grund aller Weisheit ist: Glück kommt nur durch Liebe."[9]

Zwei mutige Sätze

Die existenziellste und immer wiederkehrende Frage unseres Lebens lautet: „Wer bin ich?" Wenn wir beim Gedanken an unsere letzte Stunde darauf mit „Ich werde geliebt" antworten können, ist alles gut und wir können sehr dankbar sein.

Am Ende des Tages sind es zwei Sätze, die uns oft ein Leben lang viel Mut gekostet haben: „Bitte halte meine Hand" und „Ich liebe Dich". Wie schön wäre es zu wissen, dass es jemanden gibt, der sie hören wird.

---

1 Leser, die sich von dieser Möglichkeit angesprochen fühlen, finden nähere Informationen für Österreich unter: www.knochenmarkspende.at, für Deutschland unter: www.zkrd.de, für die Schweiz unter: www.knochenmark.ch

2 Richard David Precht: Liebe. Ein unordentliches Gefühl, München 2009, S. 162 f.

3 Nach der Filmvorführung am 27. September 2008 im Wiener Gartenbaukino stellte sich Sandrine Bonnaire einer Publikumsdiskussion.

4   Christoph Schlingensief: So schön wie hier kanns im Himmel gar nicht sein! Tagebuch einer Krebserkrankung, Köln 2009, S. 91 und S. 101

5   Andreas Salcher: Der verletzte Mensch, Salzburg 2009, S. 217

6   Hermann Hesse: Lebenszeiten, Frankfurt am Main 1994, S. 89 ff.

7   Richard David Precht: Liebe. Ein unordentliches Gefühl, München 2009, S. 242

8   Ebd., S. 297

9   Hermann Hesse: Lebenszeiten, Frankfurt am Main 1994, S. 90–92

Vom Licht und der Finsternis

Wenn es dunkel genug ist, dann kann man die Sterne sehen.
Martin Buber

Es fällt gar nicht leicht, uns vorzustellen, wie sehr die Menschen früherer Jahrhunderte unter der Angst vor der Nacht litten. Diese Angst vor der Dunkelheit können wir sehr wohl noch bei Kindern, aber auch bei uns selbst erleben, wenn der Strom in einem ganzen Stadtteil plötzlich ausfällt oder wir bei einer Wanderung von der Dunkelheit einer mondlosen Nacht überrascht werden. Dann kann auch Erwachsene die Angst überkommen, von der Dunkelheit verschluckt zu werden. Hinter der Angst vor der Dunkelheit steckt unsere Angst vor dem Unbekannten. Und so wie wir die äußere Dunkelheit fürchten, fürchten wir auch die Dunkelheit in den verborgenen Winkeln unserer Seele.[1] Immer Licht ist genauso schlimm wie dauernd Finsternis. Wir können erkennen, dass es einen Lichtschalter gibt und dass wir ihn benutzen können. Die Angst vor der letzten Stunde kommt aus der Unwissenheit darüber, wo wir unser Licht finden können. Es geht darum, sein Leben so zu leben, dass man sich am Ende wieder erkennt.

Oft gehen wir kurzsichtig durch unser Leben und sehen das Wichtigste nicht: Wir sehen nicht, was wir sein könnten. Wir tendieren im Lauf unseres Lebens immer mehr dazu, nur jene Informationen wahrzunehmen, die unsere Sicht der Dinge bestätigen. Dadurch verfestigt sich das Bild von der Welt immer mehr. Wir sehen fast nur mehr, was wir sehen müssen, um zu überleben, und werden blind gegenüber dem großen Rest der Realität. Um uns und andere besser zu verstehen, müssen wir lernen, genau diese Dinge, die wir nicht sehen können, sichtbar zu machen. Mit diesem Wissen beginnt jede Veränderung:

- Das sanfte Hinschauen auf das eigene Leben
- Das Erkennen von Licht und Finsternis
- Die Annäherung an sich selbst

Das sanfte Hinschauen auf das eigene Leben

Heute brauchen viele Menschen eine Skala, um ihr Leben bewerten zu können: Wie erfolgreich ist mein Leben im Vergleich zu anderen? Bin ich schön genug? Wie anziehend ist mein Partner? In wie viele Länder bin ich schon gereist? Wie viel verdiene ich? Dabei vergleicht man sich immer mit jenen, von denen man meint, dass sie mehr empfangen haben: mehr Intelligenz, besseres Aussehen, mehr Chancen, mehr Glück. Wie entkommt man der reinen Schwarz-Weiß-Malerei, die nicht differenzieren kann und nur den Weg des Superstars oder des Totalversagers kennt? Denn das endet fast immer beim Totalversager, weil es nur wenige Superstars geben kann – von denen die meisten wiederum ziemlich unglücklich sind.

Der Weg aus der Vergleichsfalle ist die Übung im sanften Hinschauen auf sein eigenes Leben. Wenn man ein Bild betrachtet und dann mit den Augen zu blinzeln beginnt, entdeckt man neue zusätzliche Facetten in dem Bild. Ein scheinbar unbedeutendes Detail entpuppt sich schließlich als wichtiges Element, etwas auf den ersten Blick Unsichtbares wird auf einmal sichtbar. Nach einer Stunde hat ein Bild eine andere Bedeutung für uns, es ist nicht mehr dasselbe. Lebenskunst heißt, genauer auf das Bild, das Ihr eigenes Leben im Augenblick darstellt, hinschauen zu lernen und es mit unterschiedlicher Schärfe sehen zu können: Das kann der strenge Anspruch sein, das Beste aus Ihrem Leben machen zu wollen, genauso wie das Verständnis dafür, dass Sie diesen hohen

Ansprüchen an sich selbst nicht immer gerecht werden konnten. Wie bewertet man sein Leben, ohne in Selbstgeißelung oder Allmachtsträume zu verfallen?

Meistens weiß man genau, was man hätte tun sollen, und hat trotzdem anders gehandelt. Wir Menschen sind so. Was uns unterscheidet, ist, dass die einen sich zwar immer Vorwürfe machen, um das nächste Mal wieder wie von einem Gummiband in die falsche Richtung gezogen zu werden. Die anderen sind fähig, aus Fehlern zu lernen und das nächste Mal tatsächlich anders zu handeln. So wie unser Leben Phasen der Euphorie und des Überschwanges kennt, gibt es auch jene der Zartheit und Verletzbarkeit. Sobald wir gelernt haben, uns selbst liebevoll zu sehen, brauchen wir die Begegnung mit uns selbst nie zu fürchten, wann immer und wo immer diese auch stattfinden wird. Gelegenheiten dafür gibt es stets genug.

Oft und viel lachen; den Respekt von intelligenten Leuten und die Zuneigung von Kindern gewinnen; sich die Anerkennung aufrichtiger Kritik erwerben und den Betrug falscher Freunde ertragen; Schönheit anerkennen; das Beste in anderen Menschen finden; die Welt ein bisschen besser verlassen – sei es durch ein gesundes Kind, durch einen Blumengarten oder eine verbesserte soziale Bedingung, wissen, dass wenigstens ein Leben leichter geatmet hat, weil Du gelebt hast – das bedeutet, erfolgreich gewesen zu sein.
Ralph Waldo Emerson

Das Erkennen von Licht und Finsternis

Ich ziehe das Suchen nach der Wahrheit der Wahrheit vor.
Gotthold Ephraim Lessing

Wenn nur mehr 20 Prozent der Menschen in Europa an die Hölle glauben, werden sie nicht aus Furcht vor Strafe im Jenseits richtig handeln, sondern nur aus eigenem Erkennen. In der Welt des 21. Jahrhunderts sollten wir uns nicht vor den Mächten der Finsternis fürchten, sondern nur dann erschrecken, wenn wir aus eigener Unwissenheit Licht und Dunkel nicht unterscheiden können. Licht und Dunkelheit stehen somit nicht für Gut und Böse, sondern für das Erkennen und für das Nichtwissen. Das heißt: Je mehr ich erkenne, begreife, spüre und weiß, umso näher kann ich meinem Licht kommen.

Dieses Nichterkennen von Licht und Dunkel ist auch eine der Hauptursachen für unseren Groll gegen andere. Wenn wir mit offenen Augen durch die Welt gehen, gibt es Dinge, die für uns sichtbar sind: Gebäude, Umwelt, Menschen. Wenn wir die Menschen genauer anschauen, wissen wir, dass es Dinge gibt, die da sind, obwohl wir sie nicht sehen können: Ängste, Hoffnungen, Gefühle. Ein Großteil unserer Probleme mit anderen Menschen kommt aus unserer Blindheit ihrem Standpunkt gegenüber, wir können ihn schlicht nicht sehen. Wir werfen ihnen vor, dass sie uns aus Schlechtigkeit, Bosheit und Rücksichtslosigkeit verletzt haben. Und noch mehr erregen wir uns darüber, dass sie nicht einmal den Funken einer Einsicht zeigen, statt zu begreifen, was sie uns angetan haben. Würde ein unbeteiligter Dritter die Täter über ihre Motive befragen, könnte er oft überrascht feststellen, dass diese sich ihrer Schuld überhaupt nicht bewusst sind, weil sie das Dunkle, das ihr Handeln bei uns auslöst, gar nicht erkennen können.

Entscheidend ist es zu akzeptieren, dass das deren Problem ist und nicht unseres. Je schneller wir jede Erwartung daran aufgeben, dass jemand die Welt so wie wir sieht, umso schneller werden wir uns mit uns selbst versöhnen – und es wird uns besser gehen. Das soll nicht heißen, dass die Guten immer nachgeben sollen, um die Herrschaft des Bösen zu ermöglichen. Ganz im Gegenteil. Ich meine nur, dass die persönlichen Streitereien und Konflikte aus der Perspektive der letzten Stunde überhaupt nicht wichtig sind und wir uns daher nicht in sie vertiefen sollten. Gibt es nicht schon genug getrennte Paare, die trotz gemeinsamer Kinder nicht in der Lage sind, überhaupt noch miteinander reden zu können? Welche persönlichen Konflikte sind schon für ein ganzes Leben so relevant, dass wir ihnen die Macht geben, dass sie am Ende auf unsere Seele drücken?

Viel wichtiger ist zu erkennen, dass auch wir andere verletzt haben, ohne es überhaupt bemerkt zu haben. Es gibt fast nichts, das uns menschlich so weiterbringt, wie ständig an der Fähigkeit zu arbeiten, Licht und Dunkel in unserem Handeln unterscheiden zu können – vor allem in den kleinen Dingen.

Nehmen wir als Beispiel etwas scheinbar Selbstverständliches: Freundlichkeit. Was ist Freundlichkeit? Das ist etwas, das heute oft verloren geht, weil wir glauben, einfach nicht mehr die Zeit dafür zu haben. Wir haben immer die Möglichkeit, zu einem anderen uns Unbekannten freundlich, zuvorkommend und rücksichtsvoll zu sein oder unwirsch, ärgerlich und egoistisch. Jedes Mal, wenn ein Flugzeug gelandet ist und die Fast-Seat-Belts-Zeichen erloschen sind, kann man alle anderen Fluggäste und auch sich selbst beobachten. Da sind solche, die drängen alle anderen mit diesem „Um mein Gepäck eine Minute früher zu erhalten, gehe ich über Leichen"-Blick weg, und andere, die zuerst einmal schauen, ob es jemanden gibt, der zu alt oder zu klein ist, um selbst an sein Gepäck zu kommen. Das hat noch nichts damit zu tun, ob man ein guter oder schlechter Mensch ist. Ein skrupelloser Finanzbetrüger kann der netteste Passagier sein, der einer Mutter mit Kindern hilft, an ihr Gepäck zu gelangen, und ein an sich höflicher Mensch kann zum Drängler werden, weil er Angst hat, seine Anschlussmaschine zu versäumen, die ihn zur kranken Ehefrau bringt.

Sie haben sicher schon erkannt, dass die Botschaft nicht lauten darf: Die rücksichtsvollen Türaufhalter werden alle in den Himmel kommen und die drängelnden Vor-der-Nase-die-Tür-Zuknaller werden in der ewigen Verdammnis landen, sondern dass es darum geht, immer wieder diese Wahlmöglichkeit für sich selbst zu erkennen, auch unter größtem Stress. Manchmal wird einem auffallen, wie gut man sich fühlt, wenn man immer wieder ein freudiges „Danke" aus dem Herzen eines Fremden erhält. Wenn Sie bei Ihrem nächsten Grüßen ein Lächeln dazugeben, könnte das dazu führen, dass das Lächeln, das Sie bei anderen so vermissen, wiederkehrt.

Die Verhaltensforschung bei Tieren zeigt, dass man natürlich auch einer Maus oder einem Hund das „richtige" Verhalten bei Licht und Dunkel antrainieren könnte. Bei Dunkel gibt es einen kleinen Stromstoß und bei Licht Futter. Der Mensch hat aber die Fähigkeit, den Unterschied zwischen Licht und Dunkel zu erkennen und aus sich heraus eine Entscheidung zu treffen, und nicht, weil er Zucker oder Peitsche dafür ernten wird. Wenn man nur mit der Brille „Was hilft mir?" und „Was schadet mir?" durch die Welt geht, kann man vieles nicht sehen. Das „Liebe Deinen Nächsten wie Dich selbst" oder „Es zählt das, was Du dem geringsten meiner Brüder getan hast" ist mit dieser Brille nicht sichtbar. Licht und Finsternis bedeutet nur, den Unterschied sehen zu können und sich seiner eigenen Wahlmöglichkeit bewusst zu sein. Nicht mehr, aber auch nicht weniger.

Am 1. Dezember 1955 weigerte sich eine schwarze Frau in Montgomery, Alabama, in einem Bus von ihrem Platz aufzustehen. Sie verstieß damit gegen ein Gesetz, das von ihr verlangt hätte, für einen weißen Fahrgast aufzustehen, der gerade neu zugestiegen war. Als der Busfahrer das bemerkte, befahl er den vier schwarzen Fahrgästen, die in der ersten Reihe der Sektion „für Farbige" saßen, nach hinten zu gehen, denn schwarzen Fahrgästen war es verboten, sich neben weiße zu setzen. Sie durften auch nicht die Plätze auf der anderen Seite des Ganges einnehmen, solange ein Weißer in der Reihe saß. Damit der Weiße sich hinsetzen könnte, sollten auch an diesem 1. Dezember die vier Schwarzen die Reihe verlassen. Als der Busfahrer mit der Polizei drohte, standen drei von ihnen widerwillig auf und gingen nach hinten. Rosa Parks, die schwarze Frau, rutschte lediglich einen Sitz weiter zum Fenster.

Der Busfahrer fragte nochmals, ob sie nicht aufstehen wolle. Rosa Parks antwortete mit ruhiger Stimme: „Nein." Dieses Nein erfasste bald Millionen und änderte den Lauf der Geschichte. Es war der Beginn der großen Bürgerrechtsbewegung in den USA.

Nicht jedes „Nein", das wir sagen, ist bedeutsam, aber ein einziges „Nein", das wir zum richtigen Zeitpunkt in der richtigen Angelegenheit aussprechen, kann unser Leben und das von anderen verändern. Hinter dem „Nein" von Rosa Parks stand der Gedanke, dass alle Menschen unabhängig von ihrer Hautfarbe gleich an Rechten sind. Ich habe diese Geschichte an dieser Stelle erzählt, um zu zeigen, wie mächtig ein einziger Gedanke viele Jahre nach einem Ereignis noch heute sein kann. Es ist nicht nur unser eigenes Leben, sondern auch das von anderen, das wir mit jeder unserer Entscheidungen verändern können.

Die Annäherung an uns selbst

Die wenigsten werden als Genies oder als Schwerstbehinderte geboren, gar nicht so wenige als Hungernde in Afrika oder als Kinder chinesischer Wanderarbeiter. Unsere Haut, in der wir geboren werden, können wir uns nicht aussuchen, wir können sie auch nie ganz abstreifen. Das sagt sich viel leichter, als es zu akzeptieren ist. Zu groß sind die Verführungen, die uns anderes einreden wollen. Dann werden wir von einer gewaltigen Macht erfasst, die uns davon träumen lässt, wie großartig es doch wäre, ganz ein anderer zu sein, über all jene Vorzüge zu verfügen, an denen es uns mangelt. Um wie vieles leichter unser Leben sein könnte, wenn wir ein bisschen attraktiver, schlanker, klüger, kreativer oder konsequenter wären. Und in unserer Fantasie können wir uns das alles ausmalen. Dieser starke Drang, ein anderer zu sein, ist weder auf Kinder noch auf bestimmte unglückliche Persönlichkeitstypen beschränkt. Er steckt in uns allen, bei manchen ist er stärker ausgeprägt als bei anderen.

Dem gegenüber steht unsere Fähigkeit zur Selbsterkenntnis, mit deren Hilfe wir immer wieder erfahren, dass es eben keinen Weg aus uns heraus in etwas anderes hinein gibt. Der einzige Weg, auf den wir immer wieder zurückkommen, auch wenn wir Abkürzungen suchen und uns dabei verirren, ist der langsame Weg, unser Wesen zu erkennen und ihm treu zu bleiben. Dieser Weg erlaubt uns, Frieden mit uns selbst zu schließen und uns anzunehmen, wie wir sind. Das heißt nicht, dass nicht jeder Mensch ein Recht darauf hat, die Sterne zu sehen, nach ihnen zu greifen und zu versuchen, ihnen näher zu kommen. Es ist nur selten die radikale Veränderung des Lebenskonzepts, was die Qualität erhöht. Ich werde nie vergessen, als der Dalai Lama von einem vom tibetischen Buddhismus begeisterten Deutschen gefragt wurde, wie und wo er denn beginnen solle, diesen zu studieren. Der Dalai Lama blickte den Mann mit seinem unnachahmlichen Lächeln an und gab ihm einen Rat, dessen große Weisheit der junge Mann hoffentlich erkannt hat: „Bleiben Sie bei Ihrer Religion."

Bleiben Sie in Ihrer Haut und versuchen Sie darin ein glücklicherer Mensch zu werden und glauben Sie nicht, dass ein anderer Weg für Sie einfacher ist, war wohl die Botschaft des Dalai Lama an den jungen Sinnsuchenden. Wir Menschen haben sehr unterschiedliche Wege zu gehen. Der Dalai Lama ging für alle sichtbar einen besonders langen Weg vom Bauernkind einer abgelegenen chinesischen Provinz auf den Thron im Potala-Palast in Lhasa und dann weiter als Vertriebener ins Exil nach Dharamshala. In der Luftlinie gemessen ist das keine besonders große Distanz, aber der unsichtbare Weg, den er dabei bewältigen musste, ist fast nicht vorstellbar. Sicher gibt es einige ganz wenige Menschen im Westen, die mit einem sehr ausgeprägten Willen, großer Disziplin und besonders markanten Persönlichkeitsmerkmalen in der Lage sind, jahrelang täglich mehrere Stunden zu meditieren und in einer Religion ihr Glück zu finden, die in einer völlig anderen Kultur für ein Volk, das auf 4000 bis 5000 Meter Höhe um sein tägliches Überleben gekämpft hat, entstanden ist. Ich habe nur einen einzigen Menschen aus dem Westen persönlich kennengelernt, der diesen Weg konsequent gegangen ist: Tenzin Palmo. Nach einigen Jahren spiritueller Praxis zog sich die geborene Engländerin in die Einsamkeit einer kleinen Höhle auf 4000 Meter Höhe im Himalaya zurück und verbrachte dort meditierend zwölf Jahre ihres Lebens. In dieser Zeit sah sie kaum einen Menschen und versorgte sich größtenteils selbst. Tenzin beschreibt diese zwölf Jahre als die lehrreichste Zeit ihres Lebens. Obwohl sie ganz allein in der Höhle lebte, war sie nie einsam, denn in ihrer Vorstellung praktizierten immer Buddhas und Bodhisattvas mit ihr. „Manchmal ist es etwas eng geworden in dieser kleinen Höhle", erzählte Tenzin Palmo. Könnten Sie auch nur einen Monat in so einer kleinen eiskalten Höhle aushalten? Ziemlich sicher nicht, das ist auch nicht Ihr Weg. Das Licht, das Tenzin sehen kann, können nur wenige sehen. Dazu braucht man eine Haut, die nicht unsere ist und die man sich auch nicht einfach überstülpen kann. Der lange unsichtbare Weg, den jeder von uns zu bewältigen hat, ist fordernd genug.

Es braucht nicht das große „Damaskus-Erlebnis" der totalen Umkehr oder die helle Erleuchtung, um seinen Weg zu erkennen. Sein Leben lang darauf zu warten, bringt wenig. Bei den meisten Menschen, die ihr Leben radikal verändert haben, waren Scheidungen, Krankheit oder Jobverlust dafür verantwortlich und nicht eine bewusste Entscheidung. Nicht alle diese Persönlichkeitsveränderungen wurden von Außenstehenden als positiv empfunden. Da gab es den Fall des Vaters von drei Kindern, der diese und ihre Mutter verließ, um noch etwas von seinem Leben zu haben, um dann als Erstes zu einer Frau mit ebenfalls drei Kindern zu ziehen. Er ist auch von dort sehr schnell wieder ausgezogen. Seine älteste Tochter hat seither nie wieder mit ihm gesprochen.

Der Glaube, alles haben zu können, ist ein wichtiger Bestandteil unserer Jugend, ohne die uns später etwas ganz Wichtiges fehlen würde. Die Erkenntnis, dass wir eben doch nicht alles so bekommen können, ist eine entscheidende Voraussetzung, um sich mit fortdauerndem Leben nicht immer stärker als Versager zu fühlen, nur weil man einem selbst aufgestellten Idealbild, das für niemanden erreichbar ist, nicht entspricht. Wenn wir akzeptieren, dass nur die wenigsten von uns zu radikalen Persönlichkeitsveränderungen fähig sind, hat es umso mehr Sinn, sich bei der Arbeit an sich selbst Ziele zu setzen, die wir mit unserer Persönlichkeit auch erreichen können. Es besteht immer die Chance, ein paar Dinge so zu ändern, damit aus den vielen kleinen Sünden am Ende nicht die große Katastrophe wird. Und das ist eine sehr lohnende Arbeit. Alles oder Nichts, Sein oder Nichtsein, Schwarz oder Weiß sind wunderbare Stoffe für Filme oder das Theater, für unser eigenes Leben aber völlig unbrauchbare Konzepte. Denn unterwirft man ein zu 81 Prozent gelungenes Leben der „Alles- oder Nichts-Bewertung", wird man es als gescheitert betrachten. Natürlich kann man ein Leben nicht nach Prozentsätzen bewerten, aber man wird immer wieder abwägen, was gelungen und was missglückt ist. Es gibt Menschen, die strahlen aus, dass sie aus ihrem tiefsten Innern sagen könnten: „Ja, das war mein Leben", wann immer sie Bilanz ziehen müssten.

Ein Beispiel dafür ist die Geburtstagsrede dieses 70-Jährigen:

Als ich mich selbst zu lieben begann,
habe ich verstanden, dass ich immer und bei jeder Gelegenheit
zur richtigen Zeit am richtigen Ort bin
und dass alles, was geschieht, richtig ist –
von da an konnte ich ruhig sein.
Heute weiß ich: Das nennt man VERTRAUEN.

Als ich mich selbst zu lieben begann,
konnte ich erkennen, dass emotionaler Schmerz und Leid
nur Warnungen für mich sind, gegen meine eigene Wahrheit zu
leben.
Heute weiß ich: Das nennt man AUTHENTISCH SEIN.

Als ich mich selbst zu lieben begann,
habe ich aufgehört, mich nach einem anderen Leben zu sehnen
und konnte sehen, dass alles um mich herum eine Aufforderung
zum Wachsen war.
Heute weiß ich, das nennt man „REIFE".

Als ich mich selbst zu lieben begann,
habe ich aufgehört, mich meiner freien Zeit zu berauben,
und ich habe aufgehört, weiter grandiose Projekte für die Zu-
kunft zu entwerfen.
Heute mache ich nur das, was mir Spaß und Freude macht,
was ich liebe und was mein Herz zum Lachen bringt,
auf meine eigene Art und Weise und in meinem Tempo.
Heute weiß ich, das nennt man EHRLICHKEIT.

Als ich mich selbst zu lieben begann,
habe ich mich von allem befreit, was nicht gesund für mich war,
von Speisen, Menschen, Dingen, Situationen
und von allem, das mich immer wieder hinunterzog, weg von mir
selbst.
Anfangs nannte ich das „Gesunden Egoismus",
aber heute weiß ich, das ist „SELBSTLIEBE".

Als ich mich selbst zu lieben begann,
habe ich aufgehört, immer recht haben zu wollen,
so habe ich mich weniger geirrt.
Heute habe ich erkannt: das nennt man DEMUT.
Als ich mich selbst zu lieben begann,
habe ich mich geweigert, weiter in der Vergangenheit zu leben
und mich um meine Zukunft zu sorgen.
Jetzt lebe ich nur noch in diesem Augenblick, wo ALLES statt-
findet,
so lebe ich heute jeden Tag und nenne es „BEWUSSTHEIT".

Als ich mich zu lieben begann,
da erkannte ich, dass mich mein Denken

armselig und krank machen kann.
Als ich jedoch meine Herzenskräfte anforderte,
bekam der Verstand einen wichtigen Partner.
Diese Verbindung nenne ich heute „HERZENSWEISHEIT".

Wir brauchen uns nicht weiter vor Auseinandersetzungen,
Konflikten und Problemen mit uns selbst und anderen zu fürch-
ten,
denn sogar Sterne knallen manchmal aufeinander
und es entstehen neue Welten.
Heute weiß ich: DAS IST DAS LEBEN!

Das hat Charlie Chaplin an seinem 70. Geburtstag am 16. April 1959 gesagt. Ein Mann, der sich das Leuchten in seinen Augen ein Leben lang bewahrt hat.

Das ist ein schöner Schluss für dieses Buch, das Ihnen zwei Gedanken näherbringen wollte: Zu zeigen, dass es besser ist, sich die letzte Stunde zum Freund zu machen, als sich vom Tod unvorbereitet überraschen zu lassen. Und die hohe Kunst, das Leben nach seinen eigenen Maßstäben zu leben. Diese lässt sich wohl kaum besser als mit Charlie Chaplins Geburtstagsrede vermitteln.

Es gibt noch ein letztes Kapitel, das „Der Besuch Deiner letzten Stunde" heißt. Es ist in Du-Form geschrieben, weil man bei einer schwierigen Expedition mit seinem Begleiter nicht per Sie sein kann. Und es wird eine Schwelle überschreiten. Ich möchte Ihnen anbieten, mit mir noch diesen einen Schritt weiterzugehen, aber nur, wenn Sie das möchten. Es ist fast immer eine eigenartige Situation, wenn uns ein nicht wirklich Nahestehender plötzlich das Du-Wort anbietet und uns einlädt, ihm an einen unbekannten Ort zu folgen. Ich versuche gerade darüber nachzudenken, wie es Ihnen jetzt gehen könnte. Manchen fällt es sogar leichter, sich einem Fremden zu öffnen, wenn sie sicher sein können, ihm nie wieder zu begegnen. Andere fühlen sich unangenehm berührt, wenn ihnen jemand zu nahe treten will. Daher ist es jetzt ein

großer Vorteil, dass wir uns nicht kennen. Wenn Ihnen mein Angebot unangenehm ist, endet das Buch an dieser Stelle und wir
können es versöhnlich für uns beide ausklingen lassen. Wenn wir
einander in irgendeiner Form einmal begegnen sollten, dann werden es die Gedanken in diesem Buch sein.

---

1 David Steindl-Rast: Musik der Stille. Die Gregorianischen Gesänge und der
Rhythmus des Lebens, Freiburg im Breisgau 2008, S. 132

III.

Ein Besuch Deiner letzten Stunde

Man kann fast ein ganzes Buch über seine letzte Stunde schreiben, ohne ihr selbst zu begegnen. Aber eben nur fast. Man kann diese Begegnung mit seiner letzten Stunde immer wieder vor sich her-schieben, weil man sich einredet, diese werde schon im richtigen Kapitel ihren Platz finden, so lange, bis man im letzten Kapitel angekommen ist – ein Jahr, nachdem man begonnen hat. Und dieses Jahr ist sehr schnell vergangen. In Wirklichkeit hatte ich alles getan, um meiner eigenen letzten Stunde ja nicht näher zu kommen. Ich habe die letzte Stunde überall gesucht, nur nicht in mir selbst. Man kann täglich am Morgen in den Spiegel schauen, ohne sich darin zu sehen. Irgendwann erkannte ich mich dann das erste Mal im Spiegel. Ich war genau an dem Punkt angekommen, an dem ich mir eingestehen musste, dass ich mit meiner ständigen Angst, mit diesem Buch zu scheitern, nur die viel größere Angst, mich ehrlich mit meiner eigenen letzten Stunde auseinanderzuset-zen, übertünchte. All das sah ich auf einmal im Spiegel, so wie ein Maler, der, wenn er jemanden porträtiert, ohne es zu wollen, auch ein wenig seines eigenen Gesichts in das Bild hineinmalt. Und je genauer ich hineinschaute, umso stärker merkte ich, wie sehr mich die Arbeit an diesem Thema doch verändert hatte.

Wenn Du glaubst, dass ich meine letzte Stunde auch nur an-nähernd bewältigt habe, liegst Du vollkommen falsch. Genau das hilft mir jetzt, mit Dir diesen Weg zu gehen. Ein Blinder ist der beste Führer in der totalen Dunkelheit. Ich habe viele der Aus-weichmanöver durchgemacht, die jetzt auf Dich zukommen könnten: das Weglegen des Buches, das Pausemachen und Sich-Ablenken, das Eine-rauchen-Gehen, das In-ganz-andere-Gedan-ken-Flüchten, das E-Mail-Checken, das Anrufen eines Freundes oder das Andrehen des Fernsehers. Ich glaube auch den Grund dafür zu kennen: Warum soll man eine Erfahrung zulassen, die man doch eigentlich nicht machen will?

Man kann auch kein Buch über seine letzte Stunde lesen und meinen, sich dabei selbst auslassen zu können. Das verbindet uns jetzt in diesem letzten Kapitel. Denn auf diesen letzten Seiten geht es nicht darum, etwas zu erreichen, sondern nur um das Einlassen. Und das macht es so schwierig. Ich kann das sagen, weil ich ein Champion im Nicht-Einlassen bin. Bisher ging es in diesem Buch oft um dramatische Geschichten, Lebensweisheiten, berühmte Namen und kluge Zitate. Jetzt kommen wir zu der einzigen letzten Stunde, die Dich wirklich etwas angeht: Deiner eigenen.

Ich könnte auch verstehen, wenn Du Dir denkst: Was soll das Ganze? Du hast Dich während des Lesens im Stillen sehr intensiv mit Dir und Deiner letzten Stunde auseinandergesetzt und das für Dich Wichtige herausgenommen. Das hat bisher sehr gut funktioniert und warum sollst Du Dich jetzt auf einmal führen lassen? Ich bitte Dich nur, auch mich ein bisschen zu verstehen. Meine größte Angst, wenn wir diesen Raum Deiner letzten Stunde betreten werden, ist, Dich zu verlieren und nicht mehr zu finden. Es lauern viele Fallen, die genau dieses Sich-Verlieren verursachen könnten. Du kannst Dir gar nicht vorstellen, wie viele Seiten dieses Buches ich weggeworfen habe, weil ich mich dabei verloren habe, mir meine letzte Stunde vorzustellen. Diese Erfahrung hat mich gelehrt, die größte Falle jedenfalls bei Dir zu vermeiden, nämlich zu versuchen, Dir Deine letzte Stunde beschreiben zu wollen. Ich bin dazu außerstande. Ich kann sie nicht für Dich schreiben, ich kann sie nicht für Dich spüren, ich kann sie Dir nicht ausmalen. Ich kann Dir nur die Türe zu dem Raum aufhalten, in dem Du ihr ganz allein begegnen kannst.

Deine letzte Stunde. Um überhaupt weitergehen zu können, bitte ich Dich, dass wir uns nur eine einzige Spielregel ausmachen, die so lange gilt, bis dieses letzte Kapitel zu Ende ist: Legen wir unsere Verteidigungswaffen ab. Jeder hat diese Waffen, um Verletzungen und tiefe Erfahrungen abwehren zu können. Meine stärkste Waffe ist mein Trickreichtum, anderen und mir selbst vorzutäuschen, dass ich mich auf eine Erfahrung eingelassen habe, obwohl ich sie nie zugelassen habe, sondern genau dann, bevor mich das unbekannte Neue erfassen könnte, schnell ins Denken oder Philosophieren zu flüchten. Konkret heißt das, ich könnte Dir in schillernden Farben den Raum meiner letzten Stunde beschreiben, ohne je drinnen gewesen zu sein. Genau dieses ständige Ausweichen hat dazu geführt, dass ich mich lange immer weiter von mir selbst und meinen echten Sehnsüchten entfernt habe. Das geht nicht nur mir so, ich bin eben ein Schwerbewaffneter, aber dieser Mechanismus ist ganz tief in uns allen drinnen. Das Paradoxon ist: Je mehr Waffen wir anhäufen, um uns vor Verletzungen und neuen Erfahrungen zu schützen, umso verletzter und enttäuschter werden wir, weil wir uns selbst das verweigern, nach dem wir uns am meisten sehnen. Bei jeder Begegnung mit unserer letzten Stunde sind diese Waffen daher nicht nur sinnlos, sie können sich sogar gegen uns richten.

Bei mir geht es darum, das Waisenkind zuzulassen, das ich mein Leben lang verdrängt habe. Mit Waisenkind meine ich nicht, dass ich keine Eltern hatte, sondern den Kern meines Wesens. Wenn ich alles, was ich im Lauf meines Lebens um mich angehäuft habe, weglasse und auch die Maske des eloquenten Intellektuellen mit einem Hauch von Spiritualität ablege, sehe ich vor mir einen schüchternen kleinen Jungen, der sich vor Ablehnung fürchtet und ins Tun flüchtet. Wie ein kleiner Vogel, der zu früh aus dem Nest gefallen ist und sich selbst um sein Futter kümmern muss, obwohl seine Flügel noch viel zu klein sind.

Wenn Du mich jetzt für jemanden hältst, der mit einem mehr oder minder starken Drang ausgestattet ist, sein Innerstes vor der Welt auszubreiten, liegst Du völlig falsch. Als ich mit der Arbeit an diesem Buch begonnen habe, konnte ich mir nicht einmal vorstellen, dass ich mich in so eine Nähe mit einem anderen, mir unbekannten Menschen, nämlich mit Dir, vorwagen werde. Es hat unendlich lange gedauert, bis ich begriffen habe, dass das größte Geschenk, das ich jemandem machen kann, ist, ihn daran teilhaben zu lassen, was in mir vorgeht. Das kann dann natürlich die Reaktion hervorrufen, dass ihn das nicht interessiert, dass er das ablehnt oder sich auch lustig darüber macht. Aber genau das ist meine Herausforderung, mich auf etwas einlassen zu können und nicht vorher auszuweichen. Das Schönste, was ich bisher aus den Begegnungen mit meiner letzten Stunde gelernt habe, ist, dass meine Verletzlichkeit, die ich so lange trickreich verborgen habe, meine größte Stärke und meine scheinbare Souveränität und Unangreifbarkeit meine größte Schwäche ist. Ich gewinne umso mehr bei anderen Menschen, je mehr ich ihnen auch diese andere Seite von mir zeigen kann.

Bei mir ist die andere Seite das Waisenkind. Ich weiß nicht, was Dein Punkt ist und ob Du ihn schon kennst. Wenn für mich das Zeigen meiner Verletzlichkeit meine größte Stärke ist, kann das für Dich genau umgekehrt sein. Es gibt zum Beispiel Menschen, die ständig in ihrer Verletzlichkeit verhaftet sind und sich darin eingraben. Sie brauchen vor allem die Kraft, nach außen zu gehen, ins Tun, um in Bewegung zu kommen. Andere sind sehr achtsam im Augenblick, sie irren aber ohne Orientierung durchs Leben. Vielleicht gehörst Du zu jenen, denen es schwerfällt, Nein zu sagen und Entscheidungen zu treffen, ohne sie am nächsten Tag wieder umzuwerfen. Es gibt auch solche, die sehr geschickt darin sind, sich für alles, was in ihrem Leben passiert, eine Entschuldigung zu basteln, auch wenn sie auf einer kleinen Lüge basiert, einfach weil das so bequem ist. Die Summe dieser vielen kleinen Unehrlichkeiten ergibt dann eine große Lüge. Beginnen wir gleich einmal mit der Lebenslüge. Unter Lebenslüge verstehen wir eine Unwahrheit, die jemand während seines Lebens wissentlich und absichtlich als Wahrheit bezeichnet und so behandelt, obwohl er das Gegenteil kennt oder kennen müsste. Die Ausrichtung des Lebens besteht dann im Wesentlichen in der

Verteidigung dieser Lüge. Die Lebenslüge verbirgt sich hinter Sätzen wie „Ich konnte nicht anders, weil …", „Ich bin total glücklich, so wie es gekommen ist", „Ich habe alles erreicht, was ich mir vorgenommen habe", „Wenn ich wirklich gewollt hätte, dann …". Es muss aber gar nicht die Lebenslüge sein, es geht um das, wovor Du die meiste Angst hast, dass es entdeckt werden könnte. Was bleibt von Dir, wenn Du Deine Waffen ablegst? Oder wenn Dir das Wort Waffen nicht gefällt, mit welchen Tricks lenkst Du von Dir ab, wenn Du etwas verbergen möchtest?

Das Interessante ist, dass wir die Lebenslüge anderer Menschen, besonders unserer Freunde und Partner, meist gut kennen. Wir wissen aber, dass es so ein heikler Bereich ist, dass wir ihn nie ansprechen, und wenn, nur im totalen Zorn, wenn wir den anderen wirklich schwer verletzen wollen – die Folgen können verheerend für diese Beziehung sein. Die Angst, das zu entdecken, was sich hinter der Lebenslüge verbirgt, ist riesig und umso größer ist der Aufwand, den viele Menschen ihr Leben lang betreiben, um in Ruhe mit ihrer Lebenslüge leben zu können. Doch seiner Lebenslüge in der letzten Stunde das erste Mal zu begegnen, wird keine schöne Erfahrung sein.

Vielleicht hast Du schon einmal den Blick eines Menschen erlebt, bei dem Du das Gefühl hattest, dass er Dich durchdringen und Dein Innerstes sehen konnte. Das sind jene Situationen im Leben, wo man erst gar nicht versucht zu leugnen oder abzustreiten, weil man die Aussichtslosigkeit erkennt. Manche beginnen zu jammern, andere werden laut und aggressiv, und es gibt jene, die von einem schlimmen Schamgefühl erfasst werden und im Erdboden verschwinden möchten. Genau diesem Blick könntest Du in dem Raum begegnen. Vielleicht schauen wir uns einmal gemeinsam ein bisschen um, im Raum der letzten Stunde. In diesem Raum gibt es nicht nur viele Ecken, sondern auch viele Spiegel. In dem Buch kommen die vielen kleinen Todsünden und verpassten Gelegenheiten vor. Es ist gar nicht mehr notwendig, diese nochmals aufzuzählen, es ist jetzt aber der Augenblick gekommen, wo das Zurückblättern durchaus sinnvoll sein könnte.

Nehmen wir etwas ganz Einfaches: das vergessene Danke. Wie großartig fühlen wir uns in jenem Augenblick, in dem wir uns vornehmen, jemandem, der etwas Besonderes für uns getan hat, ein kleines Geschenk zu machen oder einen Dankesbrief zu schreiben, und wie sehr dieser wundervolle Plan zu einer immer größeren Belastung wird, wenn wir ihn so lange aufschieben, bis es uns schon selbst peinlich ist, ihn zu verwirklichen. Aufgeschobene Angelegenheiten sind etwas, das uns in unseren Gedanken nie ganz loslässt und uns manchmal sogar den Frieden raubt. Meist betrifft es Dinge in Beziehungen, die nicht ausgesprochen wurden, oder Versäumnisse wie ein vergessenes Dankeschön. Es gibt aber auch das erhoffte Danke, auf das wir so unendlich lange gewartet haben, das aber nie gekommen ist. Wer sich unbedankt in die letzte Stunde begibt, weil er nie ein „Danke" einfordern konnte, dem geht es genauso schlecht wie jenen, die nie Danke sagen konnten. Es geht um diese Dualität. Im Spiegel siehst Du immer Dich selbst. In der letzten Stunde kannst Du Dein Gesicht nicht verlieren, aber auch nicht verstecken, weil es einfach da ist. Wenn Du gelernt hast, es schon vorher einige Male ohne Maske zu sehen, wirst Du weniger erstaunt sein. Dein Leben lang siehst Du Deine größten Fehler immer in anderen, am Ende siehst Du sie in Dir selbst. Oder noch einfacher: Am Schluss bekommst Du das, was Du gegeben hast.

Etwas, das auch viele sehr intelligente Menschen oft lange nicht verstehen, ist das Prinzip der Kausalität. Wenn ich Türen aufhalte, werde ich durch offene Türen gehen, wenn ich Türen zuwerfe, könnte auch ich einmal eine Türe auf die Nase bekommen. Das ist nichts Neues, das versteht jeder. Wenn Du Dir schöne Frauen kaufst, wirst Du irgendwann verkauft. Das ist schon viel unangenehmer, für sich zu erkennen. Oder wenn Du bei Männern immer sehr darauf achtest, was sie finanziell auf die Waage bringen, solltest Du nicht allzu sehr verwundert sein, wenn sich diese dann eines Tages als charakterliche Leichtgewichte entpuppen. Wenn Du Deine menschlichen Beziehungen immer nur dem Kriterium der Nützlichkeit unterworfen hast, könnte es sehr einsam werden, wenn Du niemandem mehr nützlich bist.

In einer anderen Ecke erwartet Dich die Fassungslosigkeit über das Verhalten eines Dir wichtigen Menschen. Das Nicht-vorstellen-Können, dass jemand anderer nicht Deine Vorstellungen teilen konnte, obwohl Du doch ganz sicher warst, ja sogar immer wieder nachgefragt hast. Es gibt kleine Signale, die man wahrnehmen oder ignorieren kann. Wenn einem schon die Existenz solcher Zwischentöne unbekannt ist, wird der Schock umso größer, wenn es auf einmal plötzlich sehr laut und heftig wird. Wer noch nie erlebt hat, dass aus ganz leichtem Regen auf einmal ein Wolkenbruch werden kann, wird auch nicht gelernt haben, sich rechtzeitig darauf vorzubereiten. Der Schock des ersten Wolkenbruchs, das Spüren der Nässe und Kälte am ganzen Körper kann so groß sein, dass man überhaupt Angst davor hat, sich wieder der Natur auszusetzen. Die Differenz zwischen dem, was Du Dir von dem anderen vorstellen konntest, und dem, was dann tatsächlich passiert ist, war so riesig, dass Du heute noch immer fassungslos bist. Für Dich ist das besonders schlimm, weil Du Dir vorher so sicher warst und nicht begriffen hast, dass alles immer nur geborgt ist: finanzieller Erfolg, Glück in der Liebe, Gesundheit, ein attraktives Äußeres oder zumindest Sicherheit. Das Glück ist nicht unendlich strapazierbar. Wenn Du es Dir zu lange leistest, alles auszublenden und alle Signale zu ignorieren, kann aus dem Erstaunen ein Erschrecken werden. Und wenn Du es für Dich nicht einsehen willst: Das Leben bringt es Dir bei.

Ich schreibe diese Zeilen, ohne zu wissen, ob Du 23, 45 oder 81 Jahre alt bist. Aber was ich zu wissen glaube, ist, dass Du jedenfalls ein bisschen ratlos bist. Kippt das Ganze jetzt am Ende in eine unfreiwillige Psychotherapie um oder was will der Autor von mir? Ein mögliches Unbehagen liegt vielleicht daran, dass Dir das alles viel zu schnell geht, oder aber daran, dass Du jetzt Deine Verteidigungswaffen doch aktivierst. Vielleicht gibt es Waffen, die so gut verborgen sind, dass Du sie schon selbst vergessen hast. Die Fähigkeit, sich immer mit einer charmanten Lüge herausreden zu können, ist so eine Waffe. Sie bringt bei der Begegnung mit Deiner letzten Stunde gar nichts, auch nicht die Waffe des Zynismus, die schneidet dann besonders scharf in die eigene Seele.

Auf einmal kommt die Müdigkeit. Natürlich werden wir alle im Lauf eines Tages immer müder und können am Ende die Augen oft nur mühsam offen halten. Es gibt aber Menschen, die sich mit Müdigkeit durch ihr ganzes Leben schleppen. Für sie ist es eine Überwindung, sich überhaupt zu bewegen und etwas zu tun. Müdigkeit raubt uns die Fähigkeit, unsere Welt mit den Sinnen wahrzunehmen. Genau diese Wachheit und Aufmerksamkeit ist aber gefordert, wenn wir uns selbst begegnen. Stell Dir vor, Du liegst allein in einem Bett im Dunkeln. Du verweigerst das Aufstehen, wehrst Dich, aus dem Bett zu steigen und ein Licht anzuzünden. Du willst gar nicht sehen, was um Dich ist. Du verweigerst alles. Du kannst so lange liegen bleiben, bis Du verrückt wirst. Es hat aber keinen Sinn, ewig im Dunkeln liegen zu bleiben. Irgendwann dreht jemand das Licht an, dann brauchen Deine Augen einige Zeit, um sich daran zu gewöhnen.

Fast jeden Erwachsenen plagen irgendwann einmal kleine Wehwehchen, Rückenschmerzen, Gastritis oder Kopfschmerzen. Wenn Du früher an einem wunderschönen sonnigen Tag aufgewacht bist und gefürchtet hast, dass Dir die Beschwerden den Tag verpatzen könnten, hast Du überlegt: Soll ich ein Medikament nehmen und alles wird nach einer kurzen Zeit, bis es wirkt, gut, oder Du hast Dich entschlossen, das Risiko einzugehen, Deine Beschwerden zu ignorieren und zu hoffen, dass sie auszuhalten sein werden. Das war meist keine große Entscheidung. Wenn Du etwas Wichtiges vorhattest, fit sein musstest, hast Du wahrscheinlich eher zum Pulver gegriffen, als wenn Du einen lockeren Tag vor Dir hattest. Vielleicht hast Du auch überhaupt

Medikamente gänzlich abgelehnt. In der letzten Stunde kann die gleiche Frage von entscheidender Bedeutung sein. Tauschst Du größere körperliche Schmerzen gegen ein hohes Maß an geistiger Klarheit oder betäubst Du den Körper und damit auch den Geist? Was hat die höhere Qualität? Das ist gar nicht einfach, weil schon beim Nachdenken über den Verzicht auf Medikamente die Schmerzen zunächst einmal stärker werden, der eigene Wille gefordert wird. Wenn Du zulässt, dass Dein Verstand klar bleibt, drängen Dich sehr schwierige Fragen: Wie viele Tage habe ich noch? Wie lange kann ich noch feste Nahrung zu mir nehmen? Wie lebenswert ist es für mich, wenn ich nur mehr ganz wenig Pudding durch einen kleinen Schnabelbecher in unendlicher Langsamkeit zu mir nehmen kann, wo mir Essen doch immer so viel Freude gemacht hat?

Furchtbar das Ganze, wer will das schon wissen? Wenn Du jetzt spürst, dass das, was Du da liest, irrelevant für Dich ist, weil das bei Dir definitiv ganz anders sein wird, hast Du natürlich recht. Das gilt vor allem dann, wenn das alles kein Problem für Dich ist, weil es für Dich absolut nicht zutrifft, nichts davon. Vielleicht gehörst Du auch zu jenen, die in bestimmten Filmen oder Theaterstücken immer schon sehr bald gehen, weil sie sich nicht betroffen fühlen, das alles als ungeheuer langweilig und als Gefühlsduselei empfinden. Der folgende Satz ist nicht zynisch gemeint und gilt nur für jene, die dazu stehen, genau so zu sein: Es gibt die Experten ihres eigenen Lebens, die ganz genau wissen, worum es in ihrem Leben geht. Meist sind sie hoch intelligent und sehr erfolgreich bei dem, was sie tun. Und das wollen sie dann maximieren. Das kann Geld sein, das kann Einfluss sein, das kann die eigene Bedeutung sein. Es kann sogar etwas völlig Harmloses sein, wie die Freude am eigenen Leben zu maximieren, also „Carpe diem" für sich mit „Maximiere jeden Tag Deine Lust" zu übersetzen. Nur, das Leben auf die Freude im Leben zu reduzieren, ist wie einen ganzen Sommer nie zu schlafen im Skandinavien der Mitternachtssonne.

Du kannst auch alles ablehnen, was hier steht und Dein gesamtes Talent nur zur Maximierung von irgendetwas einsetzen, aber Du kannst zumindest nicht ausschließen, dass Du eines Tages in den Spiegel schaust und Dich fragst: „Wofür habe ich mein Talent genutzt?" Da könnte der Spiegel sich dann ganz schnell beschlagen.

Es ist völlig in Ordnung, wenn das Dein Leben ist und Du Dich dabei gut fühlst. Es ist manchmal auch schon genug, etwas bei sich wiederzuerkennen. Falls Du irgendeinem Thema dieses Buches doch einmal begegnen solltest, könnte es Dir passieren, dass Du etwas erleben wirst: Das „Sich-selbst-erkennen-Lächeln". Das ist ein schöner Augenblick, manchmal wird dann sogar ein herzhaftes „Über-sich-selbst-lachen-Können" daraus. Das hat etwas wunderbar Befreiendes.

Auch wenn Du im Leben bisher immer das Glück gehabt hast, mit einem o. B. – Du erinnerst Dich, ohne Befund, also alles in Ordnung und so weiterleben wie bisher – durchzukommen, versuche gar nicht erst, Dir ein o. B. für Deine letzte Stunde auszustellen. Du wirst dort jemandem begegnen, der es Dir nicht so leicht machen wird. Verstecken funktioniert sicher nicht in der letzten Stunde, weil sie einen immer findet. Was Furcht bei anderen auslösen könnte, hast Du bei dieser kurzen Wanderung durch den Raum der letzten Stunde sehen können. Das war natürlich nicht Dein Raum, aber vielleicht hat Dir der Besuch einer Ecke zumindest eine Ahnung davon verschafft, wo der Schlüssel zu Deinem Raum liegen könnte. Vielleicht hast Du aber auch gar nichts gesehen, weil Du mit meiner Art nicht zurechtgekommen bist. Es gibt kein passendes Vorbereitungsprogramm für Deine letzte Stunde, aber ich möchte Dir noch einen Hinweis geben:

Auch wenn man dem Tod ein Leben lang geschickt ausweichen kann, Begräbnissen entkommt man nicht. Wenn Du das nächste Mal Gelegenheit hast, die Zeit unmittelbar nach dem Begräbnis eines anderen zu erleben, betrachte Deinen eigenen Schmerz, die Trauer der Angehörigen, die Geschichten, die über den Verstorbenen erzählt werden, einen Augenblick lang aus einer anderen Perspektive: Hat es diesen Menschen tatsächlich so gegeben?

Wie beschämend ist es, wenn Hinterbliebene sagen: „Wir haben ihn ja so gern gehabt", aber außerstande sind, auch nur einen klaren Gedanken zu dieser Person in Worte zu fassen. Die Differenz zwischen dem Bild, das nach dem Tod eines Menschen darzustellen versucht wird, und seiner tatsächlichen Persönlichkeit kann beträchtlich sein. Es ist schade, Menschen zu begraben, ohne sie wirklich gekannt zu haben. Aber ist es nicht auch eine Bringschuld, zu unseren Lebzeiten so viel von uns herzugeben, dass wir in der Erinnerung anderer in der Gesamtheit unserer Person weiterleben können? Das Begräbnis, der Sarg, die Traueranzeige werden schnell vergessen, was bleibt, sind die Gedanken an einen Menschen.

Kommen wir jetzt dazu, worum es in Deiner letzten Stunde wirklich geht. Wenn wir allein sind mit der letzten Stunde oder wenn wir wissen, dass sie nahe ist, tun wir uns auf einmal wahnsinnig schwer, sie zu verdrängen. Die zehn Regeln für die letzte Stunde würden dieses ganze Buch ad absurdum führen, genauso wie eine Liste mit guten Vorsätzen. Davon hat jeder schon genug. Du kannst aber erreichen, dass Du nicht grenzenlos überrascht, erstaunt oder überfordert sein wirst. Die Überwindung der Angst vor dem Unbekannten liegt im Wissen darüber, wem wir bei der letzten Prüfung begegnen werden.

Der einzige Feind, den wir in der letzten Stunde fürchten müssen, ist nicht der Tod, sondern die negative Haltung zu uns selbst. Im Leben werden wir ständig zwischen der Annäherung an uns und der Distanzierung von uns hin und her gerissen. Das Leiden oder das Hoffen in der letzten Stunde kommt aus dem Blick auf Dich selbst.

Es ist ganz entscheidend zu wissen, dass die innere Stabilität der letzten Stunde nicht aus den äußeren Umständen herrührt, sondern aus sich selbst, aus dem, was man dort findet. Man kann nichts mehr dazufügen, aber alles, was war – die geliebten Menschen, die guten Werke, das aufrichtige Bemühen, die ehrlichen Absichten –, wird ganz klar sichtbar. Alles andere – Geld und Besitz, Ansehen und Aussehen, Einfluss und Status – löst sich auf und wird völlig bedeutungslos. Das Geheimnis der letzten Stunde ist die Begegnung mit uns selbst.

Nackt und unbewaffnet. Die Leere. Es gibt nichts zum Festhalten. Nur Dich selbst. Unser ganzes Leben sehnen wir uns nach der Begegnung mit dieser Wirklichkeit und gleichzeitig haben wir Angst davor, von dieser Erfahrung überwältigt zu werden. Es geht jetzt nur darum, dieses Auf-Dich-Zurückgeworfensein zu ertragen. Wenn Du wirklich bist, macht es Dir nichts aus, dass es wehtut. Das Einzige, das Du hören kannst, ist Dein Herzschlag, der ein bisschen lauter schlägt als normal. Manche Menschen ertragen es nicht, wenn es so still ist, dass sie ihr eigenes Herz schlagen hören. Und jetzt kommt das Schwierigste: das Hinschauen.

Bei diesem Hinschauen auf Dich selbst ist Genauigkeit gefordert – nicht Gnadenlosigkeit. In diesem Augenblick der größten Verletzbarkeit Deines gesamten Lebens solltest Du die Fähigkeit, sanft auf Dein Leben schauen zu können, zur höchsten Kunst entwickelt haben. Dein Leben hat nicht eine Dimension, sondern viele. Wenn Du in der Begegnung mit Dir selbst diese Dimensionen erkennen kannst, stelle Dir eine Frage:

Kann ich bei dem, was ich sehe, aus tiefstem Herzen sagen: „Ja, das war mein Leben"?

Das ganze Leben ist eine Vorbereitung darauf, im entscheidenden Augenblick dieses *Ja* sagen zu können. Dieses *Ja* zu sich selbst steht dem Atheisten, dem Tiefgläubigen, dem Hoffenden, dem Suchenden offen. Viele Wege führen zu diesem *Ja*.

Die Annäherung an die letzte Stunde heißt, in diesen Raum hineinzugehen. Du wirst immer mit unterschiedlichen Gefühlen eintreten. Die letzte Stunde hat mit Vertrauen zu tun. Mit Vertrauen in Dich selbst, weil alle Tricks, die Du im Leben bis dahin angewendet hast, dann nicht funktionieren. Aber je öfter Du hinein-

246

gehst, umso näher kommst Du nicht Deiner letzten Stunde, sondern umso näher kommst Du Dir selbst. Und je näher Du Dir selbst gekommen bist, umso leichter wirst Du Dir dann in der entscheidenden Begegnung mit Dir selbst tun. Deiner letzten Stunde wirst Du auf jeden Fall begegnen, ob als Freund oder als völlig Fremder. Wer sich ein Leben lang fremd war, wird sich auch in seiner letzten Stunde nicht mit sich selbst anfreunden können.

Es liegt an Dir, ob Du Dir Deine letzte Stunde zum Freund machst. Dazu musst Du kein Meditationsmeister werden oder Dein Leben radikal umkrempeln. Manchmal eine Kerze anzuzünden, ist ausreichend. Ein Licht, das Dich daran erinnert, achtsam und nicht nachlässig mit Deinem Leben umzugehen.

„Die letzte Stunde ist das Wichtigste. Sie entscheidet über unser ganzes bisheriges Leben." Ja, Du hast genau diese Sätze schon einmal gelesen, ganz am Anfang. Bei vielen lösen gerade diese beiden Sätze viel Widerstand aus. Die letzte Stunde sei für sie sogar das Unwichtigste, haben mir Freunde gesagt. Das wäre natürlich so, wenn die letzte Stunde nur ein Punkt wäre, das Omega, das für das Ende steht. Die letzte Stunde ist aber das Alpha und das Omega unseres Lebens. Unsere letzte Stunde beginnt, wenn wir das erste Mal an sie denken, und sie dauert bis zu unserem letzten Atemzug. Alpha und Omega sind nicht zwei einzelne Punkte, wenn man das berühmte Bibelzitat von Jesus richtig interpretiert: „Siehe, ich komme bald, und mit mir bringe ich den Lohn, und ich werde jedem geben, was seinem Werk entspricht. Ich bin das Alpha und das Omega, der Erste und der Letzte, der Anfang und das Ende."

Man muss diesen Satz Jesu mit den Ohren jener Menschen hören, die ihn überliefert haben. Und das waren Juden, Menschen, die wie Jesus Aramäisch zur Muttersprache hatten, die im Denken der Semiten beheimatet waren. Und wenn die Semiten den Anfangs- und den Endpunkt einer Strecke benennen, dann meinen sie damit nicht zwei einzelne Punkte, sie meinen die ganze Strecke dazwischen.

Im Kapitel über die Zwischenbilanz unseres Lebens hatten wir schon den so wichtigen Gedanken, dass wir die Punkte unseres Lebens erst im Nachhinein zu einer Linie verbinden können. Wenn wir jetzt über das Alpha und Omega nachdenken, über Anfang und Ende, kommen wir vielleicht zu dem Punkt, an dem wir das Ende betrachten und auf einmal den Anfang erkennen können.

Wer sein ganzes Leben nach Qualität sucht, wird sie auch in der letzten Stunde erleben. Nur wer lernt, in seinem Leben immer mehr Genauigkeit sich selbst und anderen gegenüber zu entwickeln, wird auch in der letzten Stunde die notwendigen menschlichen Qualitäten erreicht haben. Es geht immer um den Versuch der Annäherung an das eigene Licht – selbst wenn die Umfeldbedingungen sehr schlecht sind, weil man von großen privaten, gesundheitlichen oder finanziellen Sorgen geplagt wird. Der Unterschied, ob man 10.000 Euro Schulden hat oder 10 Millionen, ist viel größer als man glaubt. Die 10.000 Euro Schulden drücken viel mehr als die 10 Millionen. Die kleinen Sorgen, die kleinen Schmerzen und die kleinen Probleme sind immer riesig, wenn es die eigenen sind. Aber genau in diesen Momenten hindert uns niemand daran, einen Freund anzurufen und ihm zu sagen: „Es gibt heute keinen besonderen Anlass, ich habe nur gerade an Dich gedacht und wollte Dir sagen, wie wichtig mir unsere Freundschaft ist." Es ist ganz einfach, Menschen, die schon so lange nichts mehr von uns gehört haben, einen persönlichen Brief oder eine liebe E-Mail zu schreiben. Wir können jeden Tag entscheiden, welchen Weg wir gehen, welche Qualität wir wählen. Sei sanft zu Dir, aber schaue nicht weg und leiste Dir Genauigkeit in den kleinen Dingen:

Gedanken – Gedankenlosigkeit
Dankbarkeit – Undankbarkeit
Hinschauen – Wegschauen
Achtsamkeit – Nachlässigkeit
Zuhören – Weghören

Jede dieser Entscheidungen ist ein Punkt auf der Strecke vom Alpha zum Omega, und die Summe dieser Punkte wird dann Deine letzte Stunde sein. Das Geheimnis der letzten Stunde ist, dass sie nicht einen Zugang, sondern viele Kanäle hat. Man kann nie alle Kanäle gleichzeitig öffnen, aber man kann sein Leben lang daran arbeiten, dass diese im entscheidenden Augenblick verfügbar sind: der Kanal der Freunde, der Kanal seiner menschlichen Qualitäten, der Kanal des Anspruchs an seine Arbeit, der Kanal des würdigen Umgangs mit seinen Beschränkungen und vor allem der wichtigste Kanal – der Kanal der Liebe. Dort ist das Licht. Der Wunsch, Licht in die Finsternis zu bringen, ist ganz tief in uns verankert. Licht, damit wir die Welt um uns herum besser sehen, und Licht, damit wir die Welt in uns besser erkennen. Dein Licht und Dein Dunkel bestimmst Du selbst. Der Einzelne kann die Welt verändern, seine Welt. Das verlangt nur die Fähigkeit, auf sein Leben hinzuschauen und in Ruhe darüber nachzudenken. Leiste Dir zumindest hin und wieder diesen Luxus des Reflektierens. Schaue manchmal in den Spiegel und frage Dich, ob Du *Ja* zu dem sagen kannst, was Du dort siehst, dann ist schon viel erreicht.

Ich habe Dir meine Ängste, mit diesem Buch zu scheitern, nicht vorenthalten. Ich möchte Dir jetzt ganz am Ende auch meine größte Hoffnung sagen: Dass Du selbst beginnst, ein Buch zu schreiben. Die wichtigsten Sätze wirst Du in diesem Buch nicht geschrieben finden. Es sind Deine Gedanken dazu. Damit sie nicht verloren gehen, schreibst Du sie am besten selbst hinein. Je mehr Sätze von Dir in diesem Buch dazugeschrieben sind, umso mehr wird am Ende der Titel für Dich stimmen: Meine letzte Stunde.

Ein Tag hat viele Leben. Viele Leben liegen noch vor Dir. Wie würdest Du die weißen Seiten in Deinem Leben weiterschreiben, wenn Du wüsstest, dass alles, was Du heute beginnst, auch tatsächlich gelingen würde? Ein verwegener Gedanke. Das ist jetzt der Punkt, wo Du nicht sofort wieder abbiegen solltest. Die Hindernisse und Prüfungen wird Dir ohnehin das Leben auferlegen. Dein Leben ist unendlich kostbar – und es gehört Dir. Du hast alles Recht der Welt, Dir diesen Besitz von niemand streitig machen zu lassen, und jeden Versuch zu unternehmen, es nach Deinen eigenen Wünschen, Maßstäben und auch Träumen zu leben.

Die letzte Stunde ist ein ehrlicher Begleiter, der Dir immer wieder helfen kann, Deinen Blick auf das zu richten, was Du schon richtig gemacht hast. Das kann bedeuten, ein besserer Vater, eine bessere Mutter, ein liebevoller Partner, ein menschlicher Vorgesetzter, ein verantwortungsvoller Unternehmer, ein großzügiger Mentor, ein großartiger Lehrer, ein verlässlicher Freund, einfach ein bisschen ein besserer Mensch zu sein. All das ist die Summe Deines Lebens. In der letzten Stunde kannst Du die Maske abnehmen, hinter der Du Dich oft Dein Leben lang verborgen hast. Dort begegnest Du nur Dir selbst. Je positiver Du auf das schauen kannst, was ist, mit umso mehr Hoffnung kannst Du Dich auf das einlassen, was noch kommt. Dann kannst Du in der letzten Stunde gar nichts falsch machen. Alles, was war, was ist und was kommt, wird sich in diesem Augenblick verdichten. Am Anfang war die Finsternis. Und am Schluss muss sie nicht sein.

Persönliches und Danksagung

Jeder verletzbare kleine Junge, der zu einem großen Abenteuer aufbricht, braucht einen Magier, der ihn mahnt, bestärkt und leitet. Meiner heißt nicht Merlin, Gandalf oder Dumbledore, sondern **Ernst Scholdan**. „Meine letzte Stunde" ist auch sein Buch.

Ernst Scholdan ist Partner im Braintrust Gehrer Ploetzeneder DDWS Corporate Advisors, der mich schon seit vielen Jahren pro bono bei meinen Projekten begleitet. **Thomas Plötzeneder** und **Christian Gehrer** haben mir mit ihren internationalen Kontakten geholfen, meine gewünschten Gesprächspartner zu gewinnen. **Alexander Doepel** ist ein visionärer Denker, dessen Ideen das Buch wesentlich bereichert haben.

Ich bin stolz darauf, dass **Hannes Steiner** nicht nur mein Verleger, sondern auch mein Freund ist. Er und das Team des Ecowin Verlages **Barbara Brunner, Claudia Dehne, Florian Pötzelsberger, Sophia Puttinger** bilden ein unterstützendes Umfeld, das sich ein Autor nur wünschen kann. **Thomas Kratky** hat die schwierige Aufgabe, das Cover dieses Buches zu kreieren, meisterhaft gelöst. Mein Lektor **Arnold Klaffenböck** hat es auch diesmal geschafft, meine oft ungestümen Ideen für den Leser nachvollziehbar zu machen. **Peter Gnaiger** hat ihn dabei unterstützt.

Die Rohfassung dieses Buches habe ich 13 Menschen vorab anvertraut. Jeder Einzelne von ihnen hat sich so viel Mühe gemacht, es lesefreundlicher und besser zu machen, als ob es sich um sein eigenes Buch gehandelt hätte: **Christa Beiling, Conny Bischofberger, Alex Doepel, Gerlinde Freis, Lilian Genn, Michaela Kern, Jutta Miraghai, Axel Neuhuber, Thomas Plötzeneder, Sissi Resmann, Sonja Schärf, Witold Szymanski. Bernhard Görg** war wie schon bei meinen ersten beiden Büchern ein kritischer und fordernder Sparringspartner, der es immer gut mit mir – und dem Leser – gemeint hat.

Gerade in den Stunden der Einsamkeit während des Schreibens ist es gut, Freunde zu haben, an die ich mich jederzeit wenden kann. Im letzten Jahr möchte ich besonders **André d'Aron, Wolfgang Eigner, Barbara Feldmann, Lilian Genn, Astrid Kleinhanns, Axel Neuhuber, Gerhard Tüchler** und **Witold Szymanski** für ihre Freundschaft danken.

Dankbarkeit ist die zentrale Botschaft der Lehre des Benediktinermönchs **David Steindl-Rast**, der mir zu einem spirituellen Mentor geworden ist. Jede Begegnung mit ihm hat mein Leben geprägt und seine Gedanken haben dieses Buch wesentlich bereichert. Besonders dankbar bin ich dem führenden Glücksforscher **Mihaly Csikszentmihalyi**, dem langjährigen Chefredakteur der „Harvard Business Review" **Alan Webber** für die vielen Stunden ihrer knappen Zeit, die sie mir geopfert haben. Meinem „Lieblingsrabbiner" **David Goldberg** danke ich dafür, dass er mir das Judentum ein Stück näher gebracht hat.

Viele Menschen sind mir für dieses Buch für lange, teilweise sehr persönliche Gespräche zur Verfügung gestanden. Besonders möchte ich dem US-Bestsellerautor **Richard Leider** danken, der mir einen ganzen Tag geschenkt hat, um von seinen Erfahrungen mit älteren Menschen zu lernen. Der große Künstler **Christo** nahm sich Zeit für ein langes Gespräch über die Vergänglichkeit der Kunst, nicht wissen könnend, dass seine Frau und künstlerische Partnerin **Jeanne-Claude** zwei Tage danach völlig unerwartet aus dem Leben gerissen werden würde. Medizin-Nobelpreisträger **Paul Nurse** lehrte mich, wie knapp die Grenzen von Leben und Tod oft sind. **Ben Becker** danke ich dafür, dass er mir einen tiefen Blick in seine Künstlerseele erlaubt hat, und **Thomas Bubendorfer,** dass er mich an seinen Erfahrungen im Grenzbereich hat teilhaben lassen.

Der Altabt des Stiftes Melk, **Burkhard Ellegast,** hat viel von seiner Lebensweisheit in das Buch einfließen lassen. **Pater Martin,** dem guten Geist des Stiftes Melk, danke ich für seine Freundschaft und Unterstützung.

Wesentliche Beiträge in diesem Buch verdanke ich den Gesprächen mit **Peter Ambros, Wolfgang Eigner, Gertraud Fädler, Ernst Gehmacher, Max Gruber, Klaus Gutternigh, Eva-Maria Heusserer, Andreas Kainz, Astrid Kleinhanns, Alex Lonyay, Lidia Kopczyk, Tanja Machacek, Bill Mayor, Jutta Mistelbacher, Martina Mistelbacher, Dorothea Nürnberg, Peter Österreicher, Christian Rainer, Geri Rainer, Guido Reimitz, Martin Schlag, Barbara Stöckl, Rüdiger Templin, Human Vahdani, Christoph Zielinski.**

Dem ärztlichen Leiter **Helmut Gadner** und dem leitenden Psychologen **Reinhard Topf** des St. Anna Kinderspitals bin ich sehr dankbar, dass sie mir Zugang zu diesem hochsensiblen Bereich gestattet haben. Dies gab mir die Gelegenheit, berührende Gespräche mit **Margot Greiner, Doris Koller, Martina Kronberger-Vollnhofer, Eva Morent-Gran, Elisabeth Tax** und **Heike Tutschek** zu führen.

Wenn Sie etwas Gutes tun wollen:

Es gibt viele Möglichkeiten, etwas für eine bessere Welt zu tun. Folgende Projekte kann ich empfehlen, weil sie sinnvoll, nachhaltig und hoch professionell sind:

St. Anna Kinderkrebsforschung: www.ccri.at

Kinder-Krebs-Hilfe für Wien, Niederösterreich und Burgenland Elterninitiative: www.elterninitiative.at

Zukunft für Kinder – ZUKI: www.zuki-zukunftfuerkinder.at

Dieses von **Claudia Stöckl** und **Marlies Steinbach** gegründete Hilfsprojekt bietet Patenschaften für Straßenkinder in Kalkutta an. Das gespendete Geld wird direkt in Kinderheime und Schulen investiert.

Helfende Hände – Verein zur Förderung und Betreuung mehrfach behinderter Kinder und Erwachsener: www.helfendehaende.org

Seit 1969 engagiert sich der Elternverein Helfende Hände für Menschen mit schweren Mehrfachbehinderungen.

Hospizarbeit: Das erste moderne Hospiz war St. Christopher's in London, das 1967 eröffnet wurde. Cicely Saunders, eine englische Schwester, Sozialarbeiterin und Ärztin, erkannte, dass die Sterbenden in den Krankenhäusern vernachlässigt wurden und gründete mit Spendengeldern diese Einrichtung. Seit 25 Jahren trägt der **Christophorus Hospiz Verein** in München Sorge für Menschen, die an ihrem Lebensende stehen: www.chv.org

Das **CS Pflege- und Sozialzentrum Rennweg** in Wien hat mein sehr positives Bild der Hospizarbeit geprägt: www.cs.or.at

Ihre Meinung ist mir wichtig.

Ich freue mich über Ihre E-Mail an andreas@salcher.co.at. Für alle, die ihre Meinung zu diesem Buch austauschen wollen, habe ich auf meiner Website www.andreassalcher.com ein Forum eingerichtet.

Andreas Salcher
Wien, im September 2010

Willkommen im Club der „Freunde der letzten Seite". Sie gehören zu jenen 17 Prozent Menschen, die bei einem Buch zuerst die letzte Seite lesen. Meine Zusammenfassung dieses Buches für Sie in vier Sätzen:

„Meine letzte Stunde" ist ein Buch über die größtmögliche Unachtsamkeit: die Unachtsamkeit gegenüber unserem eigenen Leben.

Machen Sie sich die letzte Stunde zum Freund, anstatt ihr unvorbereitet als Fremder zu begegnen.

Das Geheimnis der letzten Stunde ist die Begegnung mit uns selbst.

Drei Zitate aus dem Buch:

Nicht den Tod sollte man fürchten,
sondern dass man nie beginnen wird, zu leben.
Marc Aurel

Alle Menschen werden als Original geboren, doch die meisten sterben als Kopie.
Anonym

Das einzig Wichtige im Leben sind die Spuren der Liebe, die wir hinterlassen, wenn wir gehen.
Albert Schweitzer

Zwei Tipps im Web:

J. K. Rowlings großartige Rede vor den Absolventen der Harvard University über den Nutzen des Scheiterns: *jk rowling harvard* googeln oder auf YouTube eingeben.

Steve Jobs, im Jahr 2005 von seiner schweren Erkrankung gezeichnet, schildert, dass die Vorstellung, eines Tages tot zu sein, für ihn das wichtigste Werkzeug ist, um die großen Entscheidungen des Lebens zu treffen: *steve jobs stay hungry* googeln oder auf YouTube eingeben.

Was hast Du getan?

Andreas Salcher
„ICH HABE ES NICHT GEWUSST"
276 Seiten, EUR 22,90
ISBN: 978-3-7110-0021-7
Ecowin Verlag

»*Das ist kein Buch über Weltverbesserung, sondern über Selbstverbesserung.*«

Eines Tages wird Dir ein Kind in die Augen schauen. Ein Kind, das Du kennst. Es wird die Dinge, die heute passieren, beim Namen nennen: Raub von Ressourcen, Vergiftung von Sehnsüchten, Gleichgültigkeit gegenüber dem Elend, Maximierung des Eigennutzes. Dann kommt eine Frage: Hast Du es damals wirklich nicht gewusst? Plötzlich spüren wir, dass es uns doch betrifft und wir entscheiden müssen: hinschauen und handeln oder wegschauen und unterlassen. Andreas Salcher zeigt mit vielen bewegenden Beispielen, dass jeder auch noch so kleine Versuch, eine Chance zu ergreifen, zum faszinierenden Erlebnis werden kann. Wir haben nicht immer die Möglichkeit, die großen Dinge in der Welt zu ändern, aber sehr wohl die Macht, die kleinen zu korrigieren.

Spannend.